CONTABILIDADE INTRODUTÓRIA

O GEN | Grupo Editorial Nacional – maior plataforma editorial brasileira no segmento científico, técnico e profissional – publica conteúdos nas áreas de ciências sociais aplicadas, exatas, humanas, jurídicas e da saúde, além de prover serviços direcionados à educação continuada e à preparação para concursos.

As editoras que integram o GEN, das mais respeitadas no mercado editorial, construíram catálogos inigualáveis, com obras decisivas para a formação acadêmica e o aperfeiçoamento de várias gerações de profissionais e estudantes, tendo se tornado sinônimo de qualidade e seriedade.

A missão do GEN e dos núcleos de conteúdo que o compõem é prover a melhor informação científica e distribuí-la de maneira flexível e conveniente, a preços justos, gerando benefícios e servindo a autores, docentes, livreiros, funcionários, colaboradores e acionistas.

Nosso comportamento ético incondicional e nossa responsabilidade social e ambiental são reforçados pela natureza educacional de nossa atividade e dão sustentabilidade ao crescimento contínuo e à rentabilidade do grupo.

EQUIPE DE PROFESSORES FEA-USP

Coordenação **Prof. Dr. Sérgio de Iudícibus**
Revisão **Prof. Dr. Eliseu Martins**

CONTABILIDADE INTRODUTÓRIA

LIVRO-TEXTO

Autores

Sérgio de Iudícibus
Eliseu Martins
Stephen Charles Kanitz
Alkindar de Toledo Ramos
Edison Castilho
Luiz Benatti
Eduardo Weber Filho
Ramon Domingues Júnior

Atualização

Ana Carolina Marion Santos

12ª EDIÇÃO

- Os autores deste livro e a editora empenharam seus melhores esforços para assegurar que as informações e os procedimentos apresentados no texto estejam em acordo com os padrões aceitos à época da publicação, *e todos os dados foram atualizados pelos autores até a data de fechamento do livro.* Entretanto, tendo em conta a evolução das ciências, as atualizações legislativas, as mudanças regulamentares governamentais e o constante fluxo de novas informações sobre os temas que constam do livro, recomendamos enfaticamente que os leitores consultem sempre outras fontes fidedignas, de modo a se certificarem de que as informações contidas no texto estão corretas e de que não houve alterações nas recomendações ou na legislação regulamentadora.

- Os autores e a editora se empenharam para citar adequadamente e dar o devido crédito a todos os detentores de direitos autorais de qualquer material utilizado neste livro, dispondo-se a possíveis acertos posteriores caso, inadvertida e involuntariamente, a identificação de algum deles tenha sido omitida.

- **Atendimento ao cliente: (11) 5080-0751 | faleconosco@grupogen.com.br**

- Direitos exclusivos para a língua portuguesa
  Copyright © 2019, 2025 (6ª impressão) by
  Editora Atlas Ltda.
  Uma editora integrante do GEN | Grupo Editorial Nacional
  Travessa do Ouvidor, 11
  Rio de Janeiro – RJ – 20040-040
  www.grupogen.com.br

  Reservados todos os direitos. É proibida a duplicação ou reprodução deste volume, no todo ou em parte, em quaisquer formas ou por quaisquer meios (eletrônico, mecânico, gravação, fotocópia, distribuição pela Internet ou outros), sem permissão, por escrito, da Editora Atlas Ltda.

- Designer de capa: Caio Cardoso
- Imagem de capa: Camila Artioli Loureiro
- Editoração Eletrônica: Formato Editora e Serviços

- Ficha catalográfica

CIP-BRASIL. CATALOGAÇÃO NA PUBLICAÇÃO
SINDICATO NACIONAL DOS EDITORES DE LIVROS, RJ

C776
12. ed.
Contabilidade introdutória / texto e coordenação Sérgio de Iudícibus ...[et al.]; revisão Eliseu Martins; atualização Ana Carolina Marion Santos. – 12. ed. – [6ª Reimpr.]. – São Paulo: Atlas, 2025.

ISBN 978-85-97-01992-6
"Equipe de professores da FEA-USP"

1. Contabilidade. I. Iudícibus, Sérgio de. II. Martins, Eliseu. III. Santos, Ana Carolina Marion.

18-54358	CDD: 657
	CDU: 657

Leandra Felix da Cruz – Bibliotecária – CRB-7/6135

Prefácio à décima segunda edição

Cinquenta anos da obra *Contabilidade introdutória*: que efeméride importante! Fruto da ideia do inesquecível Prof. José da Costa Boucinhas e da execução esmerada de oito professores do Departamento de Contabilidade e Atuária da Faculdade de Economia, Administração e Contabilidade da Universidade de São Paulo (FEA-USP), sob a coordenação inicial do Prof. Alkindar de Toledo Ramos, surgiu o referido livro didático, que tem sido um *best-seller* durante todos esses anos.

Nesta edição comemorativa, ressaltamos os trabalhos de Ana Carolina Marion Santos, como atualizadora, e do Prof. Eliseu Martins, como revisor. Foram incorporadas muitas alterações, entre as quais:

- introdução de novos exercícios;
- novo projeto gráfico;
- inserção de figuras e *boxes* para tornar a leitura mais agradável;
- modernização da terminologia tendo em vista as normas internacionais de Contabilidade;
- não uso da palavra "provisão" para contas retificadoras de ativos, mas, sim, para passivos;
- grande destaque para a relação entre lucro e fluxo de caixa, com ênfase especial para as confusões derivadas das depreciações e amortizações, nessa comparação;
- exemplos mais refinados em casos de consignação de mercadorias, para destacar melhor a relação essência econômica *versus* forma contratual.

Enfim, muitas melhorias introduzidas, mais quanto à forma, mantendo-se intacta a essência do livro – um texto vencedor durante todos esses anos!

Na qualidade de coordenador, agradeço, durante esse período, a participação do Prof. Eliseu Martins, revisor da obra, e de seus auxiliares, bem como o Grupo GEN | Atlas, pelo apoio dado a todos os autores.

Com votos de sucesso continuado, entregamos a edição comemorativa dos 50 anos da obra *Contabilidade introdutória*!

São Paulo, fevereiro de 2019.

Sérgio de Iudícibus e os autores

Prefácio à primeira edição

Recebemos o honroso convite para prefaciar este livro escrito por um grupo de professores de Contabilidade da Faculdade de Economia e Administração que foram nossos alunos no já longo espaço de tempo em que lecionamos na Universidade de São Paulo.

Trata-se de um livro de Contabilidade Introdutória e, como o título indica, destina-se à iniciação dos que pretendem seguir a carreira de Contador ou, então, haurir conhecimentos que facilitem sua tarefa no campo da Economia ou da Administração, permitindo-lhes conhecer a mecânica das operações das entidades públicas e privadas.

A Contabilidade integra, hoje, um setor muito importante do conhecimento e constitui parte do que se convencionou chamar "a ciência da informática". Ela não esgota, em si, todas as informações necessárias à tomada de decisões, mas dispõe de recursos que lhe permitem registrar dados, levantar posições e apresentar demonstrações do resultado de gestão das entidades.

O estudo da Contabilidade vem passando por uma transformação acentuada, com o objetivo de transformá-la num instrumento eficiente de administração, sofrendo os seus conceitos básicos uma evolução condizente com as atuais condições econômicas do mundo. A velha tendência da escola europeia, de uma prolixidade teórica monótona e cansativa, cedeu a vez a uma atitude mais pragmática, representada pela escola norte-americana, mais preocupada em apresentar essa disciplina como poderoso instrumento de administração. Simultaneamente, sem pôr em risco a genial concepção do método das partidas dobradas, que permitiu construir uma imagem perfeita de equilíbrio entre os valores que integram o patrimônio de qualquer ente, são feitas pesquisas com o uso de sofisticados métodos matemáticos procurando explicação e justificação racional das ações que se sucedem no âmbito das empresas e outras entidades.

Esse processo de modernização está expresso nesta "Contabilidade Introdutória" pelo enfoque dado pelos autores a cada parte da disciplina lecionada e pelo método de ensino adotado, que fogem à rotina até então seguida por outros autores preocupados em mostrar a Contabilidade apenas como meio de registro dos fatos administrativos.

É profundamente auspiciosa essa verificação, pois demonstra a validade dos esforços dos que lutaram para integrar o ensino de Contabilidade e a formação do contador no nível universitário. Os frutos começam a aparecer através deste livro e de outros trabalhos de pesquisa que estão em curso na Universidade de São Paulo, bem como da atuação de profissionais diplomados por essa instituição nos mais variados setores das administrações pública e privada.

Resta, apenas, que os homens de governo e de empresa dispensem à Contabilidade e à formação do contador a atenção que merecem, sem o que haverá um fator de estrangulamento no processo de desenvolvimento, e, simultaneamente, que a juventude olhe com maior interesse para esse setor profissional que oferece as melhores perspectivas no mercado de trabalho, onde as oportunidades para a maioria das outras profissões estão em fase de saturação.

Resta-nos felicitar os autores pela iniciativa, aconselhando-os a que prossigam na trilha do aperfeiçoamento cultural, para que os seus alunos possam apreciar a Contabilidade nos seus justos termos, de acordo com as modernas técnicas de ensino.

São Paulo, março de 1971.

José da Costa Boucinhas
Professor da Faculdade de Economia e Administração
da Universidade de São Paulo

Material Suplementar

Este livro conta com os seguintes materiais suplementares:

- *Slides* (exclusivo para professores).
- Manual do Professor (exclusivo para professores).
  - O acesso ao material suplementar é gratuito. Basta que o leitor se cadastre e faça seu *login* em nosso *site* (www.grupogen.com.br), clicando em Ambiente de Aprendizagem, no *menu* superior do lado direito.
  - *O acesso ao material suplementar online fica disponível até seis meses após a edição do livro ser retirada do mercado.*
  - Caso haja alguma mudança no sistema ou dificuldade de acesso, entre em contato conosco (gendigital@grupogen.com.br).

Sumário

1 **Noções preliminares, 1**
   1.1 Campo de atuação da Contabilidade, 1
   1.2 Grupos de pessoas e de interesses que necessitam da informação contábil, 2
       1.2.1 Sócios, acionistas e proprietários de cotas societárias de maneira geral, 2
       1.2.2 Administradores, diretores e executivos dos mais variados escalões, 2
       1.2.3 Bancos, capitalistas, emprestadores de dinheiro, 3
       1.2.4 Governo e economistas governamentais, 3
       1.2.5 Pessoas físicas, 4
   1.3 Finalidades para as quais se usa informação contábil, 4
   1.4 Especializações contábeis e funções contábeis típicas, 5
       1.4.1 Planificação da Contabilidade, 5
       1.4.2 Escrituração contábil, 6
       1.4.3 Elaboração e interpretação de relatórios, 6
   1.5 Mercado de trabalho do contador, 7
   1.6 Limitações do método contábil, 7
   1.7 Horizontes para a Contabilidade, principalmente a partir da adoção das normas internacionais de Contabilidade a partir de 2010, 8
       1.7.1 A criação do CPC, 9
       1.7.2 O objetivo da Contabilidade e a prevalência da essência sobre a forma, 9
       1.7.3 A participação de toda a entidade no processo de produção e na responsabilidade da informação contábil, 10
       1.7.4 Aumenta o papel do contador como centro dos interesses divergentes, 11
       1.7.5 O espírito acadêmico, 12

2 **Estática patrimonial: o balanço, 13**
   2.1 Ativo, 14
   2.2 Passivo, 14
   2.3 Patrimônio Líquido, 14
   2.4 Fontes de Patrimônio Líquido, 15
   2.5 Equação fundamental do patrimônio, 15

2.6 Configurações do estado patrimonial, 15
2.7 Representação gráfica dos estados patrimoniais, 22
2.8 Conceituações: as várias configurações do Capital, 23
Exercícios, 25

3 Procedimentos contábeis básicos de acordo com o método das partidas dobradas, 29

3.1 Contas, 29
3.2 Razão, 29
3.3 Débito e crédito, 31
3.4 Lançamentos a débito e a crédito das contas, 31
3.5 Contas de Ativo, 31
3.6 Contas de Passivo e de Patrimônio Líquido, 32
    3.6.1 De Passivo, 32
    3.6.2 De Patrimônio Líquido, 32
3.7 Resumo do mecanismo de débito e crédito, 33
3.8 Método das partidas dobradas, 33
3.9 Exemplos de registro de operações no Razão, 33
3.10 Diário, 36
3.11 Partidas de Diário, 36
3.12 Livros auxiliares do Razão, 39
3.13 Balancete de Verificação, 40
Exercícios, 42

4 As variações do Patrimônio Líquido, 45

4.1 Despesa, Receita e Resultado, 45
    4.1.1 Receita, 45
    4.1.2 Despesa, 45
    4.1.3 Resultado, 46
    4.1.4 Mecanismo de débito e crédito, 46
    4.1.5 Período contábil, 47
    4.1.6 Encerramento de contas de receita e despesa, 47
    4.1.7 Distribuição de resultados, 48
    4.1.8 Demonstração do resultado do exercício, 48
4.2 Registro das operações normais do exercício, 49
    4.2.1 Exemplificação, 49
4.3 Registro de operações decorrentes do Regime de Competência de Exercícios, 53
    4.3.1 Regime de Competência de Exercícios, 53
    4.3.2 Despesas a pagar e receitas a receber, 53
    4.3.3 Desembolsos que se transformarão em despesas: regra geral, 55
        4.3.3.1 Gastos antecipados (despesas do exercício seguinte), 56
        4.3.3.2 Estoques de produtos e de outros materiais, 56
        4.3.3.3 Consumo de ativo imobilizado, 57

4.3.4 Passivos que se transformarão em receitas: regra geral, 59
    4.3.4.1 Adiantamento de receitas, 59
4.4 Quadro-resumo da despesa e da receita, 59
4.5 Quadro de ajustes, 60
    4.5.1 Exemplificação, 61
4.6 Sequência dos procedimentos contábeis, 63
Exercícios, 63

5 Operações com mercadorias, 67
5.1 Resultado Bruto com Mercadorias (RCM), 67
5.2 Custo das Mercadorias Vendidas (CMV), 68
5.3 Inventário Permanente, 69
    5.3.1 Contabilização, 69
    5.3.2 Registros detalhados de estoque, 70
5.4 Atribuição de preços aos inventários, 73
    5.4.1 Variações com relação aos diversos custos, 73
        5.4.1.1 Preço específico, 73
        5.4.1.2 PEPS ou FIFO, 74
        5.4.1.3 UEPS ou LIFO, 75
        5.4.1.4 Média Ponderada Móvel, 76
        5.4.1.5 Diferenças entre os métodos, 77
        5.4.1.6 Críticas, 78
    5.4.2 Custo ou Mercado (o mais baixo), 79
        5.4.2.1 Demonstração de resultado, 80
5.5 Importância da exatidão nos inventários, 81
5.6 Considerações adicionais sobre o Inventário, 83
5.7 Inventário periódico, 83
5.8 Contabilização do inventário periódico, 85
5.9 Contabilização de fatos que alteram os valores de compras e vendas, 87
    5.9.1 Devoluções e abatimentos, 87
        5.9.1.1 Devoluções – controle nas fichas do inventário permanente, 91
        5.9.1.2 Abatimentos e descontos comerciais – controle nas fichas do inventário permanente, 91
    5.9.2 Descontos comerciais, 91
    5.9.3 Gastos com transporte e outros, 92
        5.9.3.1 Gastos com transporte – outras observações – registro nas fichas do inventário permanente, 94
    5.9.4 Descontos Financeiros, 94
5.10 Sobre avaliações de estoque em lojas de departamentos e similares, 96
5.11 Tributações nas operações mercantis, 97
    5.11.1 ICMS, 97
    5.11.2 Outros tributos, 102
Exercícios, 102

6 Balanço Patrimonial e Demonstração de Resultado – Aspectos contábeis, legais e societários, 105

- 6.1 Balanço Patrimonial, 105
  - 6.1.1 Conceito, 105
  - 6.1.2 Importância do Balanço, 105
  - 6.1.3 Apresentação do Balanço, 106
    - 6.1.3.1 Forma e conteúdo do Balanço, 106
    - 6.1.3.2 Balanço Patrimonial Comparativo, 107
- 6.2 Critérios de classificação dos elementos patrimoniais, 108
  - 6.2.1 Critérios de classificação do Ativo, 109
  - 6.2.2 Critérios de classificação do Passivo, 110
  - 6.2.3 Critérios de classificação do Patrimônio Líquido, 110
- 6.3 Oportunidade do Balanço, 112
- 6.4 Finalidade alcançada, 112
- 6.5 Como se levanta o Balanço, 113
  - 6.5.1 Levantamento do Balancete de Verificação do Razão do último mês (1ª etapa), 113
  - 6.5.2 Ajustes das Contas (2ª etapa), 113
  - 6.5.3 Encerramento das Contas de Resultado (3ª etapa), 115
    - 6.5.3.1 Apuração do Resultado Líquido do Exercício, 115
    - 6.5.3.2 Distribuição do Resultado do Exercício, 116
- 6.6 Demonstração do Resultado do Exercício, 118
  - 6.6.1 Forma e conteúdo da Demonstração do Resultado do Exercício, 119
  - 6.6.2 Demonstração do Resultado do Exercício comparativa, 120
- 6.7 Outras Demonstrações Financeiras e as Notas Explicativas (4ª etapa), 122
  - 6.7.1 Demonstração de Lucros ou Prejuízos Acumulados, 122
  - 6.7.2 Demonstração das Mutações do Patrimônio Líquido, 123
  - 6.7.3 Demonstração dos Fluxos de Caixa, 124
  - 6.7.4 Demonstração dos Resultados Abrangentes, 124
  - 6.7.5 Notas Explicativas, 125
    - 6.7.5.1 Exemplos e comentários de Notas Explicativas, 125
- 6.8 Considerações finais sobre Demonstrações Financeiras e Notas Explicativas, 129
- 6.9 Sugestão de Plano de Contas, 130
  - 6.9.1 Plano de Contas – Resumo, 130
  - 6.9.2 Plano de Contas – Geral, 131

Exercícios, 136

7 Problemas contábeis diversos, 139

- 7.1 Créditos de recebimento duvidoso e devedores insolváveis, 139
  - 7.1.1 Problema contábil, 139
  - 7.1.2 Cálculo do Ajuste por Créditos de Liquidação Duvidosa, 141
  - 7.1.3 Natureza da conta de Ajuste (antigamente denominada Provisão), 142
  - 7.1.4 Baixa de títulos incobráveis, 142

7.1.5 Como proceder quando, no fim do exercício, ainda existir saldo na conta Ajuste por Créditos de Liquidação Duvidosa, 143
7.1.6 Recuperação de créditos anteriormente baixados, 144
7.2 Operações Financeiras, 149
    7.2.1 Desconto de nota promissória – operação prefixada, 150
    7.2.2 Empréstimo pós-fixado, 152
    7.2.3 Desconto de duplicatas a receber, 153
    7.2.4 Aplicações financeiras, 155
7.3 Disponibilidades, 157
    7.3.1 Conceito de disponível, 157
    7.3.2 Controle Interno das disponibilidades, 157
    7.3.3 Fundo fixo de caixa, 158
        7.3.3.1 Estabelecimento do Fundo, 158
        7.3.3.2 Utilização do fundo, 159
        7.3.3.3 Restabelecimento do fundo, 159
    7.3.4 Bancos, 161
        7.3.4.1 Depósitos bancários à vista, 161
        7.3.4.2 Abertura de conta bancária, 161
        7.3.4.3 Controle dos saldos bancários, 162
        7.3.4.4 Extratos de conta bancária, 162
        7.3.4.5 Conciliação de conta bancária, 162
7.4 Contas de compensação, 166
7.5 Reservas e provisões, 167
    7.5.1 Diferença entre reservas e provisões, 167
    7.5.2 Reservas, 168
    7.5.3 Impropriedade do uso da palavra "fundo", 168
    7.5.4 Reservas ocultas, 168
    7.5.5 Provisões, 169
7.6 Exigibilidades – outra classificação, 169
7.7 Avaliação de investimentos societários pela equivalência patrimonial, 170
    7.7.1 Registro de investimento na formação da sociedade investida, 170
    7.7.2 Registro da participação no resultado, 171
    7.7.3 Registro do recebimento dos dividendos, 171
    7.7.4 Registro de investimento com mais-valia e com ágio (*goodwill*), 171
    7.7.5 Registro de investimento com "deságio", 172
7.8 Teste de recuperabilidade dos ativos – *impairment*, 173

8 Ativos Imobilizado e Intangível e suas depreciações e amortizações, 175

8.1 Conceituação de Ativo Imobilizado, 175
8.2 Depreciação do Ativo Imobilizado e sua relação com o Caixa, 176
    8.2.1 Conceito de depreciação, 176
    8.2.2 Um pouco de reflexão sobre Contabilidade, lucro, depreciação e fluxo de caixa, 176

8.3 Valor contábil dos elementos do Ativo Imobilizado, 179
8.4 Problemas de depreciação, 179
    8.4.1 Problema da vida útil, 179
    8.4.2 Problema do método de cálculo, 180
    8.4.3 Problema da escolha da base de cálculo, 183
8.5 Contabilização da depreciação, 183
8.6 Depreciação *versus* Ajuste para Reposição, 184
8.7 Gastos relacionados com bens depreciáveis, 184
8.8 Contabilização da venda de bens depreciáveis, 185
8.9 Recursos naturais, 186
    8.9.1 Avaliação, 186
    8.9.2 Determinação da cota de exaustão, 186
8.10 Benfeitorias em propriedades de terceiros, 187
8.11 O mais intangível dos Ativos Intangíveis: o *goodwill*, ou ágio por expectativa de rentabilidade futura (*goodwill*), e seu tratamento contábil, 187
8.12 Ativos Intangíveis e sua amortização, 188
Exercícios, 189

9 Demonstração dos Fluxos de Caixa, 191
9.1 Introdução, 191
9.2 Como se monta, 192
    9.2.1 Apresentação, pelo Método Direto, do "Caixa Gerado pelas Operações", 192
    9.2.2 Apresentação, pelo Método Indireto, do "Caixa Gerado pelas Operações", 195
9.3 Comparando as Demonstrações do Resultado e dos Fluxos de Caixa, 197
9.4 Outro exemplo, 198
    9.4.1 Pelo Método Direto, 200
    9.4.2 Pelo Método Indireto, 202
9.5 Comentários especiais sobre os Fluxos de Caixa, 204
    9.5.1 Ajuste por Devedores Duvidosos, 204
    9.5.2 Empréstimos e Aplicações Financeiras, 205
9.6 Classificação das Origens e Aplicações de Caixa, 205
Exercícios, 206

10 Princípios contábeis: Introdução, 209
10.1 Que são princípios contábeis, 209
10.2 Quando um princípio é aceito, 210
10.3 Ainda sobre a praticabilidade, 210
10.4 Alguns princípios e convenções contábeis aceitos, 210
    10.4.1 Princípio da Entidade, 211
    10.4.2 Princípio da Continuidade, 212
    10.4.3 Princípio da Realização, 212
    10.4.4 Princípio do Custo como Base de Valor, 213
    10.4.5 Confrontação das Despesas com as Receitas, 214
    10.4.6 Princípio do Denominador Comum Monetário, 214

10.5 Que são convenções, 215
    10.5.1 Convenção da Consistência (Uniformidade), 215
    10.5.2 Convenção do Conservadorismo (Prudência), 215
    10.5.3 Convenção da Materialidade (Relevância), 216
    10.5.4 Convenção da Objetividade, 216
    10.5.5 Estruturas conceituais emanadas de órgãos reguladores, 218
10.6 Algumas mudanças da Lei nº 11.638/2007 convergindo para os moldes internacionais, 219
    10.6.1 Valor Justo, 219
    10.6.2 Redução ao Valor Recuperável de Ativos (*Impairment Test*), 220
    10.6.3 Ajustes a Valor Presente, 220

Exercícios, 220

Apêndice I – Correção de balanços pelas variações do poder aquisitivo da moeda, 223

I.1 Introdução, 223
I.2 Exemplo de ajustamento, 224
I.3 Etapas do ajustamento, 226
    I.3.1 Itens do Balanço, 226
        I.3.1.1 Caixa e Bancos, 226
        I.3.1.2 Duplicatas a Receber e Ajuste por Devedores Duvidosos, 226
        I.3.1.3 Mercadorias, 227
        I.3.1.4 Móveis e Utensílios, 227
        I.3.1.5 Depreciação Acumulada, 227
        I.3.1.6 Contas a Pagar e Fornecedores, 228
        I.3.1.7 Patrimônio Líquido, 228
    I.3.2 Correção da Demonstração de Resultados, 230
    I.3.3 Procedimento adotado na correção da Demonstração de Resultados, 231
        I.3.3.1 Vendas, 231
        I.3.3.2 Custo das Mercadorias Vendidas, 231
        I.3.3.3 Despesas Administrativas, 231
        I.3.3.4 Ajuste por Devedores Duvidosos, 231
        I.3.3.5 Depreciação, 231
        I.3.3.6 Perdas nos Itens Monetários, 232
I.4 Correção Integral de Balanços, 233
    I.4.1 Caixa e Bancos, 234
    I.4.2 Duplicatas a Receber, 234
    I.4.3 Vendas, 234
    I.4.4 Fornecedores, 234
    I.4.5 Custo das Mercadorias Vendidas, 235
    I.4.6 Contas a Pagar, 235
    I.4.7 Demonstração do Resultado em Correção Integral, 235
I.5 Uma forma simplificada de correção monetária ("Legislação Societária"), 236

I.5.1 Aplicando neste exemplo – restaurando valores do Balanço Inicial, 237
I.5.2 Aplicando neste exemplo – o resultado de X4, 239
 I.5.2.1 Atualização das contas do Ativo Imobilizado, 239
 I.5.2.2 Atualização das contas do Patrimônio Líquido, 240
 I.5.2.3 Conta de Correção Monetária, 240
 I.5.2.4 Demonstração do Resultado pelo Método Simplificado da "Legislação Societária", 241
 I.5.2.5 Comparações com a correção integral, 241
I.6 Conclusões, 242

Apêndice II – Análise de Demonstrações Contábeis: Introdução, 243

II.1 Advertências iniciais, 243
II.2 Exemplo de uma série de demonstrações, 244
II.3 Observações sobre as Demonstrações, 245
II.4 Análise patrimonial-financeira, 246
 II.4.1 Quociente de imobilização de capital, 248
 II.4.2 Quociente de cobertura total, 249
 II.4.3 Quocientes de rentabilidade (alguns quocientes), 249
 II.4.4 Índice de Rotação de Estoques, 250

Gabarito dos testes, 251

1

Noções preliminares

1.1 CAMPO DE ATUAÇÃO DA CONTABILIDADE

A Contabilidade, na qualidade de ciência social aplicada, tem um campo de atuação muito amplo. Com uma metodologia especialmente concebida para captar, registrar, acumular, resumir e interpretar os fenômenos que afetam as situações patrimoniais, financeiras e econômicas de qualquer ente, seja pessoa física, entidade de finalidades não lucrativas, empresa, seja mesmo pessoa de Direito Público, como Estado, Município, União, Autarquia etc.

Na verdade, o desenvolvimento inicial do método contábil esteve associado ao surgimento do Capitalismo, como forma quantitativa de mensurar os acréscimos ou decréscimos dos investimentos iniciais alocados a alguma exploração comercial ou industrial. Todavia a economia de mercado e seu florescer foram fortemente amparados pelo surgimento e aperfeiçoamento das partidas dobradas, o que equivale a dizer que se verificou uma interação entre os dois fenômenos. No século passado, a Contabilidade serviu, por outro lado, como forte instrumento de controle nos países que adotaram regimes políticos com economia controlada pelo governo de forma centralizada.

Atenção
Hoje, o método tem aplicação a qualquer tipo de pessoa, física ou jurídica, com finalidades lucrativas ou não, que tenha necessidade de exercer atividades econômicas para alcançar suas finalidades, mesmo que tais atividades econômicas não sejam atividades-fim.

É necessário notar que este livro de Contabilidade Introdutória tem como finalidade a explicação do mecanismo de funcionamento da Contabilidade, que é universal e apoia-se, preferencialmente, em seus exemplos e aplicações, na experiência fornecida e vivida pelas empresas, isto é, em entidades de finalidades lucrativas.

1.2 GRUPOS DE PESSOAS E DE INTERESSES QUE NECESSITAM DA INFORMAÇÃO CONTÁBIL

Tendo em mente as premissas traçadas na seção anterior do capítulo, é necessário destacar o tipo e a qualidade da informação que a Contabilidade deve fornecer a vários grupos de pessoas, cujos interesses nem sempre são coincidentes, embora não se chegue ao exagero de afirmar que sejam conflitantes.

1.2.1 Sócios, acionistas e proprietários de cotas societárias de maneira geral

Essas pessoas interessadas na rentabilidade e segurança de seus investimentos, que muitas vezes se mantêm afastadas da direção das empresas, necessitam de informações resumidas que deem respostas claras e concisas a suas perguntas. Por exemplo: qual a taxa de lucratividade proporcionada a seu investimento em ações ou cotas-partes da sociedade? Será que a empresa continua a oferecer, a médio e longo prazos, perspectivas de rentabilidade e segurança para seu investimento? Existe alguma alternativa mais adequada para seus investimentos? Normalmente, relatórios elaborados pela Contabilidade Geral (também conhecida por Contabilidade Financeira) e esclarecimentos prestados pela administração por ocasião das assembleias ou reuniões de sócios realizadas algum tempo após o encerramento dos exercícios são suficientes para responder a tais perguntas. Nas sociedades em que os sócios estão mais intimamente ligados à área administrativa, o nível, a quantidade e a qualidade de informação necessária são os mesmos focalizados na próxima seção.

1.2.2 Administradores, diretores e executivos dos mais variados escalões

O interesse nos dados contábeis dessas pessoas atinge um grau de profundidade e análise, bem como de frequência, muito maior do que para os demais grupos. De fato, são eles os agentes responsáveis pelas tomadas de decisões dentro de cada entidade a que pertencem. Tais decisões visam principalmente ao futuro, mas, para se preparar para agir no futuro, é necessário não apenas conhecer detalhadamente o que aconteceu no passado, como também o que está acontecendo no momento.

Atenção

Note que as informações fornecidas pela Contabilidade não se limitam ao Balanço Patrimonial e à Demonstração de Resultados. Além dessas demonstrações básicas e finais de um período contábil, a Contabilidade fornece aos administradores um fluxo contínuo de informações sobre os mais variados aspectos da gestão financeira e econômica das empresas.

O administrador inteligente, que sabe usar a informação contábil e que conhece suas limitações, tem em suas mãos um poderoso instrumento de trabalho que lhe permite tomar decisões visando ao futuro com maior segurança, bem como conhecer a situação atual e o grau de acerto ou desacerto de suas decisões passadas.

Alguns autores, em obras de Contabilidade mais especializadas, chegam a distinguir dois grandes ramos ou ênfases pelos quais a Contabilidade pode desempenhar seu papel informativo. A *Contabilidade Financeira*, cujos relatórios finais básicos são o Balanço Patrimonial, a Demonstração de Resultados e a Demonstração dos Fluxos de Caixa, tem maior utilidade aos agentes econômicos externos à empresa, assim como aos sócios desligados da direção, ao passo que a *Contabilidade Gerencial*, mais analítica, incluindo em seu campo de atuação também a *Contabilidade de Custos*, visa primeiramente à administração da empresa.

Este livro não tem como foco esgotar todos os aspectos da *Contabilidade Financeira*, tampouco explorar em profundidade todos ou mesmo alguns aspectos da *Contabilidade Gerencial*. Trata-se de um texto de Contabilidade Básica, cujo principal objetivo será fornecer os elementos iniciais mínimos para um aprofundamento posterior nas mais variadas especializações contábeis. No fundo, a Contabilidade é um conjunto integrado de conceitos e normas para fornecer informações que devem ser moldadas às finalidades para as quais se destinam.

1.2.3 Bancos, capitalistas, emprestadores de dinheiro

Para essas entidades e pessoas, as perguntas são mais ou menos parecidas com as formuladas pelas pessoas citadas na seção 1.2.1, com a diferença de que o interesse dos sócios, quotistas e proprietários das empresas às vezes vai além do puro escopo de retorno, estando associado também a razões sentimentais, profissionais e de pioneirismo em seus investimentos.

Quando a empresa opera com prejuízo ou começa a operar ineficientemente, é muito provável que os sócios continuem a investir nela seus capitais na esperança de melhoria (isto é verídico quando há uma ligação entre as figuras dos sócios e dos administradores, principalmente nas médias e pequenas empresas). Quanto aos emprestadores de dinheiro, cuja única finalidade é rentabilidade e segurança de retorno de seus investimentos, serão os primeiros a abandonar o barco em perigo de naufrágio. Basicamente, o nível, a quantidade e, principalmente, a qualidade da informação requerida são parecidos, com maior ênfase para os fluxos financeiros, no que se refere aos emprestadores em geral.

1.2.4 Governo e economistas governamentais

As repartições e os economistas governamentais têm duplo interesse nas informações contábeis. Em primeiro lugar, baseando-se frequentemente no fato de que com tais informações é que se exerce o poder de tributar e arrecadar impostos, taxas e contribuições. Isso é especificamente verdadeiro no caso das empresas cujo imposto de renda é taxado a partir dos balanços, embora alguns ajustes tenham que ser feitos ao lucro contábil para se apurar o lucro tributável. Em segundo lugar, os economistas encarregados de análises globais ou setoriais de nossa economia interessam-se pelos dados contábeis das diversas unidades microeconômicas, os quais são agregados e tratados estatisticamente e podem fornecer bases adequadas para as análises econômicas.

1.2.5 Pessoas físicas

A Contabilidade não deixa de desempenhar seu papel de ordem e controle das finanças também no caso dos patrimônios individuais. Frequentemente, as pessoas esquecem-se de que alguns conhecimentos de Contabilidade e Orçamento muito as ajudariam no controle, na ordem e no equilíbrio de seus orçamentos domésticos.

1.3 FINALIDADES PARA AS QUAIS SE USA INFORMAÇÃO CONTÁBIL

Robert N. Anthony, em seu conhecido livro *Management accounting*,[1] focaliza com bastante propriedade as implicações desta seção.

Embora tais finalidades possam ser catalogadas de várias formas, serão aqui agrupadas em três básicas:

- finalidade de planejamento;
- finalidade de controle;
- finalidade de auxílio no processo decisório.

Planejamento é o processo de decidir que curso de ação deverá ser tomado para o futuro.

Normalmente, o processo de planejamento consiste em considerar vários cursos alternativos de ação e decidir qual o melhor. *Planejamento* (que deve ser diferenciado de simples *previsão*) pode abranger um segmento da empresa ou toda a empresa. A informação contábil, principalmente no que se refere ao estabelecimento de padrões ou *standards* e ao inter-relacionamento da Contabilidade com os planos orçamentários, é de grande utilidade no planejamento empresarial. Mesmo em caso de decisões isoladas sobre várias alternativas possíveis, normalmente utiliza-se grande quantidade de informação contábil.

Controle pode ser conceituado como um processo pelo qual a alta administração se certifica, na medida do possível, de que a organização está agindo em conformidade com os planos e políticas traçados pelos donos de capital e pela própria alta administração.

Esta, como estamos vendo, é uma conceituação bem ampla de controle, aceita pelos autores modernos, em contraste com a definição restrita, que resumia o controle a uma função quase policial dentro da empresa, única e exclusivamente. Afirma o referido autor que a informação contábil é útil ao processo de controle das seguintes formas:

a) **Como meio de comunicação** – os relatórios contábeis podem ser de grande auxílio, ao informar a organização a respeito dos planos e políticas da administração e, em geral, das formas de comportamento ou ação que a administração deseja atribuir à organização.

---

[1] ANTHONY, Robert N. *Management accounting*. Homewood: Richard D. Irwin, 1968. 2-5. (Edição brasileira: *Contabilidade gerencial*. São Paulo: Atlas, 2015).

b) **Como meio de motivação** – a não ser que a empresa ou o negócio seja do tipo individual, não compete à administração fazer ou executar o serviço. Isto quer dizer que a administração não fabrica e vende pessoalmente o produto. Pelo contrário, a responsabilidade da administração consiste em gerenciar o trabalho que está sendo executado pelos outros. Isso requer, em primeiro lugar, que o pessoal seja contratado e formado dentro da organização, e, em segundo lugar, que a organização seja motivada de forma que venha a fazer o que a administração quer que se faça. A informação contábil pode auxiliar (e também, se utilizada inadequadamente, prejudicar) esse processo de motivação.

c) **Como meio de verificação** – periodicamente, a administração necessita avaliar a qualidade dos serviços executados pelos empregados. A apreciação desse desempenho pode resultar em acréscimo de salários, promoções, readmissões, ações corretivas as mais variadas ou, em casos extremos, demissões. A informação contábil pode auxiliar esse processo de avaliação, embora o desempenho humano não possa ser julgado apenas pela informação contida nos registros contábeis.

***Processo decisório** é o conjunto de ações que faz com que se consiga a obtenção dos objetivos desejados, definidos pelo planejamento.*

O processo decisório ocorre pelas tomadas de decisões já planejadas e pelas tomadas de decisões corretivas quando o controle evidencia que o caminho sendo seguido não era o planejado.

Atenção
Veja que a Contabilidade participa do processo de planejamento, quando é indispensável para a fixação de todos os planejamentos estratégicos, orçamentos operacionais etc. É vital no processo de controle, ou seja, de acompanhamento do que ocorre e comparação com o que deveria estar ocorrendo. E também é indispensável para prover informações aos gestores.

No que diz respeito aos usuários externos à entidade, principalmente, credores e investidores, a Contabilidade funciona como o grande elo entre essa entidade e tais interessados, levando-lhes informações sobre o estado do patrimônio e de suas mutações. Também são interessados nas informações contábeis: os empregados, o governo (principalmente na sua função tributante) e outros.

1.4 ESPECIALIZAÇÕES CONTÁBEIS E FUNÇÕES CONTÁBEIS TÍPICAS

1.4.1 Planificação da Contabilidade

Entre as providências iniciais para se colocar em funcionamento a máquina organizacional de qualquer empresa, impõe-se a planificação geral do setor contábil. O contador estuda a natureza da entidade, verifica os tipos de transações que provavelmente ocorrerão e planeja a maneira pela qual essas transações deverão ser registradas, sintetizadas e evidenciadas. Finalmente, elabora um Plano e um Manual de Contas adequados, que deverão ser observados obrigatoriamente na empresa. Outro trabalho que se enquadra na planificação diz respeito à escolha do processo de escrituração a ser adotado. Essa escolha depende do volume e da complexidade dos registros e pode recair sobre processos, normalmente eletrônicos, integrados aos demais sistemas. O trabalho de planificar a Contabilidade é um dos que exigem mais experiência, perspicácia e bom senso do contador.

1.4.2 Escrituração contábil

Quando a Contabilidade é bem planejada, grande parte do processo de escrituração se torna rotineira e pode ser realizada por meio de computadores, sob a supervisão do contador. Todavia, em qualquer empresa surgem a todo momento problemas que só podem ser resolvidos por profissional habilitado. Às vezes, trata-se de problemas de interpretação e classificação de novos fatos ou operações que não estavam previstas na planificação inicial. Outras vezes, verifica-se a necessidade de aperfeiçoar o plano de contas, ou o processo de escrituração, ou ainda o sistema de apuração de custos, quando, por exemplo, se deseja melhorar a qualidade das informações ou a rapidez com que elas devem ser obtidas.

1.4.3 Elaboração e interpretação de relatórios

Os relatórios contábeis, tais como Balanço Patrimonial, Demonstração de Resultados, Demonstração dos Fluxos de Caixa, Demonstração do Valor Adicionado e muitos outros, serão tratados neste livro (exceto o último). Esses relatórios são o resultado final do processo de escrituração e de alguns julgamentos de valor que o contador efetua com relação a eventos futuros. Todo o trabalho de acumulação de registros e dados sistematicamente classificados, que constitui a rotina contábil, tem por finalidade inserir os dados colhidos em relatórios contábeis, os quais devem ainda ser interpretados, por profissional habilitado, a fim de proporcionar à administração e aos demais interessados informações relevantes para as tomadas de decisões.

Todo o trabalho de natureza contábil executado numa entidade, numa empresa ou em algum órgão governamental tende, como em todos os demais ramos do conhecimento, a especializar-se ou sintetizar-se em várias ramificações; estas, por sua vez, exigem, além do treinamento básico em Contabilidade que todo contador deve possuir, habilidades e treinamentos adicionais, o que o leva a especializar-se neste ou naquele ramo. Entre as ramificações ou detalhamentos mais importantes da Contabilidade, destacam-se: a *Contabilidade Financeira* e a *Contabilidade de Custos*, esta exercida pelo *contador de custos*; a *Auditoria*, interna ou externa, que congrega *auditores* internos ou independentes; a *Análise e Interpretação de Balanços*, exercida por analistas cuja formação básica deve ser em Contabilidade; *Sistemas e Métodos*, nos quais contadores altamente especializados desenvolvem atuações; e, finalmente, *Controladoria*, cargo e especialização máxima a serem atingidos por um contador dentro de uma empresa, normalmente órgão de *staff* ligado à alta administração, que supervisiona os departamentos de Contabilidade Financeira,

Contabilidade de Custos, Auditoria Interna, Contabilidade Fiscal, Orçamentos etc., reportando diretamente a altos mandatários da empresa, com papel relevantíssimo dentro da Governança Corporativa.

Tratando-se de um trabalho de introdução à Contabilidade, este livro dará maior ênfase à *Contabilidade Financeira*, que desempenha os mecanismos básicos de acumulação de dados, registros, relatórios e análises dentro da empresa, mas não deixará de fornecer visão introdutória das funções da *Contabilidade de Custos* e da *Análise e Interpretação de Balanços*, que estão intimamente ligadas àquela e que são, de certa forma, uma sequência natural da *Contabilidade Financeira*.

Finalizando esta seção, não podemos deixar de mencionar que contadores devidamente habilitados podem exercer funções periciais, judiciais ou extrajudiciais, trabalhos especiais de consultoria, e que, finalmente, alguns contadores se especializam em aspectos fiscais da Contabilidade.

1.5 MERCADO DE TRABALHO DO CONTADOR

Pode-se afirmar que o mercado de trabalho para o contador de alto nível, hoje no Brasil, é, em média, um dos melhores entre os de profissionais liberais, principalmente no sentido financeiro.

Nem sempre foi assim, mas, em virtude de várias fontes de pressão que obrigam as empresas a aperfeiçoarem cada vez mais seu processo de controle e planejamento, o papel do contador de nível universitário está realmente assumindo uma importância que naturalmente lhe deveria ser reservada numa entidade. Esse papel traz em si, além das capacitações técnicas e profissionais inerentes, alta dose de *ética*, de *prudência*, de *zelo*, de *severidade de costumes* e de *integridade*.

1.6 LIMITAÇÕES DO MÉTODO CONTÁBIL

É preciso, todavia, dizer algo a respeito das limitações do método contábil:

- Em primeiro lugar, a Contabilidade não é nem deve ser entendida como um fim em si mesma. Isso quer dizer que as informações por ela fornecidas só terão utilidade desde que satisfaçam às necessidades da administração ou de outros interessados, e não apenas às do contador.
- Em segundo lugar, a Contabilidade só é capaz de captar e registrar eventos mensuráveis em moeda, e sabemos que, em quase todas as decisões, muitos outros elementos não quantitativos devem ser levados em conta para uma decisão adequada.
- Em terceiro lugar, muita discussão ainda existe entre contadores, no que diz respeito a princípios, a procedimentos de avaliação, bem como à terminologia.

Algumas dessas limitações citadas em terceiro lugar serão discutidas em capítulo especial deste livro, ao passo que a segunda é intrínseca ao método contábil, como é de qualquer método puramente quantitativo.

A Contabilidade é um *modelo*, e modelos são, por definição, simplificações da realidade. Essa é, em essência, a maior limitação da Contabilidade.

O resultado de tais limitações é que os relatórios contábeis podem não expressar totalmente a realidade econômica da entidade, mesmo que estaticamente concebida, como muitos possam julgar, pela exuberante exatidão dos cálculos e somas que vai até centavos. Algumas vezes, a Contabilidade pode fornecer um retrato desfocado ou defasado de uma paisagem empresarial, principalmente por influência da inflação, por evitar subjetivismos a partir de um certo ponto etc., mas ela continua sendo um instrumento insubstituível. Sua maior limitação está no fato de o balanço não representar, frequentemente, o valor de mercado da empresa, já que este de fato não é (ainda) seu objetivo. O importante é conhecer bem o grau de limitação inerente ao método para não nos iludirmos em demasia e, tampouco, iludir os outros com a aparente exatidão dos números que, no fundo, são representações de uma realidade mais complexa.

1.7 HORIZONTES PARA A CONTABILIDADE, PRINCIPALMENTE A PARTIR DA ADOÇÃO DAS NORMAS INTERNACIONAIS DE CONTABILIDADE A PARTIR DE 2010

À medida que a formação profissional do contador se torna fortalecida e sejam criados exames para a obtenção do grau do que deveria ser denominado de Contador Público Certificado (a exemplo de outros países); à medida que o contador se familiariza, cada vez mais, com os métodos quantitativos e a tecnologia; à medida que os órgãos representativos de classe se preocupam com a melhoria sempre crescente dos conceitos e normas contábeis, poder-se-á assegurar que os horizontes da Contabilidade serão os mais amplos e promissores possível.

A qualidade média das disposições legais que envolvem conceitos contábeis evoluiu bastante no Brasil a partir de 1976 com a Lei das Sociedades por Ações e chegou, em certos aspectos, a liderar o mundo no que diz respeito ao tratamento dos efeitos inflacionários, com a metodologia de correção integral (infelizmente abandonada a partir de 1996 por se crer – erroneamente – que baixas taxas de inflação não deformam os balanços e os resultados), em cujo centro grande parte dos conceitos divulgados pelos autores deste livro de Introdutória se tornou realidade impositiva. Mas essa descontinuidade da correção monetária, a rigidez da lei que não se atualizou e a influência dos interesses tributários (nossa Contabilidade esteve até 2007 praticamente atrelada às normas fiscais) acabaram por limitar bastante o poder informativo das nossas demonstrações contábeis.

Atenção

Todavia, com a introdução da Lei nº 11.638/2007, que provocou alterações profundas na Lei das Sociedades por Ações, e com a Lei nº 11.941/2009, que definitivamente desatrelou a automaticidade da ligação da Contabilidade com as normas tributárias (cada uma tem sua vida própria agora), com a criação do CPC – Comitê de Pronunciamentos Contábeis e uma série de outras ações, tem-se agora o início de uma nova era, sob a égide das normas internacionais de Contabilidade emanadas do IASB (International Accounting Standards Board).

1.7.1 A criação do CPC

Em 2005, representantes dos preparadores (elaboradores) de demonstrações contábeis, dos contadores, dos auditores independentes, da academia, dos usuários das informações contábeis, dos órgãos reguladores contábeis principais do Brasil, do Ministério da Fazenda e seu órgão responsável pela tributação e de outros interessados reuniram-se e constituíram o CPC (Comitê de Pronunciamentos Contábeis).[2]

Esse Comitê produz Pronunciamentos, Interpretações e Orientações a partir das normas internacionais emanadas do IASB. O IASB é o órgão internacional que tem por objetivo a atualização dos IAS (International Accounting Standards) emitidos pelo IASC (International Accounting Standards Committee) e a edição e atualização dos IFRS (International Financial Reporting Standards) com a finalidade de buscar a convergência com as normas contábeis nacionais dos países-membros.

O processo de adoção das normas IFRS no Brasil aconteceu em duas etapas. A primeira etapa foi com a Lei nº 11.638/2007, que proporcionou alterações contábeis na Lei nº 6.404/1976. A segunda etapa foi com a Lei nº 11.941/2009, que proporcionou mais alterações na Lei nº 6.404/1976 e mudanças fiscais. Mas foi a Lei nº 12.973/2014 que concretizou a regulamentação fiscal das normas contábeis brasileiras com as normas internacionais.

Os órgãos reguladores contábeis brasileiros aprovam esses documentos emitidos pelo CPC e os tornam obrigatórios em seus respectivos âmbitos. Com isso, o Brasil passou a ter, a partir de 2010, suas normas contábeis totalmente convergidas às do IASB (com exceção dos balanços individuais dos bancos que caminham mais lentamente, mas seus balanços consolidados também estarão nessa linha nesse mesmo ano).

Mas o que representam essas novas normas?

1.7.2 O objetivo da Contabilidade e a prevalência da essência sobre a forma

O grande objetivo da Contabilidade é o de prover seus usuários em geral com o máximo possível de informação sobre o patrimônio de uma entidade e suas mutações. Mas há formas e formas de relatar. Nossos contadores vinham, há décadas, se limitando a cumprir as formalidades legais e contratuais, sem analisar criticamente o efetivo significado e conteúdo dos documentos. Por exemplo, uma entidade precisa de financiamento e transfere temporariamente a titularidade jurídica de um imóvel ao financiador para reavê-lo quando da liquidação da dívida. Normalmente é feito um contrato de venda,

---

[2] Formadores do CPC: ABASCA (Associação Brasileira das Companhias Abertas); APIMEC Nacional (Associação dos Analistas e Profissionais de Investimento do Mercado e Capitais); BM&FBOVESPA (Bolsa de Valores, Mercadorias e Futuros); CFC (Conselho Federal de Contabilidade); IBRACON (Instituto dos Auditores Independentes do Brasil); e FIPECAFI (Fundação Instituto de Pesquisas Contábeis, Atuariais e Financeiras). Eram, no início de 2010, membros convidados permanentes: CVM (Comissão de Valores Mobiliários); BACEN (Banco Central do Brasil); RFB (Receita Federal do Brasil); SUSEP (Superintendência de Seguros Privados); FEBRABAN (Federação Brasileira de Bancos); CNI (Confederação Nacional da Indústria).

com cláusula de recompra após certo período, e é adicionado um contrato de "aluguel" durante esse período. Os aluguéis e o valor da recompra são nada mais nada menos do que o valor original da dívida e seus encargos financeiros.

Conforme essa formalização, o registro desses contratos não evidencia o que de fato está ocorrendo: não há efetivamente nenhum aluguel, o financiado não tem nenhum interesse em vender o imóvel e nem o financiador em adquiri-lo; tudo está sendo "encenado" por razões de maior garantia jurídica do financiador. Logo, para representar melhor o balanço e o resultado da entidade, e mostrar de fato a realidade, é necessário que o contador faça com que a essência econômica dos fatos prevaleça sobre essas formas jurídicas. Assim, o contador precisa registrar uma operação de financiamento tomado, com o reconhecimento dos juros ao longo do tempo. Caso contrário, os usuários, principalmente os externos à entidade, não entenderão o que de fato se passa na entidade. Se a Contabilidade não retrata dessa forma, a dívida fica escondida no balanço, o imóvel desaparece temporariamente também do balanço e surge um aluguel que não é genuíno. As despesas financeiras acabam não sendo evidenciadas corretamente.

O outro exemplo é o do arrendamento mercantil financeiro. Neste caso, uma entidade "arrenda" um equipamento por três anos, paga esse "arrendamento" e depois adquire esse bem por R$ 1,00 após o último pagamento. A entidade assume, logo de início, o controle, os riscos e os benefícios do equipamento que só não é seu juridicamente porque, por problemas de garantia, permanece no nome do banco financiador. Nessa situação, se seguida a contabilização pela forma, o equipamento fica no balanço do banco, e não no da indústria; o banco não mostra seu direito recebível do financiado e este não mostra de forma alguma sua dívida.

A **prevalência da essência sobre a forma** faz com que se registre essa operação como de fato é a realidade econômica de tais contratos: operação de compra de um equipamento pela indústria financiada pelo banco. Se não for assim, como o usuário, principalmente o externo, pode ter uma ideia do que ocorre? E se ele não tem a informação correta e passa a saber disso, sua insegurança aumenta e sua dúvida sobre as informações contábeis também. Se o usuário for investir nessa empresa ou nesse banco, ele exigirá um retorno muito maior, por causa do risco maior que irá assumir por não saber exatamente o que ocorre.

Esse é o conceito básico da **prevalência da essência sobre a forma**, que é o pilar básico das normas internacionais de Contabilidade emitidas pelo IASB. E seu grande objetivo: maior transparência, que resulta em menor custo do capital e em menores riscos nas decisões.

1.7.3 A participação de toda a entidade no processo de produção e na responsabilidade da informação contábil

Anteriormente, bastava o contador pegar o contrato assinado e reproduzi-lo em forma contábil, praticamente sem nada perguntar a terceiros e talvez até sem saber o que de fato havia por trás de alguns contratos. Ou então, quando solicitado para fazer o registro da depreciação de uma máquina, fazia-o pura e simplesmente consultando as tabelas do imposto de renda.

Agora, dentro das normas internacionais, o contador precisa conhecer a operação, consultar e obter dados formalizadamente dos que participaram, por exemplo, da elaboração dos contratos; obter da Engenharia ou de outro órgão os dados de vida útil, o valor residual estimado e outros das máquinas, equipamentos, edifícios e outros itens para calcular sua depreciação; obter da Tesouraria as informações sobre os valores justos de certos instrumentos financeiros que ele antes obtinha sozinho, mas não avaliava a mercado de fato etc.

A Contabilidade não é mais só do contador; ela é da empresa toda, o contador administra o processo, se responsabiliza por "caçar" todos os *inputs* necessários, administrar os bancos de dados disponíveis e produzir as informações contábeis necessárias, úteis e relevantes que ajudem no processo todo de gestão da entidade, ou nas decisões de crédito, investimento e outras dos usuários externos. Ele é o centro do processo, mas não o único a dele participar.

Por outro lado, ele passa a participar, e muito mais, de todo o processo decisório. Os efeitos das decisões em todas as áreas da empresa se fazem sentir muito mais acentuadamente na Contabilidade, e as responsabilidades dos gestores todos aumentam na hora de assinar as demonstrações contábeis.

1.7.4 Aumenta o papel do contador como centro dos interesses divergentes

Quanto mais a Contabilidade é responsável por prover informações para fins de controle e decisão, o que inclui avaliação de desempenho, mais o contador fica no centro de interesses divergentes. O diretor tem interesse em mostrar seu desempenho querendo mostrar o máximo de lucro possível e talvez fazer jus a maiores gratificações, mas o proprietário quer reduzir essas mesmas gratificações e, se possível, também os tributos; o avaliador e o avaliado têm interesses comumente não convergentes, e cada agente tende, primeiramente, a pensar no seu próprio interesse, e depois no da entidade (Teoria da Agência).

O investidor minoritário em ações quer ver esses valores mobiliários crescendo de valor no mercado e pagando o máximo possível de dividendos. Mas o credor quer retardar o reconhecimento dos lucros a fim de retardar tributos e pagamento de dividendos, para sua própria proteção; quanto menor for o recurso que sair da empresa, maior será a probabilidade de o credor reaver o seu.

O governo quer o máximo de tributação possível, os gestores, proprietários e credores querem o mínimo possível etc.

São contratos que se executam, firmados formal ou informalmente, que fazem com que um número enorme de pessoas e entes, dentro e fora da empresa, tenham interesses divergentes. E, no centro desses interesses todos, está o contador com suas informações.

Logo, não só de técnica refinada pode ele sobreviver. Mas também de muita ética profissional e pessoal, de capacidade de comunicação, de resistência a pressões e de viver sob pressão. Aliás, não há profissão liberal respeitada no mundo que não necessite de conhecimentos técnicos profundos, que não precise exercer julgamentos, tomar decisões e saber viver entre interesses conflitantes.

Está aí toda a beleza, todo o conflito e toda a dificuldade da profissão.

Mas ela só assume esse papel todo quando de fato se tem essa figura da prevalência da essência sobre a forma, um conjunto de normas bem estruturado, a capacidade de conhecer todos os tipos de operação, de analisá-los, de julgar os melhores critérios e decidir por eles. Não quando se tem apenas o papel de mero cumpridor de regrinhas preestabelecidas que não exijam crítica.

1.7.5 O espírito acadêmico

Por outro lado, o contador e o auditor têm estado cada vez mais em contato com métodos quantitativos e pesquisas empíricas, melhorando suas aptidões e ampliando horizontes.

Muitos desenvolvimentos teóricos têm ocorrido ultimamente, sobretudo no que diz respeito a estudo e desenvolvimento das Normas Internacionais de Contabilidade, às pesquisas empíricas que visam aferir a utilidade das informações contábeis e ao desenvolvimento de novas teorias. Todavia, R. Anthony diz, textualmente:

> A pessoa (contador) que compreende esses novos desenvolvimentos terá uma vantagem sobre outra (contador) que não os entende. Dessa forma, a pessoa (contador) bem-sucedida estará sempre à espreita dos desenvolvimentos teóricos que tenham alguma probabilidade de ser proveitosos na prática, tomando o cuidado de eliminar a massa restante das intrincadas teorias.

Uma boa máxima é a seguinte: "Não seja o primeiro a tentar aplicar algo novo, nem o último", especialmente quando atentarmos para o conselho de Lorde Chesterton: "Olhemos para o futuro, pois é nele que iremos viver".[3]

Esse espírito da investigação, da dúvida e da procura de algo que represente melhor do que o critério ou a técnica utilizados até ontem representavam, o espírito da procura da comprovação empírica de que o que se esperava que seria melhor de fato é mesmo melhor, são inerentes não só ao acadêmico. São características que se fazem necessárias também no profissional que executa ou audita a Contabilidade.

---

[3] ANTHONY, Robert. N. *Op. cit.* p. 601.

2

Estática patrimonial: o balanço

Um dos principais *pressupostos*, *princípios* ou *conceitos contábeis* é o da **Entidade**, que veremos com detalhe no Capítulo 10 deste livro

Atenção
Com base no princípio da Entidade, a Contabilidade deve tratar a pessoa jurídica da empresa como distinta das pessoas físicas e/ou jurídicas de seus proprietários quando ela for o objeto dos relatórios contábeis.

A Contabilidade é feita para medir o desempenho da entidade; portanto, todo o conteúdo deste livro será voltado para os interesses da entidade como pessoa distinta de seus proprietários. No entanto, o que é útil para a empresa também pode ser útil para os proprietários.

O Balanço Patrimonial é uma das mais importantes demonstrações contábeis. Por meio dele podemos apurar a situação patrimonial e financeira de uma entidade em determinado momento, dentro de certas regras. Nessa demonstração, estão claramente evidenciados o Ativo, o Passivo e o Patrimônio Líquido da entidade.

A seguir, uma expressão bem simplificada do Balanço Patrimonial:

Alfenas S.A.
Balanço Patrimonial em 31-1-20X1
Em $ mil

Ativo		Passivo e Patrimônio Líquido		
Caixa	1.000	**Passivo**		
Bancos	800	Contas a Pagar	3.500	
Contas a Receber	3.000	Fornecedores	1.800	5.300
Estoques de Materiais	3.000	**Patrimônio Líquido**		
Terrenos	1.700	Capital	4.000	
Veículos	500	Lucros Acumulados	700	4.700
Total	10.000	Total		10.000

2.1 ATIVO

O *Ativo* compreende, de forma muito simplificada, os bens e os direitos da entidade expressos em moeda:

- Caixa e Bancos constituem disponibilidades financeiras imediatas.
- Imóveis, Veículos, Equipamentos, Mercadorias e Contas a Receber de Clientes são alguns exemplos dos bens e direitos que uma empresa normalmente possui.

O Ativo é constituído de bens tangíveis e intangíveis. Os bens tangíveis são bens corpóreos, palpáveis e que têm forma física; esses bens são classificados em bens móveis (que podem ser removidos: estoques, veículos, equipamentos, móveis e utensílios); e bens imóveis (que são fixos ao solo: edifícios e construções). Os bens intangíveis são incorpóreos e não possuem forma física de representação: são marcas e patentes, direitos autorais e outros. Os direitos são valores a serem recebidos de terceiros e também são intangíveis, mas costumam ser chamados simplesmente de Direitos. As contas a receber representam um direito para a empresa decorrente de uma venda a prazo. O cliente pagará à empresa no futuro. Outros exemplos de direitos são: aluguéis a receber, salários a receber, duplicatas a receber.

Há ativos que não representam genuinamente bens ou direitos, mas, como os demais, para serem ativos precisam estar sob o controle da entidade e implicar, obrigatoriamente, benefícios econômicos futuros a serem usufruídos por essa entidade. O *goodwill* é um deles, mas não será discutido aqui.

Todos os elementos componentes do Ativo acham-se discriminados, por convenção, no lado *esquerdo* do Balanço Patrimonial.

2.2 PASSIVO

O *Passivo* compreende basicamente as obrigações a pagar, isto é, as quantias que a empresa deve a terceiros: Contas a Pagar, Fornecedores, Salários a Pagar, Impostos a Pagar e Financiamentos a Pagar são algumas das obrigações assumidas normalmente por uma entidade. Existem outras obrigações, *de fazer*, que serão tratadas em capítulos posteriores.

Todos os elementos componentes do Passivo estão discriminados no lado *direito* do Balanço Patrimonial.

2.3 PATRIMÔNIO LÍQUIDO

Basicamente, o patrimônio total de uma empresa é constituído dos itens positivos que ela possui, os bens e os direitos, e dos itens negativos, as obrigações.

Definimos o *Patrimônio Líquido* como a diferença entre o valor do Ativo e o valor do Passivo de uma entidade, em determinado momento. Ou seja, os bens e direitos menos as obrigações.

O Patrimônio Líquido representa a riqueza líquida que a empresa possui.

Exemplificando:

Se a entidade tem um Ativo de	$ 10.000
e um Passivo de	$ 5.300
O Patrimônio Líquido dessa entidade será de	$ 4.700

2.4 FONTES DE PATRIMÔNIO LÍQUIDO

O Patrimônio Líquido de uma entidade pode ser proveniente das seguintes fontes:

- **Investimentos dos Sócios** – efetuados pelos proprietários em troca de ações, cotas ou outras participações;
- **Lucros** – acumulados na entidade e não distribuídos aos sócios como fonte (adicional) de financiamento.

Neste capítulo, não trataremos de todas as fontes de Patrimônio Líquido; somente nos interessará a parcela derivada de *investimentos* dos acionistas. Os lucros acumulados serão estudados posteriormente, no Capítulo 4.

2.5 EQUAÇÃO FUNDAMENTAL DO PATRIMÔNIO

A representação quantitativa do patrimônio de uma entidade é conhecida pela expressão *Balanço Patrimonial*. Sabemos que, por definição, patrimônio é o conjunto de bens, direitos e obrigações de uma entidade. É por essa razão que o balanço costuma ser denominado *Balanço Patrimonial*.

Já que na maioria das entidades o Ativo (Bens e Direitos) excede o Passivo (Obrigações), a representação mais comum de seu patrimônio, isto é, seu Balanço Patrimonial, assume a forma:

> ATIVO = PASSIVO + PATRIMÔNIO LÍQUIDO
> (Lado esquerdo)   (Lado direito)

Se o Passivo for maior que o Ativo, teremos o chamado **Patrimônio Líquido Negativo**, também às vezes denominado de **Passivo a Descoberto**.

Caso o Passivo supere o Ativo, encontraremos:

> ATIVO + PASSIVO A DESCOBERTO = PASSIVO ou
> ATIVO = PASSIVO + PASSIVO A DESCOBERTO (PATRIMÔNIO LÍQUIDO NEGATIVO)

2.6 CONFIGURAÇÕES DO ESTADO PATRIMONIAL[1]

Como ilustração, considere uma balança de dois pratos: coloca-se no prato da esquerda o Ativo e no da direita o Passivo. Se ambos tiverem valores iguais, o equilíbrio será atingido. Mas, como normalmente Ativo e Passivo apresentam valores diferentes, a balança

---

[1] Não consideramos a configuração A = zero (PL = P) por ser extremamente improvável.

penderá para um dos lados. O peso (valor) que será colocado apenas para a obtenção do equilíbrio é o chamado de Patrimônio Líquido e, é lógico, estará no lado de menor valor.

Considere certo número de operações de uma empresa que está preparando um Balanço Patrimonial. Após cada operação, observa-se a contínua igualdade entre os dois lados do Balanço.

1ª Operação – Subscrição do capital social

Diversas pessoas resolvem fundar uma sociedade anônima, denominada Alfa S.A. Após uma análise do que pretendem fazer, concluem que precisam investir $ 4.000 para começar o empreendimento. Esse é, então, definido como o capital inicial do empreendimento. Com isso, subscrevem (assinam o compromisso de entregar o dinheiro) e integralizam (entregam efetivamente o dinheiro), deliberando que esse capital será constituído de 40 ações de $ 100 cada uma. A entidade inicia suas atividades em 15 de janeiro de X (15-1-X), dedicando-se ao ramo de *prestação de serviços*, de reparos (consertos) de aparelhos eletrônicos e eletrodomésticos.

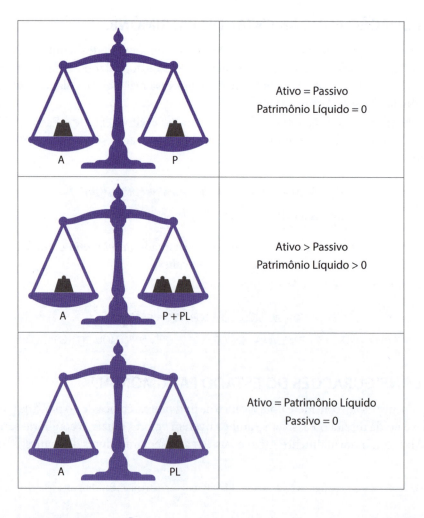

Ativo < Passivo
Patrimônio Líquido < 0
(Situação de Passivo a Descoberto)

Após a subscrição e integralização em dinheiro do capital social, o Balanço Patrimonial terá a seguinte forma:

Alfa S.A. Balanço Patrimonial em 15-1-X Em $ mil			
Ativo		**Passivo e Patrimônio Líquido**	
		Patrimônio Líquido	
Caixa	4.000	Capital	4.000
Total	***4.000***	*Total*	***4.000***

- *A entidade recebe um Ativo (Caixa) no valor de $ 4.000 e, em contrapartida, forma o Patrimônio Líquido inicial.*

O Balanço Patrimonial apresenta o seguinte aspecto em 31-1-X, data de integralização do capital social.

No exemplo da balança, teríamos:

Ativo
Caixa: 4.000

Passivo = 0
Patrimônio Líquido
Capital: 4.000

2ª Operação – Aquisição de edifício

A empresa adquire em 10-2-X, mediante pagamento à vista, um edifício de dois pavimentos para abrigar suas instalações, pela importância de $ 1.200.

- Com essa transação, a empresa adquire um novo Ativo (Imóveis), mas vê seu dinheiro (Caixa) diminuído do mesmo valor.

Realizada a transação imobiliária, o Balanço Patrimonial passa a ter a seguinte disposição:

Alfa S.A. Balanço Patrimonial em 10-2-X Em $ mil				
Ativo			**Passivo e Patrimônio Líquido**	
			Patrimônio Líquido	
Caixa	2.800			
Imóveis	1.200		Capital	4.000
Total	**4.000**		Total	**4.000**

3ª Operação – Compra de materiais

Para iniciar suas atividades mercantis, a empresa precisa adquirir materiais, que serão estocados para uma posterior utilização, quando da prestação dos serviços a seus clientes.

O diretor da empresa, Sr. Brito, conhece o Sr. Almeida, comerciante que, na ocasião, está liquidando seus estoques de material eletrônico.

Em 13-2-X são arrematados todos os materiais da empresa liquidante pela importância de $ 2.000. O Sr. Almeida confessa que poderia vender facilmente seu saldo de Materiais por $ 2.800, em leilão, mas aceita o preço oferecido pela Alfa S.A., por se tratar de venda rápida, e as partes assinam o respectivo contrato.

Atenção

Existe um princípio contábil segundo o qual as aquisições de bens devem ser registradas pelo custo real da compra, não importando se, nesse período, há considerável diferença entre o *custo* e o *valor* desse bem no mercado.

Essa diferença será reconhecida (como *lucro*) apenas mais tarde, como veremos.

Desde o início da Contabilidade, o raciocínio tem sido o seguinte: registram-se os estoques pelo valor de custo e, assim que forem vendidos, o lucro será calculado pela diferença entre o dinheiro da venda e o dinheiro usado na compra.

No caso, os materiais a serem consumidos na prestação de serviços ficarão registrados pelo custo. Quando o serviço for prestado e o material for consumido, o lucro será medido pela diferença entre o dinheiro da venda do serviço e o dinheiro empregado na compra do material utilizado e no pagamento de outras despesas.

O material adquirido será representado no Balanço Patrimonial pelo preço de custo (*compra*) de $ 2.000.

Nenhum pagamento em dinheiro é feito ao Sr. Almeida nessa data, já que ele concordou com um certo prazo para essa liquidação financeira.

- *Por essa transação, a empresa adquire um novo Ativo (Materiais) e assume um Passivo, uma obrigação de pagar (Fornecedores).*

Após essa transação, o Balanço da Alfa S.A. terá a seguinte forma:

Alfa S.A.
Balanço Patrimonial em 13-2-X
Em $ mil

Ativo		Passivo e Patrimônio Líquido	
		Passivo	
Caixa	2.800	Fornecedores	2.000
Imóveis	1.200		
Estoques de Materiais	2.000	**Patrimônio Líquido**	
		Capital	4.000
Total	**6.000**	Total	**6.000**

4ª Operação – Compra de veículo

A Alfa S.A. necessita de um *utilitário* para efetuar a entrega dos aparelhos eletrônicos consertados aos clientes.

Então, em 20-2-X, adquire da Beta Automóveis S.A. um veículo, à vista, por $ 200.

- *Efetuada essa nova transação, a empresa adquire um novo Ativo (Veículos) e seu dinheiro (Caixa) diminui no mesmo valor.*

Portanto, o balanço da empresa será:

Alfa S.A.
Balanço Patrimonial em 20-2-X
Em $ mil

Ativo		Passivo e Patrimônio Líquido	
		Passivo	
Caixa	2.600	Fornecedores	2.000
Imóveis	1.200		
Estoques de Materiais	2.000	**Patrimônio Líquido**	
Veículos	200	Capital	4.000
Total	**6.000**	Total	**6.000**

5ª Operação – Venda de parte do edifício

Os diretores, verificando que o edifício adquirido excede às necessidades previstas, resolvem vender o pavimento superior ao Sr. A. Sousa, em 23-2-X, por $ 800. Supondo que o custo pago pelo imóvel total, $ 1.200, fosse dividido em partes iguais, $ 600 como custo de cada um dos dois pavimentos adquiridos, teríamos o seguinte: o Ativo cresceu para $ 800 representado pela Nota Promissória a Receber, mas também foi reduzido em $ 600, devido à baixa da parte do imóvel vendido. Com isso, há um incremento líquido de $ 200 do Ativo; como nada se altera no Passivo, isso provoca, então, um aumento de $ 200 no Patrimônio Líquido, em função desse lucro na venda do imóvel.

Nenhum dinheiro foi recebido do Sr. A. Sousa nessa data, porém a empresa adquire um novo Ativo – um *direito* de receber os $ 800, representado por uma Nota Promissória emitida pelo comprador.

- *Tais direitos serão denominados Títulos a Receber. A venda do pavimento ocasiona redução do Ativo Imóveis.*

Veja a nova situação do Balanço Patrimonial da Alfa S.A.:

Alfa S.A.
Balanço Patrimonial em 23-2-X
Em $ mil

Ativo		Passivo e Patrimônio Líquido	
		Passivo	
Caixa	2.600		
Imóveis	600	Fornecedores	2.000
Estoques de Materiais	2.000		
Veículos	200	**Patrimônio Líquido**	
Títulos a Receber	800	Capital	4.000
		Lucro	200
			4.200
Total	**6.200**	Total	**6.200**

6ª Operação – Pagamento de obrigação

Em 5-3-X, a Alfa S.A. paga ao Sr. Almeida $ 1.300, correspondentes a parte da dívida assumida com ele em 13-2-X, quando da aquisição de materiais eletrônicos.

- *Esta operação diminui o Passivo (Fornecedores) e também a disponibilidade de dinheiro em Caixa (Ativo).*

Assim, o novo Balanço Patrimonial da entidade será:

Alfa S.A.
Balanço Patrimonial em 5-3-X
Em $ mil

Ativo		Passivo e Patrimônio Líquido	
		Passivo	
Caixa	1.300		
Imóveis	600	Fornecedores	700
Estoques de Materiais	2.000		
Veículos	200	**Patrimônio Líquido**	
Títulos a Receber	800	Capital	4.000
		Lucro	200
			4.200
Total	**4.900**	Total	**4.900**

7ª Operação – Recebimento de direito

Em 10-3-X, são recebidos $ 400 do Sr. A. Sousa como pagamento parcial de sua dívida.

- *Esse fato contribui para aumentar o dinheiro em Caixa (Ativo) e diminuir os Títulos a Receber (Ativo).*

Muda a composição do Ativo, mas não seu total, e como não se altera também o Passivo, o Patrimônio Líquido continua o mesmo.

Veja o Balanço Patrimonial da Alfa S.A.

Alfa S.A.
Balanço Patrimonial em 10-3-X
Em $ mil

Ativo		Passivo e Patrimônio Líquido	
		Passivo	
Caixa	1.700		
Imóveis	600	Fornecedores	700
Estoques de Materiais	2.000		
Veículos	200	**Patrimônio Líquido**	
Títulos a receber	400	Capital	4.000
		Lucro	200
			4.200
Total	**4.900**	Total	**4.900**

2.7 REPRESENTAÇÃO GRÁFICA DOS ESTADOS PATRIMONIAIS

Como foi visto anteriormente, o Patrimônio Líquido (PL) é a diferença algébrica entre o Ativo (A) e o Passivo (P).

$$\text{Patrimônio Líquido} = \text{Ativo} - \text{Passivo}$$

Não tem sentido falar em Ativo ou Passivo negativos. Nessas condições, os elementos patrimoniais poderão assumir somente os seguintes valores:

$$A \geq 0 \qquad P \geq 0 \qquad PL \gtreqless 0$$

Com base na equação do balanço (A − P = PL), pode-se concluir que, em dado momento, o patrimônio assume, invariavelmente, um dos cinco estados a seguir:

1º) Quando A > P, teremos PL > 0

A = P + PL

| A | P |
| | PL |

Revela existência de riqueza própria

2º) Quando A > P e P = 0, teremos PL > 0

A = PL

| A | PL |

Revela inexistência de dívidas (Passivo); logo, todo o Ativo é dos sócios e não há reclamos de terceiros sobre ele.

3º) Quando A = P, teremos PL = 0

A = P

| A | P |

Revela inexistência de riqueza própria, como, por exemplo, acontece com o indivíduo que possui bens à sua disposição, mas tem dívida junto a terceiros de igual valor.

4º) Quando P > A, teremos PL < 0

A + PL = P

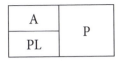
Revela má situação, existência de "Passivo a Descoberto" ("Patrimônio Líquido Negativo").

5º) Quando P > A e A = 0, teremos PL < 0

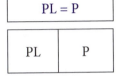
Revela inexistência de Ativo, inexistência de bens e/ou direitos. Apenas dívidas (obrigações).

Os dois últimos estados patrimoniais (4º e 5º) raramente ocorrem na realidade, principalmente o último, quando a empresa praticamente já não tem condições de subsistência. Esse balanço pode ocorrer em empresas em falência, depois de vendidos todos os ativos e pagos muitos dos passivos, sobrando ainda uma dívida.

Observação: O Patrimônio Líquido Negativo, ou Passivo a Descoberto, normalmente é apresentado no lado direito do balanço, mas com valor negativo.

2.8 CONCEITUAÇÕES: AS VÁRIAS CONFIGURAÇÕES DO CAPITAL

Considere quatro conceitos de Capital na Contabilidade:

1) *Capital Nominal* – o investimento inicial feito pelos proprietários de uma empresa é registrado pela Contabilidade numa "conta" denominada *Capital*. Este é o *Capital Nominal*, que corresponde ao Patrimônio Líquido inicial. O Capital Nominal só será alterado quando os proprietários realizarem investimentos adicionais (aumentos de capital) ou desinvestimentos (diminuições de capital).

Como o Patrimônio Líquido também é alterado pelos lucros (ou prejuízos), pode-se afirmar que raramente o Capital Nominal, depois do início do funcionamento da empresa, coincidirá com o Patrimônio Líquido.

Por exemplo: a Sociedade Comercial Gama Ltda. é constituída por quatro sócios, com capital integralizado de $ 800.000.

Em Contabilidade, tal situação inicial será representada da seguinte forma:

2) *Capital Próprio* – o Capital Próprio, que corresponde ao conceito de Patrimônio Líquido, abrange o Capital Inicial e suas variações.

Por exemplo: após determinado período, a Sociedade Comercial Gama Ltda. obtém um lucro de $ 10.000, proveniente de suas operações mercantis. O *Capital Próprio* da empresa aumenta para $ 810.000 (Capital + Lucro); todavia, o Capital Nominal será mantido pela Contabilidade, conforme demonstrado a seguir:

Caixa	420.000		Capital	800.000	
Títulos a Receber	390.000	A	Lucro	10.000	PL
Total	810.000		Total	810.000	

3) **Capital de Terceiros** – este capital corresponde aos investimentos feitos na empresa com recursos provenientes de terceiros. Por exemplo: considere que a Sociedade Comercial Gama Ltda. tenha comprado, a prazo, móveis para escritório por $ 10.000. Teremos a seguinte situação:

Caixa	420.000				
Títulos a Receber	390.000		Contas a Pagar	10.000	P
		A	Capital	800.000	
Móveis e Utensílios	10.000		Lucro	10.000	PL
Total	820.000		Total	820.000	

Neste caso, o Capital de Terceiros é representado pelo saldo de Contas a Pagar. Seria, no sentido restrito, o Passivo da entidade.

4) **Capital Total à Disposição da Empresa** – em acepção mais ampla, pode-se conceituar o capital como o conjunto dos valores disponíveis pela empresa em dado momento. Assim, o capital à disposição da empresa é o somatório dos elementos colocados à direita da situação anteriormente exposta, ou seja:

$$\text{CREDORES} + \text{CAPITAL} + \text{LUCROS} = 820.000 = (P + PL) = A$$

	Quadro-resumo		
Aplicações dos recursos {	ATIVO	PASSIVO E PATRIMÔNIO LÍQUIDO	} Fontes de recursos
		(1) **Passivo**	} Capital de Terceiros
	Bens e Direitos	(2) **Patrimônio Líquido** Capital Lucros e Reservas	} Capital Próprio
		(1) + (2) Recursos totais	} Capital Total à Disposição

 **EXERCÍCIOS**

Exercício 1

A seguir, são apresentadas, cronologicamente, as operações da Empresa Comercial Bahia S.A. (em $ mil):

- 2-1 – Investimento inicial de capital, em dinheiro, no valor de $ 12.000.
- 4-1 – Aquisição de um imóvel da Cia. A por $ 5.000 com pagamento de $ 2.500 à vista e o restante a prazo.
- 5-1 – Compra à vista de instalações (divisórias, cortinas etc.) para a Empresa, por $ 2.000.
- 15-1 – Aquisição de equipamentos, a prazo, de M & Cia., por $ 4.000.
- 18-1 – Obtenção de um empréstimo de $ 10.000, no Banco Alfa, com emissão de uma nota promissória.
- 23-1 – Pagamento de $ 1.000, a M. & Cia., para liquidação de parte da dívida pela compra efetuada em 15-1.
- 26-1 – Investimento de mais de $ 5.000 pelos sócios, aumentando o capital, em dinheiro.
- 30-1 – Compra à vista, por $ 8.500, de peças para reparos da Cia. Ômega.

Pede-se: Levantar um balanço da Empresa Comercial Bahia S.A. após cada operação.

Exercício 2

Identifique as operações que dão origem às situações patrimoniais apresentadas a seguir:

a)

Em $ mil

Caixa	12.000	Capital	24.000
Estoques de Materiais	12.000		
	24.000		24.000

b)

Em $ mil

Caixa	12.000	Contas a Pagar – Cia. A	6.000
Estoques de Materiais	12.000	Capital	24.000
Móveis e Utensílios	6.000		
	30.000		30.000

c)

Em $ mil

Caixa	14.000	Contas a Pagar – Cia. A	6.000
Estoques de Materiais	12.000	Capital	26.000
Móveis e Utensílios	6.000		
	32.000		32.000

d)

Em $ mil

Caixa	13.000	Contas a Pagar – Cia. A	6.000
Estoques de Materiais	12.000	Capital	26.000
Móveis e Utensílios	6.000		
Veículos	1.000		
	32.000		32.000

e)

Em $ mil

Caixa	10.000	Contas a Pagar – Cia. A	3.000
Estoques de Materiais	12.000	Capital	26.000
Móveis e Utensílios	6.000		
Veículos	1.000		
	29.000		29.000

f)

Em $ mil

Caixa	5.000	Contas a Pagar – Cia. A	3.000
Estoques de Materiais	12.000	Contas a Pagar – Cia. B	5.000
Móveis e Utensílios	6.000	Capital	26.000
Veículos	1.000		
Equipamentos	10.000		
	34.000		34.000

Exercício 3

Assinale a alternativa correta:

1. Qual alternativa indica o Capital Total à disposição da empresa?
    a) Capital.
    b) Capital + Duplicatas a Pagar.
    c) Capital + Lucros Acumulados.
    d) Capital + Duplicatas a Pagar + Lucros Acumulados.

2. Qual a alternativa que indica o Capital de Terceiros?
   a) Capital.
   b) Duplicatas a Pagar.
   c) Capital + Duplicatas a Pagar.
   d) Capital + Lucros Acumulados.

3. Os bens que a empresa possui são representados nas contas de:
   a) Ativo.
   b) Passivo.
   c) Receita.
   d) Despesa.

4. No lado direito do balanço da Cia. "X", encontramos as seguintes contas: Capital, Lucros Acumulados e Duplicatas a Pagar. Qual é o Capital Próprio da Cia. "X"?
   a) Capital.
   b) Capital + Duplicatas a Pagar.
   c) Capital + Lucros Acumulados.
   d) Capital + Duplicatas a Pagar + Lucros Acumulados.

5. O Balanço Patrimonial é um relatório contábil que mostra:
   a) O Lucro obtido pela entidade em um período $t_0 - t_1$.
   b) Os resultados acumulados obtidos pela entidade em um período distinto.
   c) Os bens, as obrigações e os direitos da entidade em determinado momento.
   d) Os bens, as obrigações, os direitos e o Patrimônio Líquido da entidade em determinado momento.

3

Procedimentos contábeis básicos de acordo com o método das partidas dobradas

3.1 CONTAS

No Capítulo 2, foi preparado um balanço após a ocorrência de cada operação da empresa. Tal procedimento demonstrou a contínua igualdade da equação do Patrimônio (A = P + PL) e explicou os efeitos dos eventos sobre os elementos do patrimônio.

Na prática, porém, há dificuldade de se preparar um balanço após cada operação, pois as operações são contínuas a cada instante. Por exemplo: como registrar o valor dos salários devidos aos empregados a cada minuto? Se as vendas forem registradas instantaneamente e as despesas com empregados não, teremos deformações na representação do que ocorre com a empresa. Por outro lado, as pessoas interessadas nos balanços, como administradores, acionistas, entidades governamentais etc., contentam-se apenas com os balanços *periódicos* que são elaborados com dados fornecidos pelos registros das operações, normalmente mensais ou trimestrais e, às vezes, anuais.

Em geral, as operações ocasionam aumentos e diminuições no Ativo, no Passivo e no Patrimônio Líquido, como já visto. Esses aumentos e diminuições são registrados em *contas*. Segue um modelo de conta.

	(TÍTULO DA CONTA)			Código	
Data	Operações	Débito	Crédito	D/C	Saldo

3.2 RAZÃO

Antigamente, as contas eram registradas nas páginas de um livro chamado Razão. Depois, passaram a ser registradas em folhas ou fichas soltas. Hoje, estão na memória do computador. No entanto, em seu conjunto, mantidas em um livro ou arquivo ou numa memória, continuam com a mesma denominação, *Razão*. O importante é que em cada conta se mantenha o registro da história de movimentação do componente do Ativo, do Passivo ou do Patrimônio Líquido a que se refere.

O Razão foi por muito tempo facultativo. Atualmente é obrigatório (exigido por lei) e indispensável para as empresas.

> **Atenção**
> Utilizam-se contas separadas para representar cada tipo de elemento do Ativo, do Passivo e do Patrimônio Líquido. Cada uma dessas contas diferencia-se das demais por sua denominação. Por exemplo, o dinheiro em mãos será representado pela conta *Caixa*.

O que ocorre, também na prática, é a representação de diversos elementos de características semelhantes em uma mesma *conta*, a qual receberá o nome que melhor represente os elementos agrupados.

Exemplificando, pode-se dizer que:

- o conjunto formado por cadeiras, mesas, computadores e calculadoras pode ser registrado em uma única conta, que tem por nome *Móveis e Equipamentos*;
- o conjunto de pequenas despesas, sem necessidade de discriminação, recebe o nome de *Despesas Diversas* ou *Despesas Gerais*;
- diversos valores a receber, sem necessidade de representação isolada, podem ser registrados na conta *Valores a Receber* ou *Contas a Receber*;
- diversos valores a pagar, sem necessidade de representação isolada, podem ser registrados na conta *Valores a Pagar* ou *Contas a Pagar*.

A prática aconselha a numeração ou codificação das contas, de forma racional e bem planificada. Exemplo de codificação:

Contas	Número ou Código
Ativo	
Caixa (dinheiro)	1.01
Contas a Receber	1.02
Estoques	1.03
Terrenos	1.05
Passivo	
Contas a Pagar	2.01
Patrimônio Líquido	
Capital	3.01

Para simplificar, será utilizada uma representação gráfica de conta bastante simples, que é denominada *conta em T* ou *razonete em T* ou, simplesmente, *razonete*. A forma gráfica é a seguinte:

3.3 DÉBITO E CRÉDITO

O lado esquerdo de uma conta, por definição, é chamado *débito*; e o lado direito é chamado *crédito*. Um lançamento no lado esquerdo de uma conta é denominado *lançamento a débito* ou simplesmente *débito*; um lançamento no lado direito de uma conta é chamado *lançamento a crédito* ou, simplesmente, *crédito*. Utilizam-se também os verbos *creditar* e *debitar*. Quando se faz o lançamento à esquerda da conta, dizemos que estamos *debitando* essa conta.

(Título da Conta)	
(débito)	(crédito)

Os leigos em Contabilidade geralmente são levados a pensar que *débito* significa algo desfavorável, e *crédito* algo favorável. Na realidade, isso não ocorre, pois tais denominações são, simplesmente convenções contábeis, com uma função específica em cada conta, como será visto adiante.

A diferença entre o total de débitos e o total de créditos feitos em uma conta, em determinado período, é denominada *saldo*. Se o valor dos débitos for superior ao valor dos créditos, a conta terá um *saldo devedor*. Se acontecer o contrário, a conta terá um *saldo credor*.

3.4 LANÇAMENTOS A DÉBITO E A CRÉDITO DAS CONTAS

Como já visto, as operações ocasionam aumentos e diminuições do Ativo, do Passivo e do Patrimônio Líquido.

As contas possuem dois lados (esquerdo e direito); dessa forma, os aumentos podem ser registrados em um lado e as diminuições no outro. *A natureza da conta é que irá determinar o lado a ser utilizado para os aumentos e o lado para as diminuições.*

3.5 CONTAS DE ATIVO

Os elementos que compõem o Ativo estão no lado *esquerdo* do Balanço. Em coerência, as contas de Ativo (Bens e Direitos) sempre devem apresentar saldos devedores, isto é, no lado esquerdo.

Observe que uma empresa *possui ou não bens e direitos*; não existem bens negativos e tampouco direitos negativos; portanto, as contas de Ativo possuem saldo devedor ou nulo. Para que uma conta de Ativo (Bens ou Direitos) tenha saldo devedor, é necessário que os aumentos e as diminuições nela ocorridos sejam assim registrados:

Conta do Ativo

Débito	Crédito
$ Aumentos	$ Diminuições
+++	---

(Existem contas retificadoras de ativos, mas isso será visto mais à frente.)

3.6 CONTAS DE PASSIVO E DE PATRIMÔNIO LÍQUIDO

3.6.1 De Passivo

Como as contas do Passivo aparecem sempre no lado direito do Balanço, terão sempre saldo credor e deve acontecer com elas o inverso do que acontece com as contas do Ativo, isto é, os aumentos e diminuições do Passivo (obrigações) devem ser registrados da seguinte maneira:

Conta do Passivo

Débito	Crédito
$ Diminuições	$ Aumentos
---	+++

3.6.2 De Patrimônio Líquido

Como o Patrimônio Líquido Positivo ocupa o lado direito do Balanço, o funcionamento de suas contas será igual ao funcionamento das contas do Passivo, ou seja:

Conta do Patrimônio Líquido

Débito	Crédito
$ Diminuições	$ Aumentos
---	+++

Quando o Patrimônio Líquido em seu valor total for negativo, será subtraído do Passivo com o saldo devedor. Aumentá-lo com o sentido de melhorá-lo significa diminuir esse saldo devedor, o que só pode ser feito mediante um lançamento a crédito.

Portanto, qualquer aumento em Patrimônio Líquido, seja este positivo ou negativo, será regido por crédito, e qualquer diminuição, por débito. Assim:

Conta do Patrimônio Líquido

Débito	Crédito
$ Diminuições	$ Aumentos
---	+++

> **Atenção**
> 1. Uma empresa possui ou não Passivo (obrigações); não existem dívidas negativas.
> 2. O Patrimônio Líquido (Ativo-Passivo), entretanto, pode ser positivo, nulo ou negativo.

3.7 RESUMO DO MECANISMO DE DÉBITO E CRÉDITO

Resumindo o mecanismo de débito e crédito, podemos dizer que:

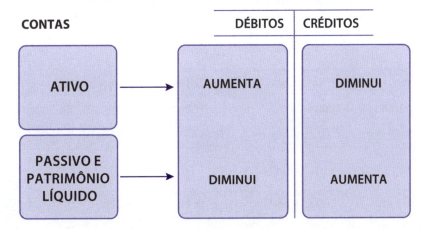

3.8 MÉTODO DAS PARTIDAS DOBRADAS

A essência do método, universalmente aceito, é que o registro de qualquer operação implica que a um débito em uma ou mais contas deve corresponder um crédito equivalente em uma ou mais contas, de forma que a soma dos valores debitados seja sempre igual à soma dos valores creditados.

> **Atenção**
> Não há débito(s) sem crédito(s) correspondente(s).

3.9 EXEMPLOS DE REGISTRO DE OPERAÇÕES NO RAZÃO

Para ilustrar a função do débito e do crédito nas contas, consideraremos algumas operações de uma empresa. Vamos analisar cada ocorrência para verificar quais lançamentos a débito e a crédito são necessários para o registro desses aumentos e dessas diminuições. Para simplificar a demonstração, usaremos razonetes, nos quais colocaremos unicamente as quantias, a débito ou a crédito. Para auxiliar a identificação dos lançamentos, o débito e o crédito de cada operação terão a mesma numeração, entre parênteses.

1. Diversas pessoas resolveram, em 20-7-X8, fundar uma sociedade anônima, com o Capital totalmente integralizado em dinheiro no ato de $ 17.000, dividido em 1.700 ações de $ 10 cada uma. Com a entrada do dinheiro para a sociedade:

34 *Contabilidade Introdutória*

- o Ativo CAIXA foi *aumentado* (debita-se CAIXA); e
- o Patrimônio Líquido também foi *aumentado* (credita-se CAPITAL).

Caixa	Capital
(1) 17.000	17.000 (1)

Se as operações acima tivessem sido representadas em contas reais e não nos razonetes simplificados, teríamos o seguinte:

CAIXA — Código 1.01

Data	Operações	Débito	Crédito	D/C	Saldo
20-7-20X8	a Capital	17.000		D	17.000

CAPITAL — Código 5.01

Data	Operações	Débito	Crédito	D/C	Saldo
20-7-20X8	de Caixa		17.000	C	17.000

Lembre-se: Ativo, se existe, tem saldo devedor. Logo, ao aparecer saldo em dinheiro onde não havia nada, há que se *debitar* o Caixa. Por outro lado, se o Patrimônio Líquido é positivo, tem que estar no lado direito do Balanço; logo, com saldo credor. Assim, ao passar de zero para o valor positivo de $ 17.000, isso é registrado mediante um *crédito* na conta Capital.

2. **Compra de Terrenos** – a empresa, ao planejar a construção de um edifício para suas instalações, adquire dois lotes de terrenos contíguos, em 22 de julho, por $ 3.100 cada um, pagando à vista. Resulta daí que:
   - o Ativo *Terrenos* foi aumentado – debita-se *Terrenos*;
   - o Ativo *Caixa* foi diminuído – credita-se *Caixa*.

Terrenos	Caixa	
(2) 6.200	17.000	6.200 (2)
	Saldo = 10.800	

3. **Venda de Terrenos** – o gerente resolveu vender um dos lotes ao Sr. A. Silva, em 27 de julho, por $ 3.100, isto é, pelo mesmo valor que havia custado à empresa. Nenhum dinheiro foi recebido do Sr. Silva nessa data, porém a empresa adquiriu o direito de cobrar $ 3.100 do Sr. Silva. Então:

- o Ativo *Terrenos* ficou diminuído – credita-se *Terrenos*;
- o *Ativo* ficou aumentado pelo aparecimento de um direito – debita-se *Títulos a Receber*.

Terrenos		Títulos a Receber	
6.200	3.100 (3)	(3) 3.100	
Saldo = 3.100			

4. **Compra de Materiais** – em 28 de julho, foram adquiridos, do Sr. Figueiredo, a prazo, materiais pelo preço de $ 7.800. Como resultado, temos que:
   - um novo Ativo, *Materiais*, foi adquirido – debita-se *Estoques*;
   - foi assumida uma obrigação – credita-se *Contas a Pagar*.

Estoques		Contas a Pagar	
(4) 7.800			7.800 (4)

5. **Compra de Móveis e Utensílios** – no mesmo dia, foram adquiridos, também a prazo, do Sr. Figueiredo duas mesas, quatro cadeiras, um computador e uma impressora, pelo preço de $ 5.000. Todos esses elementos podem ser representados por uma única conta de Ativo, *Móveis, Utensílios e Equipamentos*. Logo:
   - um novo Ativo, *Móveis, Utensílios e Equipamentos*, foi adquirido – debita-se *Móveis, Utensílios e Equipamentos*;
   - o Passivo *Contas a Pagar* foi aumentado – credita-se *Contas a Pagar*.

Móveis, Utensílios e Equipamentos		Contas a Pagar	
(5) 5.000			7.800
			5.000 (5)
			12.800 = Saldo

6. Em 30 de julho, foi recebida do Sr. A. Silva parte de sua dívida, $ 2.200. Assim:
   - o Ativo *Caixa* foi aumentado – debita-se *Caixa*;
   - o Ativo *Títulos a Receber* foi diminuído – credita-se *Títulos a Receber*.

Caixa		Títulos a Receber	
17.000		3.100	
	6.200		2.200 (6)
(6) 2.200		Saldo = 900	
Saldo = 13.000			

7. Foi pago, em 31 de julho, ao Sr. Figueiredo parte da dívida para com ele, $ 7.000. Logo:
   - o Passivo *Contas a Pagar* foi diminuído – debita-se *Contas a Pagar*;
   - o Ativo *Caixa* foi diminuído – credita-se *Caixa*.

Caixa		Contas a Pagar	
17.000	6.200		7.800
2.200			5.000
	7.000 (7)	(7) 7.000	
Saldo = 6.000			5.800 = Saldo

Nos últimos exemplos, só havia um credor da empresa (o Sr. Figueiredo) e também um único devedor (o Sr. A. Silva). No entanto, as contas *Contas a Pagar* e *Títulos a Receber* e outras do mesmo tipo são sempre usadas independentemente do número de devedores ou credores. Os saldos dessas contas representarão, dessa forma, os totais de débitos e créditos da empresa para com terceiros. Tais contas, que englobam débitos ou créditos de diversas pessoas, ou mesmo contas que englobam operações de tipo diferente, mas da mesma natureza, são denominadas *Contas Coletivas*. Essas contas podem ser desdobradas em diversas subcontas, quando necessário. Isso será visto mais à frente.

3.10 DIÁRIO

É um livro obrigatório (exigido por lei) em todas as empresas. É um livro no qual são registradas todas as operações contabilizáveis de uma entidade, em *ordem cronológica* e com a observância de certas regras. Antigamente, o livro era preenchido unicamente à mão, isto é, era manuscrito. Depois, passaram-se a utilizar processos mecânicos para a escrituração em folhas soltas, as quais eram, em seguida, copiadas por decalque no livro de folhas presas. Processos eletrônicos são utilizados no trabalho contábil em geral hoje praticamente na totalidade das empresas; neste caso, encadernam-se as folhas soltas impressas.

3.11 PARTIDAS DE DIÁRIO

O registro de uma operação no livro *Diário* denomina-se *partida de Diário*.

O método universalmente usado em todos os sistemas contábeis é o método das *partidas dobradas*.

A expressão *partidas dobradas* não indica duplicidade ou repetição de um mesmo registro. Como foi visto, nos exemplos de registros de operações no Razão, sempre que ocorria um fato, dois ou mais elementos do patrimônio eram alterados de forma equivalente, permitindo equilíbrio constante e, consequentemente, a adoção da fórmula:

$$\text{ATIVO} = \text{PASSIVO} + \text{PATRIMÔNIO LÍQUIDO}$$

Os requisitos necessários de uma *partida de Diário* são:

- data de operação;
- conta a ser debitada;
- conta a ser creditada;
- histórico da operação, com referência das características principais dos documentos que comprovam a operação;
- valor da operação, em moeda.

✓ Exemplo de uma partida de Diário:

São Paulo, 3 de julho de X1.

Estoques de Mercadorias				
a Caixa				
	N/compra, à vista, de			
	F. Macedo Ltda., conf. s/			
	Nota Fiscal nº 34565			3.400

A disposição dos requisitos segue a ordem indicada. Primeiramente, inscreve-se a data da operação, observando-se a sucessão cronológica de dia, mês e ano dos fatos registrados. A seguir, a intitulação das contas. Seguindo o método das *partidas dobradas*, "a importância levada a débito de uma ou mais contas deverá ser, simultaneamente, levada a crédito de outra ou outras contas, com rigorosa equivalência de valores". Quando da escrituração manual nas partidas de Diário, a conta debitada é colocada em primeiro lugar, e a conta creditada abaixo desta e um pouco à direita, normalmente precedida de preposição *a* (observação: pode-se não usar a partícula *a* desde que se identifique por outra forma qual a conta a ser debitada e qual a ser creditada). Como já foi dito, a escrituração manual praticamente não existe mais, mas vamos adotá-la aqui porque didaticamente auxilia o aluno que começa a estudar Contabilidade.

Dessa forma, neste exemplo, a conta *Estoques de Mercadorias* é a conta debitada e a conta *Caixa* é a creditada.

O histórico compreende a descrição concisa do fato registrado. Sua redação obedece ao estilo mercantil, com referência ao documento que o consolidou. A economia de tempo e espaço aconselha que se evite a inscrição de elementos desnecessários desde que isso não prejudique a clareza e a identificação dos fatos. Em resumo, deve-se evitar o supérfluo. Mas é necessário ter uma representação exata e completa das operações escrituradas.

As partidas de Diário que contêm uma única conta a débito e uma única conta a crédito são chamadas partidas de 1ª fórmula. As compostas de uma conta a débito e duas ou mais contas a crédito são conhecidas como partidas de 2ª fórmula.

✓ Exemplo:

No lançamento do dia 3, a conta *Estoques de Mercadorias* foi debitada pelo total de $ 5.900 e as contas *Caixa* e *Fornecedores* foram creditadas, respectivamente, por $ 3.400 e $ 2.500.

É comum o uso da palavra *Diversos* para se avisar que há duas ou mais contas debitadas ou creditadas. Mas, na realidade, seu uso não é obrigatório.

São Paulo, 3 de julho de X1.

Estoques de Mercadorias		5.900
a Diversos		
a Caixa		
N/compra, à vista, de F. Macedo Ltda., conf. s/Nota Fiscal nº 3456		3.400
a Fornecedores		
Idem a prazo, de J. Cavalcanti S.A., conf. s/Nota Fiscal nº 73		2.500

Partidas de 3ª fórmula são as compostas de duas ou mais contas a débito e uma só conta a crédito.

✓ Exemplos:

São Paulo, 6 de julho de X1.

Diversos			
a Caixa			
Móveis e Utensílios			
Pago a Móveis Industriais S.A., ref. a s/N.E. nº 3478		8.000	
Veículos			
Idem à Soc. Comercial de Automóveis Ltda. s/N.E. nº 4565		12.000	
Terrenos			
Idem, a Joaquim Marques, conf. escritura lavrada no 3º Tabelião de São Paulo, a fls. 25 do livro 132		62.000	82.000

A conta *Caixa* é creditada pelo total de $ 82.000 e as contas *Móveis e Utensílios, Veículos* e *Terrenos* são debitadas, respectivamente, por $ 8.000, $ 12.000 e $ 62.000.

As partidas de 2ª e 3ª fórmulas são utilizadas com a única finalidade de simplificar e condensar a escrituração do Diário. Dessa forma, nada impede que sejam feitas diversas partidas de 1ª fórmula, em lugar de uma partida de 2ª ou 3ª fórmulas ou vice-versa.

Existe ainda um quarto tipo de partida de Diário: a partida de 4ª fórmula, constituída de duas ou mais contas a débito e duas ou mais contas a crédito.

As operações de uma entidade eram registradas, num sistema manual, primeiramente no livro Diário, em ordem cronológica, e depois eram feitos os registros no livro *Razão*. Para facilitar as verificações posteriores, costumava-se mencionar nas folhas do Razão, à frente de cada lançamento, o número da página do Diário em que foi lançada a mesma operação.

3.12 LIVROS AUXILIARES DO RAZÃO

Como já foi exposto, existem as contas coletivas, como *Títulos a Pagar, Títulos a Receber, Contas a Receber, Bancos c/ Movimento* etc., nas quais são reunidos os créditos e débitos de terceiros para com a entidade. Mesmo quando o número desses terceiros é reduzido, a entidade precisa manter registros adicionais para o controle de cada devedor e de cada credor, separadamente. Para tal finalidade, existem os livros auxiliares de razão que funcionam como desdobramento das contas coletivas. Assim, por exemplo, o livro auxiliar *Duplicatas a Pagar* é um desdobramento da conta *Duplicatas a Pagar*, e nele constam tantas folhas ou fichas quantos forem os credores da entidade, portadores de Duplicatas a Receber. Costuma-se dizer que as contas coletivas funcionam no Razão como registros sintéticos e os livros auxiliares correspondentes como registros analíticos. O mesmo ocorre nos sistemas eletrônicos.

Além desses tipos de livros auxiliares do Razão, existe mais um, que se destaca por sua natureza, bem diferente dos demais: é o livro Caixa. As operações que envolvem pagamento e recebimento de dinheiro que, como sabemos, afetam um dos elementos do Ativo são geralmente objeto de um cuidado maior por parte do setor contábil. A conta *Caixa*, no Razão, não dá, normalmente, maiores informações sobre o histórico de transação e sobre as características dos documentos que a comprovam. Além disso, as existências de dinheiro em caixa devem ser conferidas diariamente, sendo confrontados os resultados da contagem física com os registros das operações. Assim, caso houvesse um pequeno atraso na contabilização das operações, fato que pode ocorrer até mesmo nas empresas mais bem organizadas, os responsáveis pelo dinheiro ficariam impossibilitados de exercer o referido controle. Por tais motivos, surgiu a necessidade da adoção de um registro para o movimento de dinheiro, além da conta *Caixa* no Razão. Esse livro, também denominado Caixa, contém, em última análise, as mesmas informações globais que a conta *Caixa do Razão*, porém é mais completo nos históricos das operações e deve ser escriturado quase simultaneamente com as operações, a fim de permitir a conferência imediata das existências, a qualquer momento. Com o desenvolvimento do sistema bancário e das transações eletrônicas, todavia, em muitas empresas o Caixa passou a conter valores para pagamento apenas de pequenas despesas. Para esse caso, o controle e a contabilização costumam ser feitos de forma simplificada (isso será visto no Capítulo 7, seção 7.3.3). Assim, esse livro Caixa pode não ser encontrado mais em tais empresas.

PASSAGEM DO *DIÁRIO* PARA O *RAZÃO*
Exemplo de Venda de Terreno à Vista
São Paulo, 15 de julho de X1

11 Caixa					
15 a Terrenos					
Venda à vista, pelo valor de custo, do terreno sito na Rua Apucarana, 179, a J. Fagundes, conf. escritura lavrada às fls. 25 do livro 145, do 7º Tabelião de S. Paulo					132.000

CAIXA — Código 11

Data	Operações	Débito	Crédito	D/C	Saldo
15-7-X1	a Terrenos	132.000		D	132.000

TERRENO — Código 15

Data	Operações	Débito	Crédito	D/C	Saldo
1-1-X1	Saldo Anterior			D	132.000
15-7-X1	de caixa		132.000		– 0 –

Atenção

Na conta debitada, costuma-se usar a partícula *a* para mostrar qual a conta creditada. E, na conta creditada, costuma-se usar a palavra *de* para evidenciar qual a conta debitada. Isto facilita a leitura, mas não é obrigatório.

Não foi mostrado ainda, mas é comum o registro no Diário conter um número (em série) e ele ser referenciado no Razão, em cada conta movimentada.

3.13 BALANCETE DE VERIFICAÇÃO

Como já foi visto na seção 3.8, a denominação *método das partidas dobradas*, utilizada pela Contabilidade, vem do fato de que a escrituração de cada operação deve ser feita sempre por meio de um débito e de um crédito de igual valor. Desde que os lançamentos de débito e de crédito, para cada operação, sejam sempre iguais. Assim, o valor dos lançamentos a débito das diversas contas de uma entidade é igual ao valor total dos lançamentos a crédito.

Cap. 3 • Procedimentos contábeis básicos de acordo com o método das partidas dobradas   41

Atenção
Portanto, é fácil concluir que o valor total dos saldos credores deve ser igual ao valor total dos saldos devedores.

É de costume verificar essas igualdades periodicamente, relacionando todas as contas em demonstrações chamadas *Balancetes de Verificação do Razão*, *Balancetes de Verificação* ou, apenas, *Balancetes*. Por exemplo, em 31-7-X1, o Balancete de Verificação da Cia. Brasília de Radiadores é o seguinte:

Cia. Brasília de Radiadores
Balancete de Verificação em 31-7-X1

Contas	Saldos Devedores	Saldos Credores
Caixa	60.000	–
Contas a Receber	9.000	–
Estoques	78.000	–
Terrenos	31.000	–
Móveis e Utensílios	50.000	–
Fornecedores	–	58.000
Capital	–	170.000
	228.000	228.000

Este é um exemplo do Balancete de Verificação do tipo mais simples, de duas colunas apenas.

Os outros tipos são mais completos na evidenciação de dados de interesse para o leitor. Assim, o balancete chamado de seis colunas apresenta os saldos do balancete anterior, o movimento de débitos e créditos do período que intercepta o anterior e o atual e, finalmente, os saldos atuais.

O balancete mais completo é o de oito colunas, no qual aparecem os saldos anteriores, o movimento e os saldos do período e, finalmente, os saldos atuais.

Cia. Brasília de Radiadores
Balancete de Verificação em 31-8-X1

Contas	Balancete Anterior - Saldos Devedores	Balancete Anterior - Saldos Credores	Movimento do Período - Débito	Movimento do Período - Crédito	Balancete Atual - Saldos Atuais Devedores	Balancete Atual - Saldos Atuais Credores

Cia. Brasília de Radiadores
Balancete de Verificação em 31-8-X1

Contas	Saldos Anteriores		Movimento do Período		Saldos Atuais	
	Devedores	Credores	Débito	Crédito	Saldos Devedores / Credores	Devedores	Credores

EXERCÍCIOS

Exercício 1

Em 1-10-X1, oito pessoas resolveram organizar uma empresa para consertos de aparelhos de pesca, a qual denominaram Paraíso dos Pescadores S.A.

1. Foi elaborado, nesta data, o estatuto de empresa com o capital constituído de 10.000 ações ordinárias nominativas, no valor de $ 10 cada uma, atingindo um total de $ 100.000.
2. Foram integralizados, no ato, 10% do capital em dinheiro.
3. A empresa foi instalada em uma das duas partes de um prédio adquirido para esse fim, por $ 30.000, sendo $ 3.000 à vista e o restante dividido em nove parcelas mensais iguais e consecutivas, vencendo a primeira em 1-11-X1 e a última em 1-7-X2.

Durante os três últimos meses de X1 foram realizadas ainda as seguintes operações:

4. Em 15-10, foram compradas diversas máquinas industriais de Antônio Coelho & Cia. Ltda. por $ 10.000, sendo $ 3.000 à vista e o restante, com o vencimento para 30-11-X1, com o aceite de uma duplicata.
5. Em 20-10, foram adquiridas, à vista, três cadeiras e duas mesas para escritório, por $ 1.000.
6. Em 22-10, foi aberta uma conta no Banco do Sul S.A., sendo depositada a importância de $ 500.
7. Em 25-10, foi obtido um empréstimo de $ 15.000, no Banco do Sul S.A., sendo emitida uma nota promissória, sem despesas e juros, pelo prazo de 90 dias.
8. Em 27-10, foram compradas à vista, mediante o cheque nº 0001 do Banco do Sul S.A., instalações para a empresa por $ 5.000.
9. Em 30-10, foram adquiridas, a prazo, de Maria Júlia & Cia., mediante aceite de duplicata, com vencimento para 15-12-X1, peças para reparos de barcos, no valor de $ 10.000.

10. Em 1-11-X1, foi paga a primeira prestação do prédio adquirido em 1-10, mediante a emissão do cheque nº 0002 do Banco do Sul S.A.
11. Em 5-11-X1, foi adquirido, à vista, um computador por $ 1.000, com o cheque nº 0003, do Banco do Sul S.A.
12. Em 10-11, foram integralizados, em dinheiro, $ 30.000 do capital subscrito.
13. Em 15-11, foram comprados materiais de escritório, à vista, por $ 800.
14. Em 25-11, foi adquirida uma camioneta, à vista, por $ 11.000.
15. Em 30-11, foi paga a Antônio Coelho & Cia. sua duplicata vencida nessa data.
16. Em 1-12-X1, foi paga a 2ª prestação do prédio, em dinheiro.
17. Em 5-12-X1, foi vendida a metade do prédio, a prazo, com vencimento em 30-1-X2, para a Imobiliária Catimba Ltda., pelo preço de custo, isto é, por $ 15.000.
18. Em 10-12, foram comprados, à vista, diversos móveis para escritórios, por $ 2.000.
19. Em 15-12, foram integralizados, em dinheiro, mais $ 20.000 do capital.
20. Em 20-12, foi paga uma duplicata a Maria Júlia & Cia., de $ 10.000.
21. Em 23-12, foram adquiridos materiais diversos para consertos, a prazo, de Pedro Costa & Cia., mediante aceite de duplicata, no valor de $ 15.000, com vencimento para 30-1-X2.
22. Em 29-12-X1, foi paga a 3ª prestação do prédio.

Pede-se:

1. efetuar todas as operações necessárias no Livro Diário;
2. transcrever esses lançamentos no Razão (usar Razonetes em T);
3. elaborar balancetes de verificação nos últimos dias de cada mês, sendo que os dois últimos balancetes deverão ser os de oito colunas.

Observação: Para simplificar a apresentação, omita os seguintes fatos:

Nos lançamentos de Diário
1. os históricos referentes a cada lançamento;
2. as subcontas referentes a Bancos, Fornecedores, Acionistas c/ Capital, Duplicatas a Pagar, Empréstimo a Pagar, Títulos a Pagar e Títulos a Receber.

No Razão e no Diário
3. os centavos.

Exercício 2

Indique a natureza das contas, com adoção do número de referência a seguir:

1. Devedora   2. Credora

( ) Capital a Realizar   ( ) Móveis e Utensílios   ( ) Capital
( ) Instalações   ( ) Veículos   ( ) Lucros Acumulados
( ) Caixa   ( ) Equipamentos   ( ) Títulos a Pagar

( ) Títulos a Receber
( ) Contas a Receber
( ) Aplicações Financeiras
( ) Imóveis
( ) Estoque de Materiais para Escritório
( ) Fornecedores
( ) Clientes
( ) Empréstimos obtidos
( ) Salários a Pagar
( ) Depósitos Bancários
( ) Estoque de Mercadorias
( ) Dividendos a Pagar

Exercício 3

Assinale a alternativa correta:

1. O Balanço Patrimonial é uma demonstração contábil que reflete uma situação:
   a) Dinâmica.
   b) Estática.
   c) Estático-dinâmica.
   d) Nenhuma delas.

2. Qual dos itens a seguir indica corretamente o mecanismo do débito e do crédito nas contas de Patrimônio Líquido?
   a) Os aumentos são registrados por créditos e as diminuições por débitos.
   b) Os aumentos são registrados por débitos e as diminuições por créditos.
   c) Os prejuízos são registrados por créditos e os lucros por débitos.
   d) Tudo que "entra" debita, tudo que "sai" credita.

3. Os Balancetes de Verificação são úteis porque:
   a) Permitem verificar a correção matemática das contas do Razão.
   b) Relacionam todas as contas movimentadas com os respectivos saldos.
   c) Evidenciam as faltas de registros de operações.
   d) Evidenciam erros de debitar e creditar uma conta em vez de outra.

4. O Patrimônio de uma empresa é definido como o conjunto de:
   a) Bens, Direitos e Obrigações.
   b) Ativo, Passivo e Situação Líquida.
   c) Débitos e Créditos.
   d) Ativo, Passivo, Despesa e Receitas.

5. O Balancete de Verificação da Empresa Gaivota em 31-12-X1 apresentava os saldos das seguintes contas (em $ mil): Bancos 10; Clientes 20; Capital a Realizar 50; Capital 100; Salários a Pagar 10; Caixa 15; Mercadorias 40; Empréstimos Obtidos 40; Prejuízos Acumulados 20; Fornecedores 5. Os totais do Ativo, Passivo e Patrimônio Líquido são:
   a) A = 85, P = 55, PL = 30.
   b) A = 155, P = 155, PL = 0.
   c) A = 85, P = 55, PL = 130.
   d) A = 85, P = 155, PL = 0.

4

As variações do Patrimônio Líquido

4.1 DESPESA, RECEITA E RESULTADO

As causas principais que fazem variar o Patrimônio Líquido são:

- o investimento inicial de capital e seus aumentos posteriores ou desinvestimentos (devoluções de capital) feitos na entidade;
- o resultado obtido do confronto entre contas de *receitas* e *despesas* dentro do período contábil.

Como o primeiro item já foi exposto nos capítulos anteriores, discutiremos então as receitas, as despesas e o resultado.

4.1.1 Receita

Receita representa a entrada de elementos para o Ativo, sob a forma de dinheiro ou direitos a receber, correspondentes, normalmente, à venda de mercadorias, de produtos ou à prestação de serviços. Uma receita também pode derivar de juros sobre depósitos bancários ou títulos, de aluguéis e outras origens.

Às vezes, a receita ocorre em função da redução de um passivo.

Atenção
A obtenção de uma receita resulta em um aumento de Patrimônio Líquido.

4.1.2 Despesa

Despesa representa o consumo de bens ou serviços, que, direta ou indiretamente, ajuda a produzir uma receita. Diminuindo o Ativo ou aumentando o Passivo, uma despesa é realizada com a finalidade de se obter receita. Às vezes, o vínculo entre uma despesa e uma receita é direta; às vezes, não há o vínculo direto, mas verifica-se que a despesa está sendo incorrida para ajudar na produção das receitas em geral.

4.1.3 Resultado

Caso as receitas obtidas superem as despesas incorridas, o Resultado do período contábil será positivo, denominado de lucro, aumentando o Patrimônio Líquido. Se as despesas forem maiores que as receitas, este fato ocasiona um prejuízo que diminuirá o Patrimônio Líquido.

4.1.4 Mecanismo de débito e crédito

Como já foi visto, os registros de aumentos e de diminuições das contas de Patrimônio Líquido obedecem à seguinte regra:

- Os *aumentos* são registrados por créditos, e as *diminuições*, por débitos.

Conta do Patrimônio Líquido	
Débito	**Crédito**
$ Diminuições	$ Aumentos
– – –	+ + +

De acordo com essa regra, as receitas obtidas, por aumentarem o Patrimônio Líquido, deverão ser *creditadas* em *contas de receita*. As despesas incorridas, por diminuírem o Patrimônio Líquido, deverão ser *debitadas* em *contas de despesa*.

Conta de receita	Conta de despesa
C	D

Uma despesa é um elemento que diminui o resultado (e, consequentemente, o Patrimônio Líquido), enquanto uma receita é um elemento que aumenta o resultado (e o Patrimônio Líquido).

Para análise de informações detalhadas dentro de uma empresa, as *receitas* e as *despesas* constituem apenas os grupos principais, sendo desdobradas em diversas contas componentes, segundo a natureza e o tipo de cada uma delas.

Exemplos: receitas de Serviços, de Vendas de Mercadorias, de Comissões, de Juros etc.; despesas de Aluguel, de Salários, de Juros, de Tributos etc.

4.1.5 Período contábil

O Resultado exato de uma empresa somente poderá ser apurado no final de sua vida, após a venda de todo o seu Ativo e o pagamento de todas as suas obrigações. O Resultado do empreendimento será medido pela diferença entre o Patrimônio Líquido apurado no final da sua vida e o Patrimônio Líquido Inicial, considerados também aumentos de capital e distribuições de lucro ocorridos durante esse período.

Entretanto, a administração não pode esperar até que a empresa seja liquidada ou encerrada; a informação do Resultado das operações deve ser fornecida a intervalos regulares, de um ano, de seis meses e de um mês. Assim, a Contabilidade registra e resume todas as mudanças no Patrimônio Líquido que ocorrem durante o período escolhido e apresenta o resultado obtido.

O período contábil é o período de tempo escolhido para que a Contabilidade mostre a situação patrimonial e financeira na evolução dos negócios da empresa. O período de um ano é denominado *exercício social*.

Para finalidades internas, as informações dos resultados devem ser mostradas mês a mês, a fim de que a administração acompanhe o desenvolvimento dos negócios. Para fins externos, o período dependerá das exigências dos usuários externos, mas o tempo máximo legal é de um ano.

Entre os conceitos fundamentais sob os quais a Contabilidade trabalha, como será visto com mais detalhes no Capítulo 10, destaca-se, para efeito deste capítulo, o princípio ou o conceito da Continuidade. Esse princípio presume que a empresa, normalmente, operará de modo contínuo, com prazo indeterminado de fim.

4.1.6 Encerramento de contas de receita e despesa

Toda empresa precisa fazer a apuração de resultados pelo menos uma vez por ano. O lucro ou prejuízo de um exercício depende do confronto das contas de *receita* e de *despesa*, e esse resultado líquido é apurado na conta *Resultado*.

Para apurar o Resultado da empresa, as contas de receita e despesa são periódicas, isto é, somente deverão conter registros para um ano ou período menor, conforme a duração do período contábil. Isso significa que todas as contas de receita e de despesa devem possuir saldo zero no início dos próximos períodos.

Para que isso ocorra, ao final de cada período devem-se *encerrar as contas* de resultado, por meio dos lançamentos de encerramento. O encerramento das contas de receita é realizado pela transferência (débito) de seus saldos credores para crédito da conta *Resultado*.

As contas de despesa são encerradas pela transferência (crédito) de seus saldos devedores para débito da conta *Resultado*.

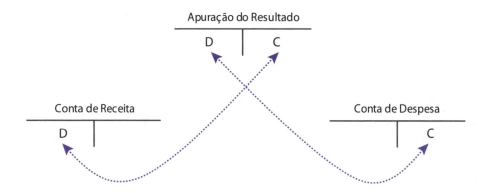

4.1.7 Distribuição de resultados

Como já exposto, a conta *Resultado* recebe, por transferência, a débito o valor dos saldos das contas da despesa e a crédito os saldos das contas de receita. Se o total dos créditos da conta *Resultado* for superior ao total dos débitos, teremos um lucro líquido; se, ao contrário, o total dos débitos superar o total dos créditos, chegaremos a um prejuízo.

Ocorrendo lucro ou prejuízo, o resultado apurado será transferido para a conta *Lucros ou Prejuízos Acumulados*.

Após sua transferência para a conta *Lucros ou Prejuízos Acumulados*, o Resultado do Exercício poderá ser distribuído para outras contas do Patrimônio Líquido e do Passivo, o que será visto com detalhes no Capítulo 6 deste livro.

Mesmo com saldo devedor, a conta deverá aparecer no Balanço, no grupo Patrimônio Líquido, da seguinte forma:

Em $ mil

	Patrimônio Líquido		
	Capital	50.000	
(–)	Prejuízos Acumulados	(1.000)	49.000

4.1.8 Demonstração do resultado do exercício

A conta *Resultado* serve de intermediária na apuração do lucro (prejuízo) de um exercício. Entretanto, não basta apenas a conta do razão *Resultado*, onde aparecem as contrapartidas das contas de despesa e de receita encerradas no fim do exercício. É necessário também a *Demonstração do Resultado do Exercício*, onde aparecerão, detalhadamente e dentro de critérios de classificação, as contas de Receita, Despesa e o Lucro ou Prejuízo Líquido.

Nessa demonstração, deve ser observado um cabeçalho composto de:

- nome ou denominação da empresa;
- nome da demonstração; e
- o período coberto.

Note que o último item – período coberto – difere do Balanço. O Balanço Patrimonial mostra a data em que esse período foi levantado; já a demonstração de *resultados* apresenta o movimento de certo período. O primeiro é um estoque de Ativos e Passivos em uma certa data; o segundo é um fluxo durante um período.

Como já dito, o lucro apurado por meio da *Demonstração do Resultado do Exercício* pode ser considerado razoavelmente correto; porém, o lucro exato de uma empresa somente poderá ser apurado no fim de sua vida, após a venda de todo seu ativo e o pagamento de suas obrigações. Como geralmente a empresa tem um tempo de duração indeterminado e é necessário que se conheça frequentemente o resultado de suas operações, a *Demonstração do Resultado* deve ser levantada periodicamente.

As finalidades mais importantes da *Demonstração do Resultado do Exercício* são:

- informar os acionistas e quotistas sobre os resultados das operações;
- servir de instrumento financeiro para os bancos apurarem a rentabilidade das empresas e atender aos financiamentos solicitados por elas;
- informar aos investidores de ações e debêntures;
- informar aos próprios administradores para medirem sua eficiência e, quando necessário, alterarem a política dos negócios da empresa, como, por exemplo: alteração dos preços, aumento de produção, expansão da propaganda etc.

Observe que, para algumas das finalidades mencionadas, haverá a necessidade de um exame conjunto com o Balanço Patrimonial.

4.2 REGISTRO DAS OPERAÇÕES NORMAIS DO EXERCÍCIO

4.2.1 Exemplificação

Admita que determinada empresa, prestadora de serviços, encerre seu exercício a cada final de mês, apurando o resultado; ainda que ocorram muitas operações, vamos apenas ilustrar as relativas às despesas e receitas.

Durante o mês de outubro de X1, a empresa incorreu nas seguintes despesas e receitas:

DIA	OPERAÇÃO	VALOR
2	Pagamento de despesas de materiais de escritório consumidos no mês	$ 250.000
3	Compra, a prazo, de peças para reparos empregadas nos serviços prestados no mês	$ 1.100.000
5	Recebimento de receita por serviços prestados no mês	$ 4.450.000
15	Emissão de uma fatura por serviços prestados no mês e ainda não recebidos	$ 5.800.000
30	Pagamento de salários do mês	$ 4.500.000
31	Pagamento do aluguel da loja, do mês	$ 400.000

Partidas de Diário:

São Paulo, 2 de outubro de X1

Despesas de Material de Escritório
a   **Caixa**
    Pago à Papelaria Líder Ltda., conforme
    sua nota fiscal nº 00582 $ 250.000
    _____ 3 _____

Despesas de Peças para Reparos
a   **Fornecedores**
    a Silva & Cia.
    Compra de materiais conforme
    fatura nº 13210 $ 1.100.000
    _____ 5 _____

Caixa
a   **Receita de Serviços**
    Recebido de J. Alves Ltda.,
    conforme recibo nº 00335 $ 4.450.000
    _____ 15 _____

Contas a Receber
Casa Penumbra Ltda[1]
a   **Receita de Serviços**
    Valor de n/fatura nº 0251 $ 5.800.000
    _____ 30 _____

Despesas de Salários
a   **Caixa**
    Pago folha de pagamento deste mês $ 4.500.000
    _____ 31 _____

---

[1] Esta especificação de qual o devedor é útil e necessária para ajudar no controle dos saldos analíticos nos razões auxiliares. Isto é sempre feito nas contas denominadas de coletivas.

Despesas de Aluguel
a   **Caixa**
    Pago aluguel deste mês conforme
    recibo nº 201 $ 400.000

Transporte das Partidas para os razonetes apenas das Contas de Despesa e Receita:

Despesas de Material de Escritório	Despesas de Peças para Reparos	Receitas de Serviços
250.000	1.100.000	4.450.000
		5.800.000
		10.250.000

Despesas de Salários	Despesas de Aluguel
4.500.000	400.000

Como o exercício é encerrado todo mês, apura-se o resultado fazendo as partidas de encerramento e de distribuição de resultado, transportando-o para os razonetes.

Para as Contas de Despesa:

São Paulo, 31 de outubro de X1
Resultado
a   **Diversos**
Encerramento das contas de Despesas para apuração do resultado, como segue:
a   Despesas de Material de Escritório   250.000
a   Despesas de Peças para Reparos   1.100.000
a   Despesas de Salários   4.500.000
a   Despesas de Aluguel   400.000   6.250.000

Para as Contas de Receita:

São Paulo, 31 de outubro de X1
Receita de Serviços
a   **Resultado**
Encerramento das contas de Receita para apuração de resultado   10.250.000

Despesas de Material de Escritório	Despesas de Peças para Reparos	Receitas de Serviços	
250.000	1.100.000		4.450.000
250.000	1.100.00	10.250.000	5.800.000

Demonstração do Resultado do Exercício Período: Outubro de X1				
				Em $ mil
1.	**Receitas**			
	de serviços			10.250
2.	**Despesas**			
	de material para escritório		250	
	de peças para reparos		1.100	
	de salários		4.500	
	de aluguel		400	(6.250)
3.	**Lucro Líquido**			4.000

O saldo final da conta *Resultado* é credor, logo, o resultado do exercício é um lucro. Todo o resultado deve ser transferido para *Lucros* ou *Prejuízos Acumulados*, encerrando-se a conta *Resultado*.

São Paulo, 31 de outubro de X1

Resultado
a   Lucros ou Prejuízos Acumulados
Lucro Líquido apurado no exercício   4.000.000

Como foi visto, essa é a forma de demonstrar o Resultado do Exercício. A demonstração é um desdobramento da conta do Razão *Resultado*, onde os registros aparecem de forma mais sintética.

Veja e acompanhe o exercício sobre o conteúdo visto até aqui, ao final deste Capítulo, após a seção 4.6.

4.3 REGISTRO DE OPERAÇÕES DECORRENTES DO REGIME DE COMPETÊNCIA DE EXERCÍCIOS

4.3.1 Regime de Competência de Exercícios

O *Regime de Competência de Exercícios* é um conceito contábil muito importante para este capítulo e será abordado com mais detalhes no Capítulo 10.

De acordo com o Regime de Competência de Exercícios, as receitas e as despesas são consideradas em função do seu *fato gerador* e não em função do recebimento da receita ou pagamento da despesa, em dinheiro.

> **Atenção**
> As receitas de um exercício são aquelas ganhas nesse período, não importando se tenham sido recebidas ou não.
> As despesas de um exercício são aquelas incorridas nesse período, não importando se tenham sido pagas ou não.

Já o Regime de Caixa considera as receitas e despesas do exercício que efetivamente são recebidas e pagas dentro desse período. Mas ele não é aceito na contabilidade das empresas.

Para mostrar a necessidade de se adotar o Regime de Competência, veja o exemplo:

- Compra de material de escritório a prazo, em julho, o qual *será consumido em agosto* e cujo pagamento se dará em outubro.

Não é lógico considerar a despesa no mês de aquisição, nem no mês do pagamento, mas no período em que o material for consumido e que, neste exemplo, é o mês de agosto.

No Regime de Competência, deve ser dada atenção especial ao reconhecimento do *fato gerador* da receita e da despesa. Por exemplo, o fato gerador da despesa de material de escritório é o consumo dele, e não a compra ou o pagamento. Apenas quando os valores envolvidos forem muito pequenos pode-se aceitar o registro como despesa já no ato da aquisição.

4.3.2 Despesas a pagar e receitas a receber

Para uma apuração mais correta de resultados dentro de um exercício social, é necessário que, além dos registros das operações normais, sejam feitos lançamentos de ajustes, no fim do período, para a apropriação das despesas a pagar e receitas a receber.

> **Atenção**
> Uma despesa a pagar é a que foi incorrida (o fato gerador ocorreu) dentro do período contábil, mas ainda não foi paga; uma receita a receber é a que foi ganha (o fato gerador ocorreu) dentro do período contábil, mas ainda não foi recebida.

A ocorrência dessas despesas e receitas altera o Patrimônio Líquido do período contábil a que se referem, apesar de às vezes ainda não haverem sido registradas pela Contabilidade, quer pela falta de recebimento ou pagamento, quer pela falta de documentação de origem etc. É necessário que, ao fim de cada período contábil, ocorra o registro desses fatos e, para tanto, deverão ser observadas as seguintes regras para os lançamentos *de ajustes*:

- "se uma empresa obteve uma receita (gerou), mas ainda não recebeu em dinheiro e tampouco foi feito qualquer registro contábil, debita-se uma conta de Ativo e credita-se uma conta de Receita";
- "se uma empresa incorreu numa despesa ainda não paga em dinheiro, e se nenhum registro contábil foi realizado, debita-se uma conta de Despesa e credita-se uma conta de Passivo".

Exemplo de uma *receita a receber*:

- é proveniente de um serviço que foi prestado, faturado e ainda não recebido, ou
- é proveniente de um serviço que foi prestado, mas ainda não faturado ao destinatário e, consequentemente, não recebido, mas que deverá ser registrado por meio de uma partida de diário de ajuste.

No caso desta última hipótese, temos:

São Paulo, 31 de dezembro de X1
Serviços a Faturar (conta de Ativo)
a   **Receita de Serviços**
Valor dos serviços prestados neste período, ainda não faturados $ 500.000

O saldo devedor da conta *Serviços a Faturar* do Ativo aparecerá no Balanço, representando a quantia a faturar pela empresa por conta de serviços já prestados, no período que acaba de ser encerrado.

O saldo credor da conta de receita, *Receita de Serviços,* aparecerá na *Demonstração do Resultado do Exercício*, onde pesará positivamente na apuração do resultado do período que acaba de ser encerrado. (O fato gerador da receita de serviço é, portanto, a prestação de serviço.)

Quando o valor desse serviço prestado for faturado no período seguinte, o registro será:

São Paulo, ...
Contas a Receber
a   **Serviços a Faturar**
Faturado valor do serviço prestado no período anterior conforme fatura nº $ 500.000

Pelo recebimento da fatura, debitaríamos caixa a crédito de contas a receber.

Outros tipos de receitas poderão aparecer nas várias operações de ajuste, como: juros sobre depósitos, sobre empréstimos ou sobre investimentos.

Um exemplo de despesa a pagar é a despesa de salários. Normalmente, a folha de pagamento de uma empresa é paga no início do mês seguinte; apesar disso, a despesa deve ser atribuída ao mês vencido, porque o fato gerador da despesa de salário é o serviço prestado pelos funcionários naquele mês e deverá ser feita a seguinte partida de ajuste:

São Paulo,..........

Despesas de Salários
a   **Salários a Pagar** (Conta de Passivo)
Valor da folha de pagamento deste mês a ser paga no mês seguinte $ 800.000

O saldo devedor de *Despesa de Salários* aparecerá como despesa na *Demonstração do Resultado do Exercício*, onde pesará negativamente na apuração do resultado do período, e o saldo credor da conta *Salários a Pagar* aparecerá no Passivo do Balanço Patrimonial que está sendo encerrado.

Quando a folha de pagamento for paga no período seguinte, a partida de diário será:

São Paulo,..........

Salários a Pagar
a   **Caixa**
Valor pago relativo à folha de pagamento do mês anterior $ 800.000

Outras despesas poderão ser objeto desse tipo de ajuste, tais como: aluguéis, impostos e taxas, juros etc.

Quadro-resumo: Regime de Competência

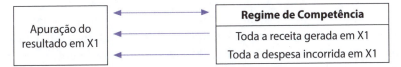

4.3.3 Desembolsos que se transformarão em despesas: regra geral

Se um desembolso beneficiar mais de um exercício contábil, deverá ser debitado a uma conta de Ativo. Ao final de cada período, é necessário determinar qual parcela foi usada ou consumida, considerando-a despesa (aparecendo na *Demonstração do Resultado do Exercício*), e qual a parcela ainda não foi usada ou consumida e que se tornará despesa em períodos futuros e, até lá, continuará a aparecer no Ativo do Balanço.

O procedimento contábil mais apropriado a ser usado em tais casos é o seguinte:

- na data do pagamento ou da criação da obrigação a pagar: debita-se o valor total em uma conta de Ativo;
- no final de cada período beneficiado pelo gasto: transfere-se, do valor da conta do Ativo, a parcela proporcional ao período beneficiado para uma conta de Despesa, através de um lançamento de ajuste.

4.3.3.1 Gastos antecipados (despesas do exercício seguinte)

Existem certos ativos provenientes de desembolsos realizados no período corrente que beneficiam o exercício seguinte ou subperíodos de tal exercício. É o caso do prêmio de seguro pago antecipadamente, usualmente remunerando a seguradora por um ano de cobertura de seguro. Nesse caso, temos um típico exemplo de Despesa Paga Antecipadamente classificável ao Ativo Circulante (ativos realizáveis no curso do exercício social subsequente ao do Balanço). A partida de Diário seria:

São Paulo, 30 de junho de X1
Seguros a Apropriar (Conta do Ativo Circulante)
a   **Caixa**
Pago prêmio de seguro contra fogo à Seguradora Nacional S.A., conforme
Apólice nº 00233, cuja cobertura é de 1-7-X1 a 30-6-X2 $ 400.000

Se o período contábil for de um ano e coincidente com o ano-calendário, no último dia do exercício de X1 o contador deverá realizar um lançamento de ajuste, a fim de apropriar como despesa a parcela do prêmio que beneficiou o atual exercício que está sendo encerrado:

São Paulo, 31 de dezembro de X2
Despesas de Seguros (Conta de Despesa)
a   **Seguros a Apropriar**
Apropriação de parte proporcional do prêmio de seguro referente ao período
de 1-7 a 31-12-X1 $ 200.000

Em 31-12-X1 o Balanço apresentará a conta de Ativo – *Seguros a Apropriar* – com um saldo de $ 200.000 e na *Demonstração do Resultado do Exercício* constará a conta *Despesas de Seguros*, também, nesse caso, de $ 200.000, afetando negativamente o resultado. Um nome mais comum do que *Seguros a Apropriar* encontrado na prática é *Seguros Pagos Antecipadamente*.

4.3.3.2 Estoques de produtos e de outros materiais

Os estoques de produtos e mercadorias que estão no Ativo de uma empresa transformam-se em despesas quando esses bens são vendidos, pois são componentes do custo das vendas. Como o custo dos produtos e das mercadorias vendidas envolve características especiais, será explicado em capítulo específico, a seguir. Discutiremos neste capítulo os estoques de outros materiais, e como exemplo trataremos do estoque de material de escritório.

Por serem materiais adquiridos em quantidades suficientes para serem utilizados às vezes em mais de um período contábil, são registrados por ocasião das compras em conta de Ativo, tornando-se despesa quando consumidos.

Por ocasião da compra, é feito o seguinte registro:

São Paulo, ...
Estoque de Material de Escritório (Conta de Ativo)
a **Caixa**
Pago pela compra feita a ABC & Cia. conf. nota fiscal nº 743 $ 200.000

No último dia do período, para se determinar o valor dos materiais consumidos (que será despesa no atual exercício) e o valor dos que permanecem em estoque (para utilização nos períodos seguintes), a empresa deverá proceder da seguinte forma (desde que não adote inventário permanente):

Deverá fazer um inventário das existências físicas em 31 de dezembro e valorizá-las pelo custo de aquisição:

	custo dos materiais comprados	200.000
(–)	custo dos materiais existentes em 31-12	50.000
(=)	custo dos materiais usados no período	150.000

Depois disso, se fará o lançamento de ajuste:

São Paulo, 31 de dezembro de X1
Despesas com Material de Escritório (Conta de Despesa)
a **Estoque de Material de Escritório** (Conta de Ativo)
Valor do custo dos materiais consumidos no período $ 150.000

O saldo devedor, de $ 50.000, da conta *Material de Escritório* aparecerá no Ativo do Balanço, e o saldo devedor da conta *Despesas com Material de Escritório* constará na *Demonstração do Resultado do Exercício*, onde pesará negativamente para a obtenção do resultado líquido.

4.3.3.3 Consumo de ativo imobilizado

Os ativos imobilizados são adquiridos para servir à empresa em vários períodos de sua existência, não sendo objeto normal de compra e venda. A aquisição do imóvel onde a empresa se instala, a compra de equipamentos, veículos, móveis e utensílios etc. necessários para atingir os fins a que ela se propõe são ativos fixos que não se destinam à venda.

Esses itens irão servir à empresa por vários exercícios e não é correto apropriar como despesa a totalidade de seu valor no momento da aquisição. Todo item de ativo fixo possui um tempo de vida útil limitado e estimável, que servirá de base para o rateio da despesa naquele período.

A distribuição da despesa por vários períodos contábeis, no valor do ativo fixo, é feita pelo procedimento contábil denominado *depreciação*.

Admita a compra de um equipamento, por $ 3.000.000, cuja vida útil foi estimada em 10 anos. O rateio do custo para ser apropriado como despesa poderá ser feito da seguinte forma: $ 300.000 por ano ou $ 25.000 por mês.

A parcela de $ 300.000 é a despesa de depreciação de um ano e deverá ser registrada por um lançamento de ajuste, porque, se ela for ignorada, o resultado líquido do período estará incorreto. Esse ajuste, bem como o de outras apropriações, poderá ser mensal mesmo quando o exercício for anual.

O ajuste da depreciação é feito por meio de um débito em uma conta de despesa (Despesa de Depreciação/Equipamentos) e um crédito em uma conta separada (Depreciação Acumulada/Equipamentos – Retificadora do Ativo Equipamentos).

O crédito, ao contrário dos exemplos anteriores, não deve ser feito diretamente na conta de ativo (Equipamentos), porque é um valor calculado aproximadamente, e também para que não se cancele o custo histórico do investimento.

O lançamento de ajuste em 31 de dezembro será:

São Paulo, 31 de dezembro de X1
Despesas de Depreciação/Equipamentos
a   **Depreciação Acumulada/Equipamentos**
Depreciação do equipamento para o ano de X1 $ 300.000

A despesa de depreciação influenciará negativamente o resultado do período, pois, no momento da apuração, será levada a débito da conta *Resultado*. A conta *Depreciação Acumulada/Equipamentos* não é encerrada no fim de cada período; ao contrário, tem seu saldo aumentado pelos lançamentos periódicos de depreciação e deverá aparecer no Balanço no lado do Ativo, embora tenha saldo credor, da seguinte forma:

	Ativo	$	$
	Equipamentos	3.000.000	
(–)	Depreciação Acumulada/Equipamentos	300.000	2.700.000

Observe que, quando o saldo da conta *Depreciação Acumulada* igualar-se ao valor do item do Ativo, objeto da depreciação, o lançamento de ajuste cessará porque o total de seu custo já terá sido apropriado ao Resultado. Assim, desde que o item do Ativo não seja alienado ou baixado e ainda esteja prestando serviços à empresa, deverá figurar no Balanço da seguinte forma:

	Ativo	$	
	Equipamentos	3.000.000	
(–)	Depreciação Acumulada/Equipamentos	3.000.000	– 0 –

Se os elementos do Ativo, sujeitos à depreciação, forem adquiridos durante o período contábil, a depreciação deverá ser computada para um período fracionário. Já que a depreciação é uma estimativa, parece desnecessário que o cálculo do período fracionário seja feito em termos de dias. Pode-se calcular o período fracionário em termos de meses e, no máximo, de 15 dias, como fração de um mês. (A depreciação será tratada, em detalhes, no Capítulo 8.)

4.3.4 Passivos que se transformarão em receitas: regra geral

Ocorre, em certas ocasiões, o recebimento antecipado de valores por conta de serviços a serem executados ou vendas de bens a serem atendidas.

4.3.4.1 Adiantamento de receitas

Adiantamentos de Clientes representam recebimentos antecipados que vão gerar um Passivo, por representarem a obrigação de prestação de serviço futuro, ou de entrega posterior de bens.

O valor desse recebimento deverá ser creditado em uma *conta de Passivo*, cujo título expresse claramente tratar-se de um adiantamento de cliente, com valor recebido antecipadamente. O procedimento contábil mais correto é:

- na data do recebimento do valor, credita-se uma conta de Passivo, a débito de caixa;
- ao final de cada período, a parte do valor dos serviços prestados, ou o valor dos bens entregues nesse exercício, deverá ser transferida, por meio de um lançamento de ajuste, da conta de adiantamento de cliente para a conta de Receita do Exercício.

Uma empresa recebe $ 1.000.000 antecipadamente para prestar serviços futuros. Desde que esse recebimento beneficie mais de um período contábil, ele deverá ser creditado em uma conta de Passivo, da seguinte maneira:

São Paulo, 30 de junho de X1

Caixa
a **Adiantamento de Clientes**
(Conta de Passivo) $
Recebido pelo serviço a ser prestado à firma X, conforme recibo nº 0248   1.000.000

No fim do período, deverá ser feito um lançamento de ajuste, apropriando o valor dos serviços já prestados como receita do exercício.

São Paulo, 31 de dezembro de X1

Adiantamento de Clientes
a **Receita de Serviços** $
Apropriação da receita, correspondente à parte dos serviços prestados
neste período   600.000

Em 31 de dezembro, o Balanço mostrará, em seu Passivo, a conta *Adiantamento de Clientes*, com saldo credor de $ 400.000, que corresponde à obrigação de prestar serviços naquele montante; e, na *Demonstração do Resultado do Exercício*, a conta *Receita de Serviços* conterá o valor de $ 600.000 pesando positivamente na apuração do resultado líquido.

4.4 QUADRO-RESUMO DA DESPESA E DA RECEITA

Em resumo, pode-se dizer que as despesas podem ser classificadas de duas formas:

1) quanto ao pagamento: *à Vista e a Prazo*
2) quanto ao período: *Atual e Futura*

Despesas	À Vista	A Prazo	Demonstrações
Atual	Despesa a Caixa	Despesa a Contas a Pagar	Resultado do Exercício
Futura	Despesa Paga Antecipadamente a Caixa	Despesa Antecipada a Contas a Pagar	Balanço Patrimonial (Ativo)
	(–) Caixa	(+) Dívida	

As Receitas também podem ser classificadas de duas formas:

1) quanto ao recebimento: *à Vista e a Prazo*.
2) quanto ao período: *Atual e Futura*.

Receitas	À Vista	A Prazo	Demonstrações
Atual	Caixa a Receita	Contas a Receber a Receita	Resultado do Exercício
Futura	Caixa a Adiantamento de Cliente	Títulos a Receber a Adiantamento de Cliente	Balanço Patrimonial (Passivo)
	(+) Caixa	(+) Direitos	

Veja o Exercício 2 ao final deste capítulo.

4.5 QUADRO DE AJUSTES

Quadro de ajustes era uma folha de papel com colunas especiais usada pelos contadores para facilitar o trabalho de apuração de resultados periódicos e elaboração de demonstrações contábeis. Se o Razão contém poucas contas e também são poucos os lançamentos de ajustes, não há necessidade da utilização do quadro. Se, ao contrário, são muitas as contas e muitos os ajustes, o quadro em questão será de grande utilidade. Na verdade, esse quadro é uma planilha, em papel ou eletrônica.

As informações para ajustes provêm de diversas fontes. Em primeiro lugar, o contador deve fazer uma revisão no último balancete de verificação, isto é, antes do ajuste e encerramento, a fim de verificar possíveis ajustamentos. A simples constatação de certas contas no balancete pode sugerir a necessidade de ajustes.

Por exemplo, as contas *Equipamentos, Móveis e Utensílios* e outras de Ativo Imobilizado sugerem registros de depreciação; a conta *Bancos* sugere a possibilidade de ajustes de juros a receber; a existência de conta *Títulos a Pagar* pode implicar juros a pagar; assim, todas as despesas e receitas antecipadas estão sujeitas a ajustes de apropriação no fim do período contábil.

Uma revisão de ajustes feitos em períodos anteriores pode mostrar a necessidade de repetir alguns ou todos no atual período.

Os passos para a utilização do *quadro de Ajustes* são:

1. Transcrever o balancete de verificação do fim do período para as colunas do *Balancete de Verificação* (débitos na coluna à esquerda e créditos na coluna à direita), puxando-se as somas dos dois lados.
2. Registrar nas colunas *Ajustes* todos os ajustes necessários que, até o momento, não haviam sido contabilizados. Devem-se usar letras ou outras formas para facilitar a identificação das partidas e respectivas contrapartidas. Após isso, serão preenchidas as colunas do *Balancete após os Ajustes*, que se constituirão dos saldos das contas que já estão no balancete anterior, corrigidas pelos ajustes, mais os saldos das contas abertas por ocasião dos ajustes. As colunas deverão ser somadas para se verificar a igualdade dos lados.
3. Os saldos das contas de receita e despesa que estão nas colunas do *Balancete após os Ajustes* serão distribuídos nas duas colunas *Resultado*, com os saldos devedores – despesas – na coluna à esquerda e os saldos credores – receitas – na coluna à direita. Somam-se as duas colunas e apura-se, dessa forma, o resultado líquido do período (soma provisória).
4. Como a função da conta *Resultados* é apurar resultados periódicos, ela deve ser encerrada no fim do exercício. Se o resultado for lucro ou prejuízo, transfere-se o resultado para *Lucros ou Prejuízos Acumulados*. Quando o saldo da conta *Resultados* é credor, debita-se a conta *Resultado* e credita-se a conta *Lucros ou Prejuízos Acumulados*; se o saldo da conta *Resultados* for devedor, debita-se a conta *Lucros ou Prejuízos Acumulados* e credita-se a conta *Resultados*.

Finalmente, as colunas do *Balanço* serão preenchidas com os saldos das contas que restaram.

O quadro de ajustes é um meio extracontábil de se chegar ao resultado do período e à preparação das demonstrações finais. Os ajustes nele feitos deverão ser escriturados no livro *Diário* sob a forma de partidas de diário e com o devido transporte para as contas do *Razão*.

4.5.1 Exemplificação

Segue um exemplo completo para o preenchimento do quadro de ajuste. O balancete de verificação, antes dos ajustes e encerramento, já está transcrito diretamente no quadro, nas colunas do *Balancete de Verificação*.

Os dados necessários para os ajustes de fim de período são:

1. depreciação anual de veículos, 5% sobre o valor histórico;
2. juros sobre hipoteca, referentes ao ano encerrado, a pagar no exercício seguinte, no valor de $ 2.000.000;

Quadro de Ajustes

Contas	Balancete de Verificação		Ajustes		Balancetes após os Ajustes		Resultado		Balanço	
Bancos c/ Movimento	10.000				10.000				10.000	
Caixa	20.000				20.000				20.000	
Veículos	160.000				160.000				160.000	
Depreciação Acumulada – Veículos		32.000		(a) 8.000		40.000				40.000
Seguros Pagos Antecipadamente	6.000			(d) 2.000	4.000				4.000	
Títulos a Pagar		30.000				30.000				30.000
Capital		65.000				65.000				65.000
Adiantamento de Clientes		20.000	(e) 5.000			15.000				15.000
Materiais de Escritório	1.000			(f) 800	200				200	
Desp. c/ Salários	10.000				10.000		10.000			
Desp. c/ Impostos	4.000				4.000		4.000			
Receitas de Serviços		60.000		(e) 5.000		65.000		65.000		
Receita de Juros		<u>4.000</u>		(c) 1.500		5.500		<u>5.500</u>		
	211.000	211.000								
Despesa de Depreciação			(a) 8.000		8.000		8.000			
Despesa de Juros			(b) 2.000		2.000		2.000			
Juros a Pagar				<u>(b) 2.000</u>		<u>2.000</u>				2.000
Juros a Receber			(c) 1.500		1.500				<u>1.500</u>	
Despesa de Seguros			(d) 2.000		2.000		2.000			
Despesa com Materiais de Escritório			<u>(f) 800</u>		<u>800</u>		<u>800</u>			
			19.300	19.300	222.500	222.500	26.800	70.500		
Lucros ou Prejuízos Acumulados (lucro líquido)							<u>43.700</u>	70.500	195.700	<u>43.700</u>
							70.500			195.700
	1º PASSO		2º PASSO				3º PASSO		4º PASSO	

3. receitas de juros bancários, referentes ao período, $ 1.500.000;
4. dos seguros pagos antecipadamente, 1/3 do saldo da conta é despesa do período;
5. dos adiantamentos de clientes, 25% são atribuíveis ao exercício encerrado;
6. inventário final de materiais de escritório tem o valor de $ 200.000.

Para todos os números caberem no quadro de Ajustes, os valores serão colocados em milhares de reais.

4.6 SEQUÊNCIA DOS PROCEDIMENTOS CONTÁBEIS

Os procedimentos contábeis vistos até o momento devem obedecer à seguinte ordem:

1. lançamentos no Diário e respectivos registros no Razão;
2. levantamento do balancete de verificação (se possível, diretamente no quadro de ajustes);
3. preenchimento total do quadro de ajustes;
4. lançamentos de ajustes e de encerramento e respectivos registros no Diário e no Razão;
5. levantamento de balancete de verificação, após encerramento;
6. preparação das demonstrações: Balanço e Resultado do Exercício.

EXERCÍCIOS

Exercício 1 (sobre a seção 4.2)

A seguir estão mencionadas as transações da Cia. Petrópolis, organizada em 1º de setembro de X1; os valores apresentados são hipotéticos e com poucos dígitos para facilitar o entendimento.

Setembro
1 – constituição e integralização em dinheiro do capital social, $ 10.000;
4 – pagamento de $ 220 por material empregado nos trabalhos efetuados;
5 – pagamento de $ 500 referentes a impostos e taxas diversas;
10 – recebimento por trabalhos realizados, $ 1.420;
18 – pagamento de $ 800 de aluguel, pelo uso de um caminhão durante três dias;
23 – compra de terreno de A & Cia., a prazo, por $ 200;
26 – pagamento de $ 200 por despesas diversas;
30 – recebimento por trabalhos concluídos de $ 3.500;
30 – pagamento de $ 3.000 em ordenados e salários.

Pede-se:

a) fazer as partidas de Diário;
b) transportá-las para o Razão;
c) levantar o balancete de verificação no dia 30-9-X1;
d) fazer as partidas de encerramento, lançá-las no livro Diário e registrá-las no Razão;
e) levantar o balancete após o encerramento;
f) preparar a *Demonstração do Resultado* para o mês de setembro-X1 e o Balanço no dia 30-9-X1.

Na solução do problema, use as seguintes contas:

Caixa	Equipamentos
Capital	Contas a Pagar
Despesas de Material	Despesas de Salários
Despesas de Impostos	Lucros ou Prejuízos Acumulados
Receitas de Serviços	Resultado
Despesas de Aluguel de Veículos	Despesas Diversas

Nota: Para facilitar a solução, omita históricos nas partidas de Diário.

Exercício 2 (sobre as seções 4.2 e 4.3)

O balancete de verificação de Oficina Mecânica São José Ltda., em 30-11-X1, era composto pelas seguintes contas:

Caixa	6.900	Receitas de Serviços	1.600
Peças para Reparos	3.500	Despesas de Salários	800
Capital	8.000	Despesas Gerais	200
Contas a Pagar	1.300	Despesas de Publicidade	100
Adiantamento de Clientes	600		

A empresa, no mês de dezembro, realizou as seguintes operações:

Dezembro
1 – comprou veículos, à vista, por $ 1.600;
5 – liquidou contas a pagar, no valor de $ 300;
10 – pagou antecipadamente despesas de publicidade, no valor de $ 200;
22 – recebeu receitas de serviços, no valor de $ 600;
30 – pagou despesas gerais, no valor de $ 100.

Os dados para ajustes, referentes ao mês de dezembro, são os seguintes:

1. serviços prestados a receber, $ 400;
2. despesas de salários a pagar, $ 200;

3. depreciação de veículos na base de 1% ao mês;
4. das despesas pagas antecipadamente, $ 50 são despesas de publicidade do mês;
5. das receitas de serviços recebidas antecipadamente dos clientes, $ 200 referem-se ao exercício;
6. o inventário final de peças para reparos totalizou $ 3.000.

Pede-se:

– Preparar a Demonstração do Resultado para o período de X1 e o Balanço em 31-12-X1.

Observação:

– Além das contas que compõem o balancete inicial, utilizar as seguintes contas: Despesas Pagas Antecipadamente, Veículos, Contas a Receber, Salários a Pagar, Despesas de Depreciação, Depreciação Acumulada-Veículos, Despesas c/Peças para Reparos, Resultado, Lucros ou Prejuízos Acumulados.

Exercício 3

Assinale a alternativa correta:

1. Materiais adquiridos no período nº 1, pagos no período nº 2 e gastos no período nº 3 serão apropriados na "Demonstração de Resultado" do:
   a) Período nº 1.
   b) Período nº 2.
   c) Período nº 3.
   d) Nenhum deles.

2. A partida de Diário "Despesas de Salários a Salários a Pagar" caracteriza:
   a) Uma despesa antecipada e não paga.
   b) Uma despesa incorrida e paga.
   c) Uma despesa incorrida e não paga.
   d) Nenhuma das alternativas anteriores.

3. A Demonstração do Resultado do Exercício é um relatório contábil que reflete:
   a) A variação da situação financeira entre dois momentos diferentes e sua distribuição.
   b) O Patrimônio Líquido em determinado momento e sua distribuição.
   c) As despesas e as receitas incorridas entre dois momentos diferentes e consecutivos.
   d) As despesas pagas e as receitas recebidas entre dois momentos diferentes e consecutivos e sua distribuição.

4. Os lançamentos de ajustes, no fim do período, são efetuados:
   a) Porque são obrigatórios.

b) Para que os demonstrativos contábeis reflitam, o mais corretamente possível, a verdadeira situação da empresa.
c) Para satisfazer o regime de competência e de caixa.
d) Para reduzir o imposto a pagar.

5. O encerramento de todas as contas de receitas e despesas tem por finalidade a determinação:
   a) Do aumento do Ativo.
   b) Do aumento do Passivo.
   c) Do lucro bruto.
   d) Do lucro líquido.

5

Operações com mercadorias

5.1 RESULTADO BRUTO COM MERCADORIAS (RCM)

O Resultado Bruto com Mercadorias (RCM), ou Resultado com Mercadorias, é a diferença total entre as receitas obtidas pelas vendas e o custo dessas mercadorias que foram vendidas. Essa diferença *bruta* não leva em consideração as demais receitas e despesas da empresa, como receitas de juros, despesas com aluguéis, salários, impostos etc. Estas aparecem quando se deseja conhecer o Resultado Líquido do Exercício.

Conhecer esse resultado, atualmente denominado Resultado Bruto ou Lucro Bruto, é de grande importância para as empresas comerciais que trabalham com Compra e Venda de Mercadorias. Depois de calculado, esse resultado é adicionado às demais receitas, e dessa soma são subtraídas as demais despesas para se obter o Resultado Líquido/Lucro Líquido.

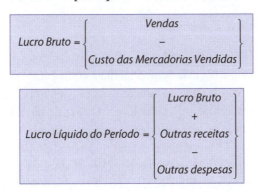

Pode-se elaborar uma Demonstração de Resultados de forma dedutiva.
Por exemplo: no fim do ano X1, a Cia. A apresenta os seguintes valores:

Vendas do Ano	150.000
Custo das Mercadorias Vendidas	105.000
Despesas de Salários	15.000
Despesas Diversas	6.000

A Demonstração de Resultados será:

Demonstração de Resultados de X1 Cia. A	
Vendas	150.000
(–) Custo das Mercadorias Vendidas	(105.000)
= Resultado Bruto com Mercadorias	45.000 (Lucro Bruto)
(–) Despesas de Salários	(15.000)
(–) Despesas Diversas	(6.000)
= Resultado Líquido do Exercício	24.000 (Lucro Líquido)

Se o Resultado Bruto for positivo, isto é, se as Vendas forem maiores do que o Custo das Mercadorias Vendidas, tem-se o *Lucro Bruto com Mercadorias*. Se for negativo, tem-se *Prejuízo com Mercadorias*.

No final, depois de calculadas as demais receitas e despesas, é obtido o *Resultado Líquido do Exercício*, que pode ser *Lucro Líquido* ou *Prejuízo do Exercício*.

5.2 CUSTO DAS MERCADORIAS VENDIDAS (CMV)

No exemplo anterior, o CMV foi apresentado como valor dado. No entanto:

- De que forma ele foi apurado?
- De que maneira pode-se calcular o valor do Custo das Mercadorias?

Basicamente, existem dois sistemas:

1º) **Inventário Periódico** – as vendas não são controladas de modo imediato no estoque, e também não é necessariamente feita a contagem do Custo das Mercadorias Vendidas a cada venda. Isso só ocorre nas grandes empresas e nas mais bem administradas. Para apurar o Resultado com a Venda das Mercadorias (RCM) em empresas pequenas ou sem grandes controles, é necessário fazer uma contagem física do Estoque de Mercadorias existente no final do período. A diferença entre o total das Mercadorias Disponíveis para Venda durante o período e esse Estoque Final (apurado extracontabilmente) será o Custo das Mercadorias Vendidas (CMV) desse período.

2º) **Inventário Permanente** – há controle de forma contínua no Estoque de Mercadorias e é registrada a baixa do Custo das Mercadorias Vendidas (CMV) a cada venda. Esse controle permanente é efetuado sobre todas as mercadorias que estiverem à disposição para venda, isto é, esse controle é efetuado sobre as mercadorias vendidas (CMV) e sobre as mercadorias que não foram vendidas (Estoque Final). Com a soma dos custos de todas as vendas, tem-se o Custo das Mercadorias Vendidas (CMV) total do período.

No Inventário Permanente, pode-se utilizar uma ficha de controle (arquivos eletrônicos, nas mais bem organizadas) para se conhecer o saldo em estoque. Mas no Periódico só é possível obter tal saldo com o levantamento físico do estoque.

5.3 INVENTÁRIO PERMANENTE

Nas médias e grandes empresas, há a necessidade de controle contínuo do valor do estoque de mercadorias. Isso é possível fazendo com que haja a baixa do custo da mercadoria vendida a cada venda.

5.3.1 Contabilização

Nesse sistema, são registradas todas as compras diretamente na conta de *Mercadorias*. Contabilização na compra:

Mercadorias
a **Fornecedores** (ou **Caixa**)

Na Venda, porém, há necessidade de dois lançamentos:

Clientes (ou **Caixa**)
a **Vendas** (pelo valor da venda) (conta de Receita)

e

Custo das Mercadorias Vendidas (conta de Despesa)
a **Mercadorias** (pelo valor do custo das mercadorias vendidas)

> **Atenção**
> Dessa forma, após cada operação de venda e sua contabilização, tem-se a conta de Vendas atualizada, a de CMV com o total do custo acumulado das mercadorias vendidas até a data e a de mercadorias refletindo o valor do estoque.

Exemplo: uma empresa possui estoque de mercadorias no valor de $ 15.000 e vende a metade dele por $ 10.000, a prazo:

a) **Clientes**
    a **Vendas**   10.000

e

b) **Custo das Mercadorias Vendidas**
    a **Mercadorias**   7.500

Mercadorias				Vendas		
15.000	7.500	(b)			10.000	(a)
7.500						

70 Contabilidade Introdutória

CMV			Clientes	
(b) 7.500			(a) 10.000	

Após essas transações, a empresa adquire mais mercadorias por $ 6.000, a prazo, e é apurado o Resultado:

c) **Mercadorias**
   a **Fornecedores**   6.000

e, encerrando as contas de resultado:

d) **Vendas**
   a **Resultado**   10.000

e

e) **Resultado**
   a **Custo das Mercadorias Vendidas**   7.500

Mercadorias				Vendas			
	15.000	7.500	(b)	(d)	10.000	10.000	(a)
(c)	6.000						
	21.000	7.500					
Saldo	13.500						

CMV				Fornecedores		
(b)	7.500	7.500	(e)		6.000	(c)

Resultado				Clientes	
(e)	7.500	10.000	(d)	(a) 10.000	
		2.500			

O encerramento é feito com a transferência das contas de *Vendas* e *CMV* para *Resultado*.

5.3.2 Registros detalhados de estoque

No Sistema do Inventário Permanente, o controle do estoque de mercadorias pode ser simplificado com o uso das Fichas de Controle. Seu modelo varia de acordo com as necessidades de cada empresa.

Exemplo:

Movimentações da empresa:

Dia

1-6-X1 – Estoque Inicial de Mercadorias (ar-condicionado) de $ 10.000 – dez unidades compradas a $ 1.000 cada uma.
2-6-X1 – Venda de seis unidades por $ 8.000.
3-6-X1 – Compra de quatro unidades a $ 1.000 cada uma.
3-6-X1 – Venda de seis unidades por $ 8.500.

A contabilização dessas operações será:

Em 2-6-X1

a) **Caixa**
   a **Vendas**   8.000 (valor da venda)

e

b) **CMV**
   a **Mercadorias**   6.000 (valor do custo conforme ficha)

Em 10-6-X1

c) **Mercadorias**
   a **Caixa**   4.000

Em 23-6-X1

d) **Caixa**
   a **Vendas**   8.500

e

e) **CMV**
   a **Mercadorias**   6.000 (ficha)

Mercadorias					Vendas		
(EI)	10.000					8.000	(a)
		6.000	(b)			8.500	(d)
(c)	4.000					16.500	
		6.000	(e)				
	14.000	12.000					
(EF)	2.000						

72 Contabilidade Introdutória

	CMV			Caixa		
(b)	6.000		(a)	8.000	4.000	(c)
(e)	6.000		(d)	8.500		
	12.000			16.500	4.000	
				12.500		

Ficha de Controle de Estoque
Mercadoria: Ar-condicionado

Data X1	Entrada			Saída			Saldo		
	Quantidade	Valor Unitário $	Total $	Quantidade	Valor Unitário $	Total $	Quantidade	Valor Unitário $	Total $
1-6							10	1.000	10.000
2-6				6	1.000	6.000	4	1.000	4.000
10-6	4	1.000	4.000				8	1.000	8.000
23-6				6	1.000	6.000	2	1.000	2.000
Soma	4		4.000	12		12.000	2	1.000	2.000

Nessa ficha, a coluna do Total da Entrada registra as Compras; e a coluna do Total da Saída registra o valor de Custo das Mercadorias Vendidas.

A empresa tem a possibilidade de fazer um lançamento só pelo total do CMV do período. Dessa forma, só dará baixa das vendas no dia da apuração do resultado, o que vai provocar a não atualização constante da conta *Mercadorias*. Isso, todavia, não causa maiores problemas, pois, se a ficha estiver atualizada, não há a necessidade da contabilização do custo de cada venda. Fazendo lançamentos globais para o período, economizam-se trabalho e tempo, sem prejudicar a acurácia do sistema.

Na prática de hoje, com a completa tecnologia da informação, mesmo empresas que não são grandes conseguem ter esse controle de forma contínua, e seus sistemas são às vezes tão integrados que a Contabilidade efetua os registros das vendas e dos custos das mercadorias vendidas diariamente, a cada operação.

Note que se trata de uma *possibilidade* a ser utilizada ou não, conforme interesse e necessidade da entidade e de seu sistema de Contabilidade.

No exemplo anterior, os lançamentos feitos de forma mais simples seriam:

Em 2-6-X1
Caixa
a **Vendas** 8.000

Em 10-6-X1
Mercadorias
a **Caixa** 4.000

e
Caixa
a **Vendas** 8.500

Em 30-6-X1
CMV
a **Mercadorias** 12.000
(conforme soma na Ficha de Controle)

Atenção
O que importa é ter, a qualquer momento, o valor de CMV e Estoque, sem que seja necessário proceder ao levantamento físico. Para isso, basta consultar a *Ficha de Estoque*. Note que o lançamento da baixa é efetuado no último dia do mês.

5.4 ATRIBUIÇÃO DE PREÇOS AOS INVENTÁRIOS

Vários fatores influenciam os preços de todo o tipo de mercadoria: demanda, concorrência, clima, sazonalidade etc.

E, com isso, dificilmente tem-se compras feitas pelo mesmo preço durante um determinado período. Normalmente, o preço irá variar, dando origem ao problema da avaliação do Inventário e, consequentemente, do Custo das Mercadorias Vendidas.

Portanto:

- O Estoque Final terá seu valor baseado nas últimas compras?
- Na média das compras do período?
- Na média das compras do último mês?
- No valor corrente dessas mercadorias?

A seguir, exemplificam-se diversos critérios para essa determinação:

5.4.1 Variações com relação aos diversos custos

Todas as possibilidades de atribuição de valor devem ser analisadas, sempre com base no custo (valor de aquisição). As principais são:

5.4.1.1 *Preço específico*

Quando é possível fazer a determinação do preço específico de cada unidade em estoque, pode-se dar baixa, em cada venda, por esse valor; com isso, no estoque final, seu valor será a soma de todos os custos específicos de cada unidade ainda existente.

Exemplo: Há no Estoque (valor inicial) cinco automóveis usados adquiridos de uma frota de táxi por $ 13.000 cada um. No início do período novo, são comprados mais três, de outra frota, por $ 15.000 cada um, e logo em seguida são vendidos dois, por $ 16.000 cada um, sabendo-se que um pertence ao lote inicial e o outro foi adquirido no período.

Nesse caso dá-se baixa, como Custo de Mercadorias Vendidas, do valor específico da compra de cada um ($ 13.000 + $ 15.000).

Tal tipo de apropriação de custo somente é possível em alguns casos, quando a quantidade, ou o valor, ou a própria característica da mercadoria o permite (como nesse exemplo, de comércio de carros usados). Na maioria das vezes, não é possível ou economicamente conveniente a identificação do custo específico de cada unidade.

5.4.1.2 PEPS ou FIFO

Por esse critério, a baixa no custo ocorre da seguinte maneira:

O Primeiro que Entra é o Primeiro que Sai (PEPS)

ou

First In, First Out (FIFO)

Assim, à medida que as vendas ocorrem, vai dando-se baixa a partir das primeiras compras, ou seja, é como se vendessem primeiro as primeiras unidades compradas.

Exemplo: o Estoque Inicial, em 1-9-X1, é composto de 30 unidades de carros novos (iguais), adquiridos por $ 40.000 cada um, num total de $ 1.200.000. No mês ocorre a seguinte movimentação:

2-9 – Compra de 10 unidades por	$ 42.000 cada uma.
3-9 – Venda de 3 unidades por	$ 50.000 cada uma.
4-9 – Venda de 28 unidades por	$ 45.000 cada uma.
5-9 – Compra de 5 unidades por	$ 41.000 cada uma.
6-9 – Venda de 10 unidades por	$ 48.000 cada uma.

A baixa de cada venda deve ser feita pelo preço do custo mais antigo em estoque (o primeiro que entra é o primeiro que sai); essa movimentação financeira não precisa estar atrelada ao fluxo físico se esses automóveis forem realmente iguais entre si.

O CMV total do período (1 a 6-9) será, portanto, de $ 1.661.000 e o valor do estoque, $ 164.000.

De acordo com esse critério, sempre tem-se um valor de estoque baseado nas compras mais recentes, e o valor do CMV baseado nas compras mais antigas.

Ficha de Controle de Estoque
PEPS
Automóveis Novos

Data X9	Entrada Quantidade	Entrada Valor Unitário $	Entrada Total $	Saída Quantidade	Saída Valor Unitário $	Saída Total $	Saldo Quantidade	Saldo Valor Unitário $	Saldo Total $
1-9							30	40.000	1.200.000
2-9	10	42.000	420.000				30 / 10	40.000 / 42.000	1.200.000 / 420.000
3-9				3	40.000	120.000	27 / 10	40.000 / 42.000	1.080.000 / 420.000
4-9				27 / 1	40.000 / 42.000	1.080.000 / 42.000	9	42.000	378.000
5-9	5	41.000	205.000				9 / 5	42.000 / 41.000	378.000 / 205.000
6-9				9 / 1	42.000 / 41.000	378.000 / 41.000	4	41.000	164.000
Soma	15		625.000	41		1.661.000	4	41.000	164.000

↑ CMV   ↑ Estoque Final

5.4.1.3 *UEPS ou LIFO*

Pode-se fazer o contrário do sistema anterior, dando como custo o valor da última mercadoria de entrada, assim:

A Última a Entrar é a Primeira a Sair (UEPS)

ou

Last In, First Out (LIFO)

Usando a mesma movimentação do exemplo anterior, tem-se:

<table>
<tr><td colspan="10" align="center">Ficha de Controle de Estoque
Ueps
Automóveis Novos</td></tr>
<tr><td rowspan="2">Data X9</td><td colspan="3">Entrada</td><td colspan="3">Saída</td><td colspan="3">Saldo</td></tr>
<tr><td>Quanti-dade</td><td>Valor Unitário $</td><td>Total $</td><td>Quanti-dade</td><td>Valor Unitário $</td><td>Total $</td><td>Quanti-dade</td><td>Valor Unitário $</td><td>Total $</td></tr>
<tr><td>1-9</td><td></td><td></td><td></td><td></td><td></td><td></td><td>30</td><td>40.000</td><td>1.200.000</td></tr>
<tr><td rowspan="2">2-9</td><td rowspan="2">10</td><td rowspan="2">42.000</td><td rowspan="2">420.000</td><td></td><td></td><td></td><td>30</td><td>40.000</td><td>1.200.000</td></tr>
<tr><td></td><td></td><td></td><td>10</td><td>42.000</td><td>420.000</td></tr>
<tr><td rowspan="2">3-9</td><td></td><td></td><td></td><td rowspan="2">3</td><td rowspan="2">42.000</td><td rowspan="2">126.000</td><td>30</td><td>40.000</td><td>1.200.000</td></tr>
<tr><td></td><td></td><td></td><td>7</td><td>42.000</td><td>294.000</td></tr>
<tr><td rowspan="2">4-9</td><td></td><td></td><td></td><td>7</td><td>42.000</td><td>294.000</td><td></td><td></td><td></td></tr>
<tr><td></td><td></td><td></td><td>21</td><td>40.000</td><td>840.000</td><td>9</td><td>40.000</td><td>360.000</td></tr>
<tr><td rowspan="2">5-9</td><td rowspan="2">5</td><td rowspan="2">41.000</td><td rowspan="2">205.000</td><td></td><td></td><td></td><td>9</td><td>40.000</td><td>360.000</td></tr>
<tr><td></td><td></td><td></td><td>5</td><td>41.000</td><td>205.000</td></tr>
<tr><td rowspan="2">6-9</td><td></td><td></td><td></td><td>5</td><td>41.000</td><td>205.000</td><td></td><td></td><td></td></tr>
<tr><td></td><td></td><td></td><td>5</td><td>40.000</td><td>200.000</td><td>4</td><td>40.000</td><td>160.000</td></tr>
<tr><td>Soma</td><td>15</td><td></td><td>625.000</td><td>41</td><td></td><td>1.665.000</td><td>4</td><td>40.000</td><td>160.000</td></tr>
</table>

↑ CMV   ↑ Estoque Final

O CMV será, agora, de $ 1.665.000, e o valor do estoque final, $ 160.000. O CMV estará baseado nas compras mais recentes, e o estoque final nas mais antigas.

5.4.1.4 Média Ponderada Móvel

Para evitar o controle de preços por lotes, como nos métodos anteriores, e para fugir aos extremos, existe a possibilidade de se dar como custo o valor médio das compras. Esse valor médio é bastante amplo em sentido, pois pode ser a média das compras do período, ou só do último mês etc. O mais utilizado é o valor médio do custo do estoque existente. Chama-se *Ponderada Móvel*, pois o valor médio de cada unidade em estoque altera-se pela compra de outras unidades por um preço diferente. Assim, ele será calculado dividindo-se o custo total do estoque pelas unidades existentes.

Por esse critério, a movimentação será feita:

Ficha de Controle de Estoque
MPM
Automóveis Novos

Data X9	Entrada Quantidade	Entrada Valor Unitário $	Entrada Total $	Saída Quantidade	Saída Valor Unitário $	Saída Total $	Saldo Quantidade	Saldo Valor Unitário $	Saldo Total $
1-9							30	40.000	1.200.000
2-9	10	42.000	420.000				40	40.500[1]	1.620.000 → 1.200.000 + 420.000
3-9				3	40.500	121.500	37	40.500	1.498.500
4-9				28	40.500	1.134.000	9	40.500	364.500
5-9	5	41.000	205.000				14	40.678[2]	569.500 → 364.500 + 205.000
6-9				10	40.678	406.780	4	40.678	162.720
Soma	15		625.000	41		1.662.280	4	40.678	162.720

↑ CMV   ↑ Estoque Final

(1) $ 1.620.000 : 40 = $ 40.500
(2) $ 569.500 : 14 = $ 40.678

O CMV apurado, agora, foi de $ 1.662.280, e o estoque final, $ 162.720. Note que, se fosse utilizado um preço médio que não o móvel, ter-se-ia:

$$\frac{1.200.000 + 625.000 = \text{estoque inicial} + \text{compras}}{45 \text{ unidades} = \text{estoque inicial} + \text{compras}} = \text{custo médio fixo para o mês de } 40.555,56$$

Logo: CMV = 41 × $ 40.555,56 = $ 1.662.778
e EF = 4 × $ 40.555,56 = $ 162.222

Com o uso da Média Ponderada em todas as variantes, tem-se normalmente valores que se encontrarão entre os apurados pelo PEPS e pelo UEPS se os custos forem crescentes ou decrescentes.

5.4.1.5 Diferenças entre os métodos

No exemplo utilizado, para os três critérios apresentados, as vendas foram:

3-9 – 3 unidades a $ 50.000 = $ 150.000
4-9 – 28 unidades a $ 45.000 = $ 1.260.000
6-9 – 10 unidades a $ 48.000 = $ 480.000
Total das vendas $ 1.890.000

Comparando os resultados obtidos para os critérios apresentados, tem-se:

PEPS ou FIFO		UEPS ou LIFO		Média Ponderada Móvel	
Vendas	1.890.000	Vendas	1.890.000	Vendas	1.890.000
(–) CMV	1.661.000	(–) CMV	1.665.000	(–) CMV	1.662.280
Resultado	229.000	Resultado	225.000	Resultado	227.720
Estoque Final	164.000	Estoque Final	160.000	Estoque Final	162.720

Note que, se três empresas tivessem adquirido mercadorias, nas mesmas qualidades, pelos mesmos preços, e vendido nas mesmas condições, *suas situações reais seriam as mesmas*, com a mesma quantidade de estoque, porém *suas demonstrações financeiras seriam diferentes*, porque usaram critérios também diferentes, embora todos se baseassem no custo de aquisição.

Critérios diferentes levam a valores de estoque e resultados líquidos também diferentes.

5.4.1.6 Críticas

Críticas podem ser feitas aos critérios citados. O *preço específico* pode resultar numa contabilização mais perfeita e com apuração de um *resultado contábil* mais correto, quando determinado pela diferença entre o valor de venda e o de custo exato daquela unidade (seu valor de compra). Mesmo assim, quando se vende uma unidade adquirida há algum tempo, calcula-se um resultado que é exato, mas não o mais *real* se existir inflação, mas isso só será visto num estágio mais avançado. Veja o Apêndice I, sobre correção de balanços.

Quando usamos o PEPS (FIFO), a baixa ocorre pelo custo da primeira unidade em estoque (mesmo que a unidade vendida seja a última comprada, o *fluxo é de custo, e não de unidades*). Nesse caso, o valor de estoque estará sempre avaliado pelas últimas compras e, portanto, mais próximo de seu valor atual. No caso de um aumento geral dos preços (inflação), o custo das mercadorias vendidas será feito pelos preços mais antigos, menores. Logo, o Resultado será maior. No caso de deflação, serão maiores, e o resultado apurado contabilmente será menor.

O uso do UEPS (LIFO) provoca o aparecimento de um CMV mais atualizado quando os preços sobem ou baixam, pois a baixa é feita pelos valores das últimas compras. Em compensação, o valor do estoque final estará sendo baseado nos valores mais antigos. Há grande risco na adoção desse critério, mais lógico aparentemente, que surgirá quando houver diminuição no volume médio do estoque, pois a baixa é dada em custos antiquíssimos. Por exemplo:

Tem-se um estoque inicial de 20 unidades a 5.000 = $ 100.000:

Compra-se = 30 unidades a $ 8.000 = $ 240.000
Vende-se = 15 unidades a $ 10.000 = $ 150.000
Compra-se = 10 unidades a $ 9.000 = $ 90.000
Vende-se = 12 unidades a $ 11.000 = $ 132.000

Utilizando o PEPS, o estoque, depois dessas operações, será:

20 unidades a $ 5.000 = $ 100.000
13 unidades a $ 8.000 = $ 104.000
33 unidades no total de = $ 204.000

Se não houver mais compras de mercadorias e houver uma venda de 25 unidades, por $ 11.000 cada uma, o custo a ser baixado será:

13 unidades a $ 8.000 = $ 104.000
12 unidades a $ 5.000 = $ 60.000
25 unidades no total de = $ 164.000

As mercadorias foram baixadas pelo valor mais antigo ($ 5.000), porém o valor de compra atual é em torno de $ 9.000.

O resultado contábil será:

Venda $ 11.000 × 25 = $ 275.000
(–) CMV = $ 164.000
Resultado = $ 111.000

Esse CMV é bastante inferior ao mais atual (custo de aquisição atual das 25 mercadorias = 25 × $ 9.000 = $ 225.000).

5.4.2 Custo ou Mercado (o mais baixo)

Na verdade, os estoques têm outra regra: "Custo ou Mercado",[1] o que for mais baixo.

De acordo com o conceito da Prudência (Conservadorismo), deveria ser esse o princípio norteador da avaliação de estoques. O custo será sempre utilizado, a menos que o valor de mercado seja menor. Para as mercadorias, o Valor de Mercado deve ser entendido como o valor de venda líquido, de impostos e de despesas incidentes sobre a venda. O Valor de Mercado é conhecido atualmente como Valor Realizável Líquido.

Para o controle de estoque, utiliza-se o custo como base de valor para Inventário e CMV, custo este baseado no critério que for escolhido (PEPS ou Média Ponderada).[2] No

---

[1] Valor do Custo ou Valor Realizável Líquido, dos dois o menor.
[2] Fisco e as normas contábeis, atualmente, não permitem o uso do UEPS nem o custo médio fixo anual no Brasil, para fins de apuração de resultado contábil ou tributável.

dia da apuração do resultado, se faz a comparação do saldo contábil do estoque final (pelo custo) com seu valor de mercado. Se o custo for menor, o estoque será o apurado na forma conhecida; se o de mercado for menor, o ajuste deveria ser feito pela desvalorização do estoque final. O uso da regra "*Custo ou Mercado, o mais Baixo*" é baseado em dois princípios ou conceitos contábeis. Em um deles, jamais um Ativo pode estar constando num balanço por valor maior do que ele realmente vale. O outro conceito contábil, antigo e conservador, porém cauteloso, dita: *nunca antecipar lucros, mas sempre antecipar possíveis prejuízos*. (O Capítulo 10 voltará ao assunto.)

5.4.2.1 Demonstração de resultado

Em uma empresa ocorrem as movimentações:

Vendas = $ 45.000,
Compras = $ 38.000,
EI = $ 4.000,
EF (pelo custo) = $ 5.000
EF (pelo mercado) = $ 4.400,

Pode-se construir:

Demonstração de Resultado (Estoque pelo Custo)		
Vendas		45.000
(–) CMV		
Estoque Inicial	4.000	
(+) Compras	38.000	
Soma	42.000	
(–) Estoque Final	(5.000)	(37.000)
Lucro Bruto		8.000
etc.		

Demonstração de Resultado (Estoque pelo Mercado)		
Vendas		45.000
(–) CMV		
Estoque Inicial	4.000	
(+) Compras	38.000	
Soma	42.000	
(–) Estoque Final	(4.400)	(37.600)
Lucro Bruto		7.400
etc.		

Com a aplicação da regra *Custo ou Mercado*, a Demonstração a ser utilizada seria a da direita, pois é a que representa o Estoque Final com valor menor. Porém, essa Demonstração não fornece a informação de quanto é a diferença entre os valores de estoque, pelo custo e pelo mercado, e atribui à mercadoria vendida o prejuízo existente no estoque final. Pode-se construir outra Demonstração apresentando ambas as situações:

Demonstração de Resultado		
Vendas		45.000
(–) Custo das Mercadorias Vendidas (ao Custo)		
Estoque Inicial	4.000	
(+) Compras	38.000	
Mercadorias disponíveis	42.000	
(–) Estoque Final (Custo)	(5.000)	(37.000)
Lucro Bruto (Custo)		8.000
Menos:		
Variação no Estoque (devido ao preço de Mercado)		(600)
		7.400

Pode ser que esse valor de mercado tenha sido obtido assim:

Valor de venda, já excluídos os tributos =	$ 5.100
(–) Comissão de vendedores	(500)
(–) Despesas de entrega	(200)
	$ 4.400

5.5 IMPORTÂNCIA DA EXATIDÃO NOS INVENTÁRIOS

Os inventários, dependem diretamente da precisão do Balanço e da Demonstração do Resultado. Note o que aconteceria com uma empresa que avaliasse errado seu estoque final, superestimando-o em $ 50.000. Serão feitas as duas Demonstrações de Resultado, a correta, com valor exato de estoque final, e a outra, com o valor incorreto:

Demonstração de Resultado – Ano X1 Cia. H				
	Com Inventário Final			
	Correto		**Incorreto**	
Vendas		500.000		500.000
(–) **CMV:**				
Estoque Inicial	100.000		100.000	
(+) Compras	350.000		350.000	
Mercadoria Disponível no Período	450.000		450.000	
(–) Estoque Final	(150.000)	(300.000)	(200.000)	(250.000)
Lucro Bruto com Mercadorias		200.000		250.000
(–) Outras Despesas		(150.000)		(150.000)
Lucro Líquido		50.000		100.000

A superestimação do Inventário Final provocou a superestimação do lucro na mesma importância.

Só que sabe-se que o Inventário Final de um período é igual ao inicial do período seguinte. Se em X2 o inventário final fosse apurado corretamente, ter-se-ia:

	Ano X2			
	Com Inventário Inicial			
	Correto		**Incorreto**	
Vendas		600.000		600.000
(–) **CMV:**				
Estoque Inicial	150.000		200.000	
(+) Compras	400.000		400.000	
Mercadoria Disponível no Período	550.000		600.000	
(–) Estoque Final	(100.000)	(450.000)	(100.000)	(500.000)
Lucro Bruto com Mercadorias		150.000		100.000
(–) Outras Despesas		(80.000)		(80.000)
Lucro Líquido		70.000		20.000

Ao serem somados os dois lucros líquidos, nos anos de X1 e X2, chega-se ao mesmo total.

	Lucro Líquido Apurado com		**Erro no Lucro Líquido**
	Inventários Corretos	**Inventários Incorretos**	
X1	50.000	100.000	50.000 (a mais)
X2	70.000	20.000	50.000 (a menos)
Soma	120.000	120.000	

Um Inventário superavaliado num ano causa superestimação do lucro nesse ano, mas o fato é compensado com subestimação do lucro no ano seguinte. Se o Inventário Final de X1 houvesse sido subestimado, o lucro também o teria sido, e a correção se faria em X2.

Pode-se generalizar que:

Se o *Inventário Final* é:

- **Superestimado**, o lucro líquido será **Superestimado**;
- **Subestimado**, o lucro líquido será **Subestimado**.

Se o *Inventário Inicial* é:

- **Superestimado**, o lucro líquido será **Subestimado**;
- **Subestimado**, o lucro líquido será **Superestimado**.

5.6 CONSIDERAÇÕES ADICIONAIS SOBRE O INVENTÁRIO

O Inventário deve abranger todas as mercadorias de propriedade da empresa, quer estejam em seu poder, quer sob a custódia de terceiros, e excluir as mercadorias de propriedade de terceiros que estejam em poder da empresa. Portanto, a inclusão de mercadorias no Inventário deve basear-se no critério da *propriedade* e não no da *posse*.

Atenção também deve ser dada à mercadoria que está em trânsito do vendedor para a empresa, ou em trânsito da empresa para o comprador. Nesses casos, as condições contratuais e o momento exato de liberação e despacho é que vão determinar a inclusão ou não da mercadoria no inventário da empresa.

Na operação de genuína consignação, o consignante mantém a propriedade da mercadoria até que o consignatário a venda. Assim, quando aquele remete a mercadoria para este, não há registro de venda no consignante, nem de compra no consignatário. O estoque, apesar de fisicamente nas mãos de um, está no balanço de outro. Quando o consignatário vender a mercadoria, aí sim este fará, ao mesmo tempo, o registro da compra e da venda. E o consignante fará somente nessa hora seu registro de venda. Tudo porque o consignatário pode devolver a mercadoria e nada lhe poderá ser cobrado pelo consignante.

Se uma empresa adquirir "em consignação" um lote de mercadorias, mas obrigar-se a comprar, em 90 dias, 90% deles, mesmo que não tenha conseguido vendê-las, esse contrato estará mascarando a realidade: na verdade, a empresa estará comprando 90% das mercadorias e recebendo em consignação apenas 10% delas. Como já dito, a Essência Sobre a Forma é um conceito fundamental na Contabilidade. Se o contador registrar pela fria letra do contrato, não mostrará estoques e nem dívidas; de certa forma, estará mentindo ao leitor das demonstrações contábeis. Por isso terá que registrar a essência: 90% terão que já aparecer como estoques e como dívida em fornecedores.

5.7 INVENTÁRIO PERIÓDICO

Quando não é efetuado o controle contínuo do Estoque de Mercadorias e, do CMV, é necessário fazer a dedução:

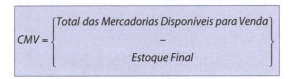

Exemplo:

- a empresa iniciou o período sem estoque no primeiro dia do exercício;
- comprou $ 104.500 de Mercadorias (valor total);
- FINALIZOU o exercício com um Estoque Final de $ 22.500 (avaliado a preço de custo).

Calcula-se:

> Total das Mercadorias Disponíveis para Venda no Período
> = Total das Compras = $ 104.500
> CMV = 104.500 – 22.500 = $ 82.000

Se, no início do período, houvesse já em estoque $ 23.000 de Mercadorias, ter-se-ia:

$$\text{Total Disponível para Venda} = \begin{cases} \text{Estoque Inicial} \\ + \\ \text{Compras} \end{cases}$$

logo:

$$CMV = \begin{cases} \text{Estoque Inicial} \\ + \\ \text{Compras} \\ - \\ \text{Estoque Final} \end{cases}$$

$$CMV = \begin{cases} 23.000 \\ + \\ 104.500 \\ - \\ 22.500 \end{cases} = 105.000$$

Para isso, é necessário que a empresa faça um inventário físico de todos os seus estoques e depois verifique o custo de aquisição de cada um deles para chegar, extracontabilmente, ao valor do Estoque Final.

Pode-se fazer a seguinte DRE na forma dedutiva:

Demonstração do Resultado do Exercício – X9 Cia. A	
Vendas	150.000
(–) CMV:	(105.000)
= Lucro Bruto	45.000
(–) Despesas de Salários	(15.000)
(–) Despesas Diversas	(6.000)
= Lucro Líquido	24.000

5.8 CONTABILIZAÇÃO DO INVENTÁRIO PERIÓDICO

Sabe-se que para a apuração do Resultado com Mercadorias (RCM), no caso do Inventário Periódico, é necessário fazer um levantamento físico do Estoque, o que oferece uma informação extracontábil. Sabe-se, também, como se faz para apurar o RCM depois de se ter esse dado, porém apenas por meio de aplicação das fórmulas:

$$CMV = EI + C - EF$$

e

$$RCM = V - CMV$$

onde:

EI = Estoque Inicial
C = Compras
EF = Estoque Final
V = Vendas

É necessário que se contabilize essa apuração de RCM, pois a conta *Mercadorias* precisa ter seu saldo correto, com o valor do Estoque no último dia do período, para apresentação em Balanço. E *Resultado com Mercadorias* também deverá apresentar o Resultado Bruto obtido, para ser transferido para *Resultado*, onde, depois de lançadas as demais Receitas e Despesas, finalizará com o Resultado Final do Período.

Podem-se contabilizar todas as operações mercantis abrindo uma conta para cada tipo de operação, ou seja, uma para registrar as Compras, outra para Vendas e uma terceira, *Mercadorias*, para o Registro do Valor do Estoque. São essas as três contas básicas utilizadas no período:

- **Compras, Vendas e Mercadorias**

Exemplo: o estoque inicial, no primeiro dia do período, é de $ 67.000. A conta que o representará:

Mercadorias	
67.000	

Quando é efetuada uma compra, faz-se um lançamento a débito da conta de *Compras*.

Compras
a **Fornecedores** (ou **Caixa**)

Se fosse feita uma compra total, no período, de $ 123.000, essa conta apresentaria o saldo com essa importância.

Mercadorias	Compras
67.000	123.000

Assim, quando a venda é efetuada, lança-se:

Clientes (ou **Caixa**)
a   **Vendas**

Se o total das Vendas do período fosse de $ 98.000:

Mercadorias	Compras	Vendas
67.000	123.000	98.000

Note que a conta *Mercadorias* permanece intacta durante o exercício, e seu saldo já não representará o valor do estoque existente, depois da primeira operação de compra ou venda; o saldo continuará com o valor do estoque de mercadorias encontrado por ocasião do último inventário realizado.

Para a apuração do valor do CMV, não algebricamente, mas de forma contábil, basta registrar os três valores que o compõem para uma conta adequada, *Custo de Mercadorias Vendidas*.

Assim, serão transferidos, a seu débito, os valores do Estoque Inicial e das Compras, e serão registrados a seu crédito os do Estoque Final.

$$CMV = EI + C - EF$$
$$\text{(Débito)} \quad \text{(Débito)} \quad \text{(Crédito)}$$

É lógico que não existem as contas chamadas Estoque Inicial e Final; estes são valores da conta de *Mercadorias*, quando referentes ao início ou ao fim do período. Assim, os lançamentos para apuração do CMV ficarão:

Custo das Mercadorias Vendidas
a   Diversos
a   **Mercadorias** (pelo valor do Estoque Inicial)
a   **Compras** (pelo saldo)

e

Mercadorias
a   **Custo das Mercadorias Vendidas** (pelo valor do Estoque Final).

Após esses lançamentos, é apurado o valor do CMV, e a conta *Mercadorias* apresentará o valor correto do Estoque Final. Para o exemplo citado, ter-se-ia (com Estoque Final apurado em $ 105.000):

Mercadorias		Compras		CMV	
67.000		123.000		(a) 67.000	
	67.000 (a)		123.000 (b)	(b) 123.000	
(c) 105.000					105.000 (c)
105.000		Vendas		190.000	105.000
			98.000	85.000	

Basta agora transferir Vendas e CMV para o Resultado.

5.9 CONTABILIZAÇÃO DE FATOS QUE ALTERAM OS VALORES DE COMPRAS E VENDAS

5.9.1 Devoluções e abatimentos

Quando um comerciante se vê prejudicado ao receber certa mercadoria cujo tipo, qualidade, preço ou qualquer outro fator esteja em desacordo com seu pedido, ou com a nota fiscal, ou mesmo com as condições físicas normais que deveriam cercar o produto, ele pode adotar uma das seguintes medidas:

- devolver a mercadoria, total ou parcialmente; ou
- solicitar um abatimento ao vendedor.

Tais aspectos poderão ser examinados tanto do ponto de vista do vendedor como do comprador.

1) ***Para o vendedor***, a devolução e o abatimento da mercadoria vendida deverão ser registrados em contas próprias, já que, se o vendedor procedesse simplesmente ao estorno do lançamento feito por ocasião da venda, deixaria de ter a informação relativa aos valores das devoluções e abatimentos do período, pois a conta de *Vendas* daria diretamente o valor líquido. Ambos alteram o valor das vendas, porém é melhor deixá-los registrados em contas específicas para acerto no dia da apuração do resultado. O vendedor, ao receber as mercadorias de volta, deve também efetuar esse registro, e pelo valor com que tais mercadorias foram baixadas quando da venda. Se seu valor de mercado, por problemas de qualidade, danificação ou outro, for inferior ao custo, registra-se agora a perda em conta própria.

- No caso de devolução:

    Devoluções de Vendas
    a   **Caixa** (ou **Clientes**)

e

   Mercadorias
   a   **CMV** (pelo retorno das mercadorias)

Esse lançamento pode deixar de ser feito se o registro da reentrada das mercadorias for efetuado adequadamente na ficha de controle de estoques. Afinal, o ajuste se dará automaticamente quando se fizer o lançamento do CMV do período, por simples diferença.

- E, no caso de abatimento:

    Abatimento sobre Vendas
    a   **Caixa** (ou **Clientes**)

Os saldos de tais contas de *Devoluções* e de *Abatimentos* serão jogados contra o saldo de *Vendas*, para apuração do valor das vendas líquidas, no fim do período:

Vendas
a   **Diversos**
a   **Devoluções de Vendas**
a   **Abatimentos sobre Vendas**

Exemplo: Note a seguinte situação:

Vendas	Devoluções de Vendas	Abatimentos sobre Vendas	CMV
112.000	3.000	2.000	85.000

(o CMV já tinha sido apurado)

- A situação final poderia ser:

Vendas		Devoluções de Vendas		Abatimentos sobre Vendas	
(a) 3.000	112.000	3.000	3.000 (a)	2.000	2.000 (b)
(b) 2.000					
(c) 107.000					

CMV		Resultado	
85.000	85.000 (d)		107.000 (c)
		(d) 85.000	

- A Demonstração do Resultado na forma dedutiva fica:

Vendas	112.000
(–) Devoluções	(3.000)
(–) Abatimentos	(2.000)
= Vendas líquidas	107.000
(–) CMV	(85.000)
= Resultado com Mercadorias (Lucro Bruto)	22.000
etc.	

2) **Para o comprador**, a devolução ou o abatimento alteram o valor de suas compras; da mesma forma que no caso do vendedor, ele deverá abrir contas específicas para tais fatos, para com isso obter melhores informações. Em seu caso, os lançamentos ficarão:

- *Na Devolução*:

    Fornecedores (ou **Caixa**)
    a   **Devoluções de Compras**

- *No Abatimento*:

    Caixa (ou **Fornecedores**)
    a   **Abatimentos sobre Compras**

No final do mês ou do período, os saldos de tais contas serão lançados na conta de *Compras*, se estiver utilizando o inventário periódico, ou na conta de *Mercadorias*, se estiver usando o inventário permanente;

- No inventário *periódico*:

    Diversos
    a   **Compras**
    Devoluções de Compras
    Abatimentos sobre Compras

Exemplo: o CMV apurado anteriormente de $ 85.000 poderia ter apresentado:

Mercadorias		Compras		Devoluções de Compras	
(EI) 15.000	15.000 (a)	91.000	4.500 (b)	(b) 4.500	4.500
(EF) 14.000			2.500 (c)		
			84.000 (d)		

Abatimentos sobre Compras		CMV	
(c) 2.500	2.500	(a) 15.000	14.000 (e)
		(d) 84.000	
		99.000	14.000
		85.000	

A Demonstração na forma dedutiva:

```
Vendas                                                  112.000
(–) Devoluções                              3.000
(–) Abatimentos                             2.000       (5.000)
Vendas Líquidas                                         107.000
(–) CMV:
Estoque Inicial                             15.000
(+) Compras                      91.000
(–) Devoluções          4.500
(–) Abatimentos         2.500   (7.000)     84.000³
= Mercadorias Disponíveis no Período        99.000
(–) Estoque Final                          (14.000)    (85.000)
Lucro Bruto                                             22.000
etc.
```

Devoluções e abatimentos alteram o *valor das compras ou das vendas, diminuindo-as*.

- No caso de inventário *permanente*:

    Diversos
    a   **Mercadorias**
    Devolução de Compras
    Abatimento sobre Compras

Mercadorias		Devoluções de Compras		Abatimento de Compras	
(EI) 15.000		(a) 4.500	4.500	(b) 2.500	2.500
91.000	(Compras)				
	4.500 (a)				
	2.500 (b)				
	85.000 (c)		CMV		
14.000		(c) 85.000	(Obtido pela ficha de estoques)		

---

[3] $ 84.000 correspondem às Compras Líquidas.

Esses encerramentos das contas de devoluções e abatimentos devem ser feitos mensalmente para que o saldo de Mercadorias esteja correto ao final de cada mês.

As devoluções e os abatimentos também poderiam ser registrados diretamente em Mercadorias. Com isso, o saldo contábil dessa conta estaria "batendo" com as fichas de estoque. Mas isso não é normalmente feito. Para uma boa gestão, são necessários balanços mensais, e só aí é obrigatória a exatidão das contas.

O uso dessas contas específicas é muito útil para se ter o controle desses valores e das informações gerenciais a respeito de tais fatos.

5.9.1.1 Devoluções – controle nas fichas do inventário permanente

As *Devoluções de Compras* serão registradas na Ficha de Controle, *mas não como Saída de Mercadorias*, pois, dessa forma, haveria alteração do valor do CMV (soma da coluna *Saída*). Na verdade, tais devoluções *corrigem o valor de entrada*. Portanto, devem ser registradas na coluna *Entrada*, mas com valor negativo. (Pode-se representar o valor negativo inserindo-o entre parênteses.) As *Devoluções de Vendas* também representam correção do valor exato das saídas; portanto, devem-se registrar também na coluna de *Saída*, com valor negativo.

5.9.1.2 Abatimentos e descontos comerciais – controle nas fichas do inventário permanente

Os *Abatimentos e Descontos Comerciais sobre Compras* são registrados também na coluna de entrada, com *valor negativo*, porém na parte relativa apenas a *valores*, já que as quantidades de mercadorias permanecem inalteradas nesse caso.

Os *Abatimentos e Descontos Comerciais sobre Vendas* simplesmente *não são registrados* na ficha de controle, pois só são alterados os valores de vendas, e na ficha temos o controle do Estoque e do Custo das Mercadorias Vendidas; e esses dois valores não são alterados com tais fatos.

5.9.2 Descontos comerciais

Descontos comerciais são os concedidos pelo vendedor a favor do comprador, no ato da compra, em função de vários motivos:

- a grande quantidade de mercadorias que está sendo vendida; ou
- o comprador é um cliente especial.

Tais descontos são diferentes dos Abatimentos. Enquanto estes são concedidos após a venda, em função de avaria ou outro motivo descoberto *a posteriori*, os descontos comerciais já são contratados no ato da venda, quando ficam conhecidos em seu valor total.

O procedimento mais comum é o não registro na contabilidade do comprador e do vendedor, com o registro da compra e de venda diretamente pelo valor líquido.

Caso haja necessidade ou interesse da empresa em deixar registrados tais descontos comerciais, será feito com eles da mesma forma que no caso das devoluções e dos abatimentos, com a abertura de contas específicas de *Descontos Comerciais sobre Vendas* ou *Descontos Comerciais Concedidos*, para o vendedor, e *Descontos Comerciais sobre Compras* ou *Descontos Comerciais Obtidos*, para o comprador.

5.9.3 Gastos com transporte e outros

O custo real de uma mercadoria adquirida não é somente o constante na nota fiscal, mas o resultante da soma deste com todos os gastos necessários para a colocação do produto em condições de venda. Normalmente, serão os custos de fretes e seguros que aparecerão com maior frequência.

Seu registro é feito a débito da conta própria.

Gastos com Transporte em Compras
a   **Caixa** (ou **Contas a Pagar**)

No inventário periódico, no encerramento, essa conta irá aumentar o saldo de *Compras*, e, na Demonstração de *Resultados* na forma dedutiva, também aumentará o total das Compras. Exemplo:

Transporte Sobre Compras	
3.500	3.500 (b)

Compras	
135.000	7.000 (c)
(b) 3.500	
(b) 138.500	7.000
131.500	131.500 (d)

Mercadorias	
18.000	18.000 (a)
(e) 9.000	

Devoluções e Abatimentos sobre Compras	
(c) 7.000	7.000

CMV	
(a) 18.000	9.000 (e) (EF)
(d) 131.500	
149.500	9.000
140.500	

Na Demonstração de Resultado (dedutiva):

....
(–) Custo Mercadorias Vendidas
    Estoque Inicial   18.000
    (+) Compras   135.000
    (+) Transporte   <u>3.500</u>
    Soma   138.500
    (–) Devoluções e Abatimentos   <u>(7.000)</u>   131.500
    Mercadorias Disponíveis para Vendas   149.500
    (–) Estoque Final   <u>(9.000)</u>   (140.500) = CMV

No caso de Despesas com Transporte nas Vendas, devem ser lançadas como despesas normais do período, a serem calculadas na apuração do resultado líquido.

A contabilização, nesse caso, ficará:

Despesas com Transportes/Vendas
a   **Caixa** (ou **Contas a Pagar**)

Atenção
Quando há gastos com transporte e outros a onerar o valor das Compras, surge um problema referente ao levantamento do Estoque Final de Mercadorias.

É necessário que nesse valor de Estoque Final sejam computados os gastos mencionados relativos a essas mercadorias. Se o inventário final for avaliado apenas por seu valor de fatura (de compra), aqueles gastos seriam dados, todos, como pertencentes às mercadorias vendidas.

Exemplo: Movimentações da Empresa:

- Estoque Inicial: $ 5.000
- Compras: $ 45.000
- Transporte em Compras: $ 9.000
- Estoque Final (pelo preço de compra): $ 10.000

(Note que no Estoque Final não foram calculados os gastos com Transporte das Compras.)

Sabe-se que esse valor final de Mercadorias também está onerado; os gastos com transporte das compras afetaram $ 45.000 de mercadorias. Se, por exemplo, for registrado que os $ 10.000 existentes agora fazem parte dessas compras, será necessário fazer uma divisão proporcional: as mercadorias compradas e vendidas devem arcar com uma parte dos gastos, e as mercadorias compradas e ainda estocadas, com outra parte. Assim, o valor do estoque final é igual aos $ 10.000 apurados, mais $ 2.000 de despesas com transporte.

O Custo das Mercadorias Vendidas ficará:

Estoque Inicial		5.000	
(+) Compras Líquidas			
Compras	45.000		
(+) Transporte	9.000	54.000	59.000
(–) Estoque Final			(12.000)
CMV			$ 47.000

Essa observação também é válida para os Abatimentos e Descontos Comerciais sobre Compras.

No caso do inventário *permanente*, pode-se abrir também uma conta específica, mas ela precisa ser encerrada mensalmente:

Mercadorias
a **Gastos com Transportes em Compras**

5.9.3.1 Gastos com transporte – outras observações – registro nas fichas do inventário permanente

Os *Gastos com Transporte, Seguros e outros nas Compras* devem ser somados ao custo de fatura das mercadorias para lançamento na ficha de controle, já pelo total. Como isso nem sempre é possível, pode-se deixar para inclusão posterior, quando se produzirá aumento, somente em valores, na coluna de Entrada.

As *Despesas com Transporte nas Vendas*, da mesma forma como Abatimentos, não são registradas na ficha, já que não alteram o Estoque nem o CMV.

5.9.4 Descontos Financeiros

Os Descontos Financeiros[4] são os prêmios oferecidos pelo vendedor ao comprador, por um pagamento antecipado de dívidas assumidas com transação de mercadorias. Por exemplo, o vendedor indica, na nota fiscal, ou na duplicata, que o valor da dívida é "X" e que ela será cobrada, dentro de 90 dias, por seu próprio valor. Se for paga dentro de 60 dias, o comprador terá um desconto de 3% e, se for paga dentro de 30 dias, de 5%. Essas porcentagens variam de acordo com o interesse do credor em receber com antecipação, bem como variam também as condições, sendo que há os que concedem, inclusive, desconto a favor dos que fazem o pagamento no próprio dia de vencimento.

Se o valor da venda for de $ 10.000, para pagamento em 60 dias, com 5% de desconto se o pagamento for em 30 dias, e o cliente aproveitar tal prêmio, a contabilização ficará:

■ *No Comprador*:

Fornecedores
a **Diversos**
a **Caixa** 9.500
a **Descontos Financeiros Obtidos** 500 10.000

---

[4] Não confundir com Descontos Comerciais e, tampouco, com Abatimentos.

■ *No Vendedor*:

Diversos
a **Clientes**
Caixa 9.500
Descontos Financeiros Concedidos 500   10.000

Devem ser abertas contas especiais para os Descontos Financeiros Obtidos e Concedidos. Quanto ao tratamento para elas, há grandes divergências. Muitos autores deduzem tais descontos dos valores de Vendas e de Compras, exatamente como foi feito com Devoluções, Abatimentos e Descontos Comerciais.[5]

Normalmente, seus saldos são transferidos diretamente para a conta *Resultado*, e a demonstração dedutiva ficará:

Vendas		10.000
(–) Custo Mercadorias Vendidas	(7.000)	
= Lucro Bruto		3.000
(–) Despesas Diversas	(190)	
(–) Descontos Financeiros Concedidos	(50)	
(+) Descontos Financeiros Obtidos	340	
= Lucro Líquido		3.100

No Brasil, o mais comum é o tratamento dos Descontos Financeiros obtidos como parte das Receitas Financeiras e o dos Descontos Financeiros concedidos como parte das Despesas Financeiras.

Na realidade, o mais correto é o uso de valores presentes para registro das compras e vendas. Ou seja, as compras a prazo seriam registradas não pelo seu valor a pagar no prazo contratado, mas por seu valor atual (como se fossem à vista); a diferença seria tratada como despesa financeira (pelo regime de competência). Assim, pagamento à vista com aproveitamento do desconto não geraria Desconto Financeiro Obtido; pagamento a prazo, sem o desconto, é que geraria Despesa Financeira.

Se as Vendas fossem a prazo, seriam registradas por seu valor presente (como se fossem à vista) e a diferença seria contabilizada como receita financeira (pelo regime de competência). Ou seja, recebimento à vista, com o comprador aproveitando o desconto, não geraria Despesa Financeira no vendedor; se o comprador pagasse a prazo, aí o vendedor reconheceria Receita Financeira.

Pelas regras brasileiras vigentes, esse tratamento a valor presente é obrigatório quando as operações são superiores a um ano para pagamento ou recebimento, ou, se em prazo inferior, se forem relevantes os valores desses descontos financeiros.

---

[5] FINNEY E MILLER. *Principles of accounting*: introductory. 6. ed., 1963, p. 71, defendem ardorosamente esse princípio, afirmando ser o outro tratamento antiquado.

5.10 SOBRE AVALIAÇÕES DE ESTOQUE EM LOJAS DE DEPARTAMENTOS E SIMILARES

As grandes lojas de departamentos e outras empresas têm em seu estoque grande variedade de mercadorias (chegam às vezes a milhares de itens), o que causa grande dificuldade de controle, mesmo porque a maioria dessas mercadorias pode ser de valor unitário não muito grande.

Nesse caso, um sistema que poderia ser utilizado, seria o de uma variante do preço específico.

A empresa coloca a etiqueta com o preço de venda em todas as mercadorias, sendo que esse preço de venda é calculado da seguinte forma:

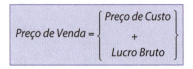

Atenção

O *Lucro Bruto* é uma porcentagem fixa sobre o preço de venda ou de custo.

Por exemplo, são compradas facas por $ 10,00 a unidade. A porcentagem de *Lucro Bruto* escolhida é de 25% sobre o custo. Então, o valor de venda, na etiqueta, será de $ 12,50.

No dia da apuração, simplesmente contam-se as unidades de faca, somam-se seus valores de venda e tem-se, então, o valor do Estoque Final a valor de venda. Se, neste caso, tem-se como soma total dos preços de venda de facas $ 375,00, preço atribuído com acréscimo de 25% sobre o custo, calcula-se:

125% corresponde a $ 375,00

logo,

100% corresponde a X.

de onde temos:

X = Valor do Estoque Final = $ 300,00 (pelo custo).

Pode-se calcular de outra forma: se o valor de venda é igual ao custo + 25% sobre o custo, conclui-se que o valor de custo corresponderá a 80% do valor de venda.

EF = 80% do valor de venda
EF = 80% de $ 375,00
EF = $ 300,00

Em tal sistema, há necessidade de um registro sempre constante do valor da venda, isto é, o valor de venda de uma mercadoria ou grupo de mercadorias deve ser baseado numa porcentagem fixa de lucro bruto. Pode-se utilizar, para o Departamento A, o Lucro Bruto de 30% sobre o custo; para o Departamento B, 35% etc., e as vendas terão que ser registradas em contas especiais, separadas para cada departamento.

Quando há necessidade de remarcação, faz-se uso do Desconto Comercial. Por exemplo, se no Departamento A estão sendo vendidas mercadorias com acréscimo de 30% sobre o custo, mas o item camisa de linho (em especial) deve ser vendido com acréscimo de apenas 18%, em virtude dos preços da praça, registra-se, na conta de Venda do Departamento A, a venda pelo valor preestabelecido com a faixa normal e, na conta de Desconto Comercial sobre Vendas, a diferença entre este preço e o real. Se as camisas foram compradas por $ 20,00, com acréscimo de 30% ($ 6,00), tem-se um valor de venda de $ 26,00. Mas, como o valor de venda a ser fixado, realmente, será de apenas $ 23,60 (acréscimo de 18%), deve-se fazer o seguinte registro:

- a débito de Caixa ou outro ativo: $ 23,60;
- a crédito de Vendas – Departamento A: $ 26,00;
- a débito de Descontos Comerciais s/Vendas: $ 2,40.

Dessa maneira, tem-se a possibilidade de continuar aplicando a porcentagem devida sobre o saldo da conta de Vendas, para se obter o Custo das Mercadorias Vendidas e conhecer, então, o Estoque Final. Na Demonstração do Resultado do período, aparecerá o valor líquido das vendas, o custo real e o lucro bruto obtido.

Para empresas mais complexas, há outras fórmulas menos rigorosas que, baseadas em médias de acréscimos e remarcações para mais ou para menos sobre os valores originais, dão valores de custo das mercadorias vendidas e estoque final pelos preços de custo mais rapidamente. São fórmulas que chegam a valores aproximados, sem a exatidão do critério explanado, mas com facilidade de aplicação.

Atualmente, o controle dos estoques pelo custo e pelo preço de venda é bem mais fácil com os benefícios dos sistemas eletrônicos, de forma que o método apresentado anteriormente está caindo em desuso, a não ser em empresas nas quais a quantidade de itens comercializados é muito grande e o controle individual acaba ficando muito caro ou inexequível.

5.11 TRIBUTAÇÕES NAS OPERAÇÕES MERCANTIS

Diversos tributos incidem sobre as operações com mercadorias. Vamos tratar, primeiramente, do Imposto sobre Circulação de Mercadorias e Serviços (ICMS).

5.11.1 ICMS

O ICMS incide sobre a circulação das mercadorias, nas suas compras e vendas. Ele está incluído no custo das compras e integra o valor das vendas. E a empresa comercial recolhe ao tesouro estadual a diferença entre ambas as operações em cada mês.

Repare que a incidência tributária não é por Regime de Competência: não é sobre Receitas de Vendas diminuídas do CMV, mas sobre as Receitas de Vendas diminuídas das *Compras*. Por isso, precisa-se tomar um cuidado especial para que a contabilização desse tributo não interfira na *apuração* do resultado contábil feita com base na competência dos exercícios.

Admita que uma empresa, no primeiro mês de seu exercício:

- compre $ 100.000 em mercadorias; e que
- desse montante, 70% sejam vendidas, constituindo o Custo das Mercadorias Vendidas de $ 70.000;
- ficando $ 30.000 em estoques;
- admita um ICMS de 17% sobre essas compras, o que significa que há $ 17.000 desse tributo contidos nos $ 100.000 das *compras* do mês;
- as mercadorias vendidas (com o custo de $ 70.000) são negociadas por $ 90.000, com incidência de ICMS de 17% também sobre esse valor (o que significa que, dentro desses $ 90.000, estão contidos $ 15.300 a título de ICMS).

Com tudo isso, quanto de ICMS a empresa terá que recolher?

Pela nossa legislação, a empresa precisará recolher a diferença entre o ICMS nas vendas e o ICMS nas *compras*, se o primeiro valor exceder o segundo (se ocorrer o contrário, será gerado o direito de compensar esse excesso no mês seguinte):

ICMS nas Vendas: 17% × 90.000 =	$ 15.300
(–) ICMS nas Compras: 17% × $ 100.000 =	$ (17.000)
ICMS sobre as operações do mês =	$ (1.700)

Ou seja, nesse caso não recolherá nada, já que o ICMS nas vendas não excedeu o incidente sobre as compras (mas nada também receberá do Estado, apesar de ter pago mais ICMS do que recebido). Passará a ter, para o mês seguinte, o direito de descontar a diferença de $ 1.700 do ICMS a ser recolhido.

Repare que, à primeira vista, essas operações gerariam uma contabilização muito simples (e incorreta, como veremos):

Demonstração do Resultado (incorreta) – 1º mês

Vendas	$ 90.000
(–) CMV	$ (70.000)
= Lucro Bruto	$ 20.000

Note que, no mês seguinte, se ela compra $ 60.000 de novas mercadorias e vende todo o estoque vindo do mês anterior, com o custo de $ 30.000, e mais metade dessas compras do mês, outros $ 30.000, totalizando um CMV de $ 60.000, por $ 80.000. Nesse segundo mês terá que calcular o quanto vai agora recolher de ICMS. Fará o seguinte:

ICMS nas Vendas: 17% × 80.000 =	$ 13.600
(–) ICMS nas Compras: 17% × $ 60.000 =	$ (10.200)
ICMS sobre as operações do mês =	$ 3.400
(–) Saldo a compensar do mês anterior =	$ (1.700)
(=) Valor a recolher	$ 1.700

Logo, além de receber as vendas e pagar as compras, recolherá os $ 1.700.

Repare que, se feita de maneira excessivamente simples (e incorreta também, como ainda veremos), contabilizaria:

Demonstração do Resultado (incorreta) – 2º mês

Vendas	$ 80.000
(–) CMV	$ (60.000)
= Lucro Bruto	$ 20.000
(–) Despesa com ICMS	$ (1.700)

Percebe-se que operações gerando o mesmo Lucro Bruto de R$ 20.000 no primeiro e segundo meses estariam gerando lucros líquidos diferentes. Por isso a contabilização adotada hoje no Brasil não é essa. Veja como se contabilizam essas operações na prática brasileira atual:

- o ICMS nas compras é considerado como item à parte, como um imposto pago a ser recuperado; assim, ele é separado do restante do custo da compra da mercadoria, ficando numa conta de Ativo à parte, separada do estoque. Trata-se de um imposto pago nas compras a ser recuperado quando da incidência desse mesmo tipo de imposto nas vendas. Assim, voltando ao primeiro mês, teríamos a seguinte contabilização, começando pelas compras:

Diversos
a **Caixa** ou **Fornecedores**
ICMS Pago a Recuperar $ 17.000
Estoques $ 83.000 $ 100.000

Essa conta de *ICMS Pago a Recuperar* fica no Ativo Circulante como uma espécie de crédito contra o Estado, no pressuposto de que será recuperado pelas vendas futuras.

- O ICMS nas vendas:

   Caixa ou **Clientes**
   a **Vendas Brutas** $ 90.000

- seguido de:

   ICMS nas Vendas
   a **ICMS Pago a Recuperar** $ 15.300

A conta *ICMS nas Vendas* será demonstrada como Redução das Vendas Brutas na Demonstração do Resultado, e a conta *ICMS Pago a Recuperar* continuará no Ativo, agora com o saldo devedor de $ 1.700.

- A mercadoria a ser baixada o será com base no valor de custo de aquisição, excluído o ICMS nessa aquisição. Como foram vendidas 70% das compras do mês:

    Custo das Mercadorias Vendidas
    a **Estoques** $ 58.100

- e isso gerará:

Demonstração do Resultado – 1º mês

Vendas Brutas	$ 90.000
(–) ICMS nas Vendas	$ (15.300)
= Vendas Líquidas	$ 74.700
(–) CMV	$ (58.100)
= Lucro Bruto	$ 16.600

No segundo mês os registros serão:

- pela compra:

    Diversos
    a **Caixa** ou **Fornecedores**
    ICMS Pago a Recuperar $ 10.200
    Estoques $ 49.800 $ 60.000

Essa conta de *ICMS Pago a Recuperar* fica agora com o saldo devedor de $ 11.900 a ser compensado com o ICMS que vier a incidir nas próximas vendas.

- pela venda:

    Caixa ou **Clientes**
    a **Vendas Brutas** $ 80.000

- seguido de:

    ICMS nas Vendas
    a **Diversos**
    a **ICMS Pago a Recuperar** $ 11.900
    a **ICMS a Recolher** $ 1.700 $ 13.600

A conta *ICMS Pago a Recuperar* terá zerado o seu saldo e, depois disso, surgirá no Passivo a conta *ICMS a Recolher*, com o saldo credor de $ 1.700.

Custo das Mercadorias Vendidas
a **Estoques** $ 49.800

Os estoques, caso não houvesse deles sido diminuído o ICMS, seriam de $ 60.000; mas esse valor, líquido dos 17% de ICMS, cai para esse montante de $ 49.800.

- e isso gerará:

Demonstração do Resultado – 2º mês

Vendas Brutas	$ 80.000
(–) ICMS nas Vendas	$ (13.600)
= Vendas Líquidas	$ 66.400
(–) CMV	$ (49.800)
= Lucro Bruto	$ 16.600

E agora, sim, se tem o mesmo lucro bruto para as duas Demonstrações do Resultado. E o pagamento de $ 1.700 de ICMS, devido ao Estado, será contabilizado apenas como redução do Passivo (ICMS a Recolher), e não como despesa.

Mas preste bastante atenção: o ICMS nessa Demonstração do Resultado, no valor de $ 13.600, não representa o tributo devido por essa empresa, não representa o que ela tem que recolher ao Tesouro estadual, mas o total contido nas suas Vendas Brutas. O valor do ICMS de fato incidido pela empresa e a ser por ela recolhido, no valor de $ 1.700, não aparece nessa demonstração. Aparece agora no seu balanço, no Passivo.

Alertamos que há outra forma alternativa de contabilização do ICMS, não utilizada hoje no Brasil, que complementa os registros que levaram ao que denominamos Demonstração do Resultado (incorreta) no início desta seção, e chega ao mesmo resultado de $ 16.600, mas não de lucro bruto. Nessa outra alternativa, não se destaca o ICMS nas compras, e os estoques são contabilizados na sua aquisição e na sua baixa pelo valor total incluindo esse tributo. O lucro bruto seria o mesmo valor de $ 16.600 nas demonstrações dos dois meses; só que haveria uma conta de ICMS de $ 3.400 em cada uma, como retificadora das Vendas Brutas. No primeiro mês, esse valor corresponderia ao ICMS contido nos estoques diminuído do ICMS a Recuperar ($ 30.000 × 17% – $ 1.700 = $ 5.100 – $ 1.700 = $ 3.400), e esse valor de $ 3.400 seria apresentado no balanço como retificador dos estoques (Provisão para ICMS nos Estoques). O valor de ICMS a Recuperar não seria obtido da contabilidade, porque não haveria esse destaque nas compras, e sim dos livros fiscais de controle do ICMS (que precisam existir, mesmo quando a contabilização é feita com o destaque do tributo). No segundo mês, seria revertida essa provisão e constituída outra no montante igual ao ICMS nos novos estoques diminuído do ICMS a Recuperar, e ainda seria constituído o passivo ICMS a Recolher. (Haveria então reversão de $ 3.400 da Provisão do mês anterior, gerando um crédito de $ 3.400 nessa conta. A seguir, $ 30.000 × 17% – $ 0 = $ 5.100 de nova provisão, lançada como débito nessa conta. E passivo constituído de $ 1.700, gerando débito nessa conta também. E tal conta de ICMS ficaria, então, com o saldo líquido devedor de $ 3.400.) Não vamos aqui nos aprofundar nessa forma de contabilização que alguns consideram até como mais correta, porque em desuso hoje no Brasil (a obra *Manual de contabilidade societária*[6] evidencia essa forma). Há também outras formas mais sofisticadas de registro que chegam a essas mesmas conclusões.

---

[6] GELBCKE, E. R.; SANTOS, A. dos; IUDÍCIBUS, S. de; MARTINS, E. *Manual de contabilidade societária*. São Paulo: Atlas, 2018.

Essa última metodologia é, tecnicamente, mais avançada e utilizada nos países que têm o Imposto sobre o Valor Agregado, e não imposto sobre vendas e compras.

5.11.2 Outros tributos

Todos os tributos pagos nas compras de mercadorias que são recuperáveis nas vendas (PIS, COFINS e IPI, em certas circunstâncias) têm essa mesma forma de contabilização mostrada para o caso do ICMS. Aliás, mesmo quando há recuperação desses tributos sobre despesas ou transações com imobilizados, a forma de contabilização fica dentro dessa lógica.

Porém, se há o pagamento de qualquer tributo, esses ou outros, na compra, mas não há incidência dele nas vendas, e se não há direito à recuperação do que houver sido pago nessas compras, o tributo é incorporado a tais compras (consequentemente, aos estoques). Idem com relação a despesas, imobilizados e outras circunstâncias.

Por exemplo, se uma empresa comercial compra mercadorias por $ 1.000.000, com 18% de ICMS sobre esse valor, tributo esse recuperável nas vendas, e a esse montante é acrescido 10% de IPI, mas este último tributo não se recupera na venda, então a contabilização será feita como a seguir:

Diversos
a **Caixa** ou **Fornecedores**
ICMS Pago a Recuperar $ 180.000
Estoques $ 920.000 $ 1.100.000

Note que os $ 100.000 de IPI pagos na compra estão adicionados aos estoques. Se o IPI fosse recuperado nas vendas, seria diferente:

Diversos
a **Caixa** ou **Fornecedores**
ICMS Pago a Recuperar $ 180.000
IPI Pago a Recuperar $ 100.000
Estoques $ 820.000 $ 1.100.000

 **EXERCÍCIOS**

Exercício 1 (sem considerar tributos nas operações)

Faça os lançamentos das operações a seguir somente em razonetes; elabore a Ficha de Controle de Estoque pelo critério do FIFO (PEPS) e faça o encerramento.
(Estoque Inicial constituído de cinco unidades adquiridas a $ 100 cada uma.)

    a) Compra de 20 unidades a $ 110 cada uma.
    b) Devolução de uma das unidades adquiridas no dia anterior.

c) Abatimento sobre as 19 restantes no total de $ 95 ($ 5 por p/u).
d) Venda de 20 unidades pelo total de $ 4.000.
e) Recebimento, em devolução de duas unidades da venda anterior.
f) Abatimento concedido sobre as demais 23 no total de $ 230.
g) Compra de 10 unidades a $ 108 cada uma.
h) Frete pago sobre a compra desse dia, $ 20.
i) Venda de 13 unidades pelo valor de $ 200 cada uma, porém com Desconto Comercial de $ 65 no total.
j) Pagamento do frete relativo à venda do dia 18-1, $ 15 (cliente especial).

Observação: considere as operações como realizadas a prazo.

Exercício 2 (considerando ICMS nas operações)

Parte A

A Cia. Montes Claros efetuou as seguintes operações com mercadorias no mês de novembro de X5:

7-11 – Compra de mercadorias a prazo no valor de $ 30.000, com ICMS de 18%.

16-11 – Venda de mercadorias a prazo no valor de $ 20.000, com incidência de ICMS de 18%. Essas mercadorias estavam no estoque por $ 12.000.

28-11 – Devolução de parte das mercadorias adquiridas em 7-11, no valor de $ 5.000.

Pede-se:

Efetue a contabilização das operações no Diário e em razonetes, com apuração do Lucro Bruto e informação do valor do ICMS a Recolher no mês ou ICMS a Recuperar.

Parte B

No mês de dezembro/X5 ocorreram as seguintes operações:

9-12 – Compra de mercadorias a prazo, no valor de $ 40.000, com incidência de ICMS de 18%.

17-12 – Venda de mercadorias a prazo, no valor de $ 50.000, com incidência de ICMS de 18%. Essas mercadorias estavam no estoque pelo valor de $ 30.000.

22-12 – Venda de mercadorias a prazo, no valor de $ 30.000, com incidência de ICMS de 18%. Essas mercadorias estavam no estoque pelo valor de $ 10.000.

Contabilize as operações no Diário (simplificadamente) e em razonetes, e apure o Lucro Bruto.

Exercício 3

Assinale a alternativa correta:

1. Se o inventário inicial de mercadorias for superavaliado, qual das hipóteses a seguir ocorrerá?
   a) O inventário final será superavaliado.
   b) O Lucro Líquido do período será subavaliado.
   c) O Lucro Líquido do período será superavaliado.
   d) O inventário final será subavaliado.

2. O Lucro Bruto é definido como:
   a) O excesso das Receitas sobre as Despesas.
   b) A diferença entre o valor das Vendas e o das Despesas.
   c) O excesso das Vendas sobre o Custo das Mercadorias Vendidas.
   d) A diferença entre as Receitas Totais e o Custo das Mercadorias Vendidas.

3. Em consequência de superavaliação do inventário final de mercadorias, depreende-se que:
   a) O Lucro Líquido do período fica subavaliado.
   b) O inventário inicial foi superavaliado.
   c) O Custo das Mercadorias Vendidas foi superavaliado.
   d) O Lucro Líquido do período fica superavaliado.

4. O método de custeio que, em período de alta generalizada de preços (*inflação*), permite manter o valor dos Estoques mais próximo do preço de custo corrente é o:
   a) Do custo específico.
   b) Da média ponderada.
   c) Do LIFO (UEPS).
   d) Do FIFO (PEPS).

6

Balanço Patrimonial e Demonstração de Resultado – Aspectos contábeis, legais e societários

6.1 BALANÇO PATRIMONIAL

6.1.1 Conceito

O Balanço é a demonstração contábil que tem por finalidade apresentar a situação patrimonial da empresa em dado momento, dentro de determinados critérios de avaliação.

Por esse motivo, é chamado Balanço Patrimonial (BP).

É a demonstração que encerra a sequência dos procedimentos contábeis, apresentando de forma ordenada os três elementos que compõem o patrimônio: Ativo, Passivo e Patrimônio Líquido.

Uma vez bem estudada a natureza do Ativo (bens e direitos), do Passivo (obrigações), do Patrimônio Líquido (diferença entre o Ativo e o Passivo) e as rotinas e procedimentos contábeis, se torna fácil entender o que é o Balanço.

6.1.2 Importância do Balanço

Obter dados do Ativo, Passivo e Patrimônio Líquido em várias datas durante um período de tempo e analisar suas variações por meio da verificação direta dos registros contábeis é tarefa trabalhosa. Mesmo nas pequenas empresas ocorrem, diariamente, inúmeras operações e seus registros contábeis contêm grande número de particularidades.

Daí a necessidade de resumir e apresentar os dados de forma adequada para as pessoas interessadas em conhecer a situação patrimonial da empresa e suas variações durante certo período de tempo.

Resumir e apresentar os elementos para análise e interpretação é uma tarefa simples se a contabilização das operações for feita com critério e apoiada em um plano de contas bem elaborado.

O Balanço Patrimonial é importante pois apresenta as aplicações de recursos feitas pela empresa (Ativos) e as origens desses recursos, que podem ser de terceiros (Passivos) ou próprios (Patrimônio Líquido). Isso evidencia o nível de endividamento da empresa, ou seja, a proporção de recursos que vem do capital próprio e a proporção que vem do capital de terceiros. Outras análises podem ser feitas para estudar mais a fundo o Balanço Patrimonial, as quais podem ser vistas no Apêndice II deste livro.

Para a Análise de Balanços ser mais bem feita, o ideal é que o BP apresente seus dados em dois períodos: o período do último exercício encerrado e o do exercício anterior a este. A visão de dois balanços consecutivos mostra facilmente a movimentação ocorrida no período e como a estrutura patrimonial e financeira da empresa se modificou.

6.1.3 Apresentação do Balanço

A apresentação dos elementos patrimoniais é de grande importância, pois se trata de uma peça contábil utilizada para revisão e análise dos negócios.

Certos princípios sobre a forma de apresentação do BP são estabelecidos com o propósito de reduzir desigualdades caso os responsáveis pela empresa ajam livremente na preparação da demonstração.

Portanto, o Ativo é indicado no lado esquerdo, o Passivo no lado direito e o Patrimônio Líquido, que dá a informação adicional, mostrando o investimento e o lucro (ou prejuízo) acumulado, também é indicado no lado direito.

A classificação das contas depende da natureza da empresa e da função de cada uma no conjunto. A liquidez é a regra utilizada como parâmetro. A lei brasileira classifica os ativos dos mais líquidos aos menos líquidos. A adoção de agrupamentos padronizados e oficiais é útil, porque facilita a preparação das demonstrações, análises, interpretações, comparações e estudos estatísticos. No Brasil isso existe para os bancos (o Banco Central determina o plano de contas), para as seguradoras e outras entidades reguladas por agência especial.

A Lei nº 6.404/1976, que regulamenta as sociedades por ações, e alterações posteriores constantes nas Leis nºs 11.638/2007 e 11.941/2009 introduzem inúmeras inovações na legislação societária do Brasil no que tange às normas e aos princípios contábeis, inclusive na forma e no conteúdo do Balanço.

Quadro-resumo do Balanço Patrimonial

ATIVO	PASSIVO
	Capital de Terceiros
	PATRIMÔNIO LÍQUIDO
	Capital Próprio
↑	↑
Aplicação de Recursos	Origem de Recursos

6.1.3.1 Forma e conteúdo do Balanço

As contas do Balanço classificam-se em vários grupos e subgrupos, apresentados a seguir:

Balanço Patrimonial	
Bens e Direitos { Ativo Circulante Ativo Não Circulante: – Realizável a Longo Prazo – Investimentos – Imobilizado – Intangível	Passivo Circulante } Obrigações Passivo Não Circulante: – Exigível a Longo Prazo Patrimônio Líquido – Capital – Reservas – Ajustes de Avaliação Patrimonial – Prejuízos Acumulados

No Ativo aparecem em primeiro lugar as contas que se transformarão mais rápido em dinheiro (Ativo Circulante) e, a seguir, as contas que demoram mais para se realizar em dinheiro (Ativo Não Circulante). Já no Passivo e no Patrimônio Líquido, primeiro aparecem as contas que devem ser pagas mais rapidamente (Passivo Circulante) e, a seguir, as contas que demoram mais para serem pagas (Passivo Não Circulante).

GRAU DE LIQUIDEZ DECRESCENTE	ATIVO	PASSIVO
RÁPIDA	CIRCULANTE	CIRCULANTE
LENTA	NÃO CIRCULANTE Realizável a Longo Prazo	NÃO CIRCULANTE Exigível a Longo Prazo
NÃO HÁ	Bens de uso	Patrimônio Líquido

6.1.3.2 Balanço Patrimonial Comparativo

A legislação brasileira determina que são necessários alguns requisitos para publicação do Balanço Patrimonial:

- denominação da empresa;
- título da demonstração;
- data do exercício social;
- valores do exercício referência e do anterior;
- moeda e representação (mil, milhares...).

Companhia ABC
Balanços Patrimoniais em 31-12
Em $ mil

Ativo	X2	X1	Passivo	X2	X1
Ativo Circulante			**Passivo Circulante**		
Disponível	$ 1.264	$ 960	Salários a Pagar	$ 150	$ 159
Duplicatas a Receber	$ 3.440	$ 3.089	Fornecedores	$ 2.017	$ 2.483
Estoques	$ 3.730	$ 4.078	Empréstimos	$ 1.045	$ 456
	$ 8.434	**$ 8.127**		**$ 3.212**	**$ 3.098**
Ativo Não Circulante			**Passivo Não Circulante**		
Realizável a Longo Prazo			**Exigível a Longo Prazo**		
Títulos a Receber	$ 1.337	$ 1.435	Empréstimos e Financiamentos	$ 2.805	$ 2.560
			Impostos Parcelados a Pagar	$ 949	$ 1.815
Investimentos				**$ 3.754**	**$ 4.375**
Participações Societárias	$ 3.495	$ 3.157			
Imobilizado			**Patrimônio Líquido**		
Imóveis	$ 1.050	$ 1.050	Capital Social	$ 1.640	$ 1.240
Móveis e Utensílios	$ 244	$ 208	Reservas de Capital	$ 5.666	$ 5.266
Veículos	$ 1.336	$ 1.078	Reservas de Lucros	$ 1.428	$ 877
Depreciação Acumulada	($ 424)	($ 298)		**$ 8.734**	**$ 7.383**
Intangível					
Marcas e Patentes	$ 228	$ 99			
	$ 7.266	**$ 6.729**			
Total do Ativo	**$ 15.700**	**$ 14.856**	**Total do Passivo**	**$ 15.700**	**$ 14.856**

6.2 CRITÉRIOS DE CLASSIFICAÇÃO DOS ELEMENTOS PATRIMONIAIS

O Plano de Contas é um agrupamento ordenado das contas que são utilizadas na empresa pela contabilidade. Uma conta é uma unidade de registro de valores consequentes a fatos específicos. Por exemplo, a conta Duplicatas a Receber registra o valor da compra de produtos a prazo de um determinado cliente. Pode haver uma conta Duplicatas a Receber para cada cliente da empresa que compra a prazo, ou uma conta Duplicatas a Receber em que são registradas todas as vendas a prazo de todos os clientes em determinado período.

No Brasil, não há o uso obrigatório de um Plano de Contas padronizado, a não ser em alguns casos especiais, como de bancos, seguradoras e outras subordinadas a alguma entidade reguladora federal. A organização das contas fica a critério de cada empresa, que o faz de acordo com suas necessidades. A lei apenas disciplina, genericamente, a função e a ordem das contas dos vários grupos em que se divide o Ativo e o Passivo.

As regras básicas de enquadramento dos elementos patrimoniais são resumidas a seguir.

6.2.1 Critérios de classificação do Ativo

De acordo com a legislação, no Ativo, as contas devem estar dispostas em ordem decrescente de grau de liquidez, nos seguintes grupos:

1) **Ativo Circulante**

ATIVO CIRCULANTE	Exemplos
Disponibilidades	Caixa Bancos c/Movimento Aplicações de Liquidez Imediata
Direitos	Duplicatas a Receber (–) Perdas Estimadas em Créditos de Liquidação Duvidosa Títulos a Receber
Despesas do exercício seguinte	Despesas de Seguro a Apropriar

2) **Ativo Não Circulante**

ATIVO NÃO CIRCULANTE	Exemplos
Realizável a Longo Prazo Bens e direitos realizáveis após o término do exercício e bens e direitos originados de negócios não operacionais realizados por coligadas, controladas, proprietários, sócios, acionistas e diretores.	Contas a Receber a Longo Prazo Empréstimos a Controladas Depósitos Judiciais etc.
Investimentos Bens e direitos de participações permanentes em outras sociedades e direitos de qualquer natureza, que produzam benefícios pela sua manutenção, mas que não se destinem à manutenção da atividade principal da sociedade.	Participações em Coligadas (–) Provisões para Perdas Obras de Arte Imóveis não de Uso Propriedades para Investimento etc.
Imobilizado Bens corpóreos destinados à manutenção das atividades principais da empresa, ou direitos exercidos com essa finalidade.	Imóveis Veículos Instalações Móveis e Utensílios (–) Depreciação e Amortização Acumulada
Intangível Aplicações em recursos em bens incorpóreos que contribuirão para a formação do resultado de exercício(s) futuro(s).	Marcas e Patentes Ágio por Expectativa de Rentabilidade Futura (*Goodwill*) Direito de Concessão Direito Autoral (–) Provisão para Perda de Valor

6.2.2 Critérios de classificação do Passivo

De acordo com a legislação, no Passivo as contas devem estar dispostas em ordem decrescente de grau de exigibilidade, nos seguintes grupos:

1) **Passivo Circulante**

PASSIVO CIRCULANTE	Exemplos
Todas as obrigações da sociedade que vencerem no próximo exercício social.	Fornecedores Salários e Encargos a Pagar Empréstimos Encargos Financeiros a Pagar Impostos a Recolher Imposto de Renda a pagar etc.

2) *Passivo Não Circulante*

PASSIVO NÃO CIRCULANTE	Exemplos
Todas as obrigações com vencimento após o término do exercício social.	Financiamentos Encargos Financeiros a Pagar Retenções Contratuais Subvenções Governamentais a Apropriar Imposto de Renda Diferido etc.

6.2.3 Critérios de classificação do Patrimônio Líquido

De acordo com a legislação, são classificadas no Patrimônio Líquido as contas representativas:

- dos investimentos dos proprietários na sociedade;
- das reservas originadas de lucros;
- de certos ajustes de avaliação patrimonial de determinados ativos e passivos;
- de ações ou cotas próprias readquiridas dos sócios;
- de prejuízos acumulados.

As contas pertencentes ao Patrimônio Líquido estão distribuídas nos seguintes grupos:

PATRIMÔNIO LÍQUIDO	Exemplos
Capital Social As contas representativas do Capital Subscrito e, por dedução, a parcela ainda não realizada.	Capital (–) Capital a Integralizar

PATRIMÔNIO LÍQUIDO	Exemplos
Reservas de Capital As contas que registrarem: ■ os valores recebidos, a título de ágio na subscrição de ações, que ultrapassarem a importância destinada à formação do Capital Social; ■ o produto da alienação de partes beneficiárias e bônus de subscrição; (Estas contas são estudadas no nível da Contabilidade Intermediária.)	Reserva de Correção Monetária do Capital Realizado Reserva de Ágio na Emissão de Ações Reserva de Alienação de Partes Beneficiárias Reserva de Alienação de Bônus de Subscrição
Reservas de Reavaliação Até 2007 era possível a reavaliação dos ativos da empresa pelo valor de mercado. Eram feitas contrapartidas de aumentos de valor em virtude de novas avaliações, com laudo aprovado pela Assembleia Geral de Acionistas. A partir de 01-01-2008, a conta foi extinta, por força da Lei nº 11.638/2007. Porém, os saldos existentes nas reservas de reavaliação poderiam ser mantidos até a sua efetiva realização.	Reavaliação de Imóveis
Reservas de Lucros São contas constituídas pela apropriação de lucros da empresa. Essas reservas podem ser constituídas por imposição legal, por determinação estatutária e por propostas aprovadas pelos proprietários, sócios e acionistas, com finalidades específicas.	Reserva Legal Reserva Estatutária Reservas para Contingências Reservas de Lucros a Realizar Reservas para Expansão
Lucros ou Prejuízos Acumulados Os Lucros ou Prejuízos do Exercício são transferidos para a conta Lucros (Prejuízos) Acumulados e aí permanecem até a destinação do lucro ou amortização do prejuízo. Nas sociedades por ações os lucros precisam, obrigatoriamente, ser totalmente destinados para reservas de lucros ou dividendos.	Lucros Acumulados* Prejuízos Acumulados
Ações ou Cotas em Tesouraria As contas representativas de Ações ou Cotas em Tesouraria (emitidas pela própria empresa e por ela readquiridas) são destacadas no Balanço Patrimonial como redutoras das contas do Patrimônio Líquido que registrarem a origem dos recursos aplicados em sua aquisição. Representam capital devolvido a certos sócios.	Ações em Tesouraria
Ajustes de Avaliação Patrimonial As contas representativas de certas modificações de valor em alguns ativos e passivos que não transitaram pelo resultado do período, como ganhos e perdas por variação cambial de investimentos societários no exterior, ajustes a valor justo de alguns instrumentos financeiros etc.	Ajustes de Avaliação Patrimonial

* Pela Lei nº 11.638/2007, é extinta a conta Lucros Acumulados para as sociedades por ações, devendo este valor ser destinado às reservas de lucros.

Quadro-resumo das Contas do Balanço Patrimonial

ATIVO	PASSIVO E PL
Circulante Tudo que se transformará em dinheiro no curto prazo (até 1 ano).	**Circulante** Todas as obrigações que serão pagas no curto prazo (até 1 ano).
Não Circulante – Realizável a Longo prazo: Tudo que se transformará em dinheiro no longo prazo (> 1 ano).	**Não Circulante** – Exigível a Longo Prazo Todas as obrigações que serão pagas no longo prazo (> 1 ano).
– Investimentos – Imobilizado – Intangível *Não se destinam à venda.*	**Patrimônio Líquido** – Capital – Reservas de Lucro *Não vai ser pago, não é obrigação exigível.*

6.3 OPORTUNIDADE DO BALANÇO

As empresas são obrigadas a levantar o Balanço pelo menos uma vez em cada período de 12 meses. Esse período é denominado exercício social, podendo coincidir ou não com o ano civil. Porém, para fins fiscais o Imposto de Renda exige o encerramento em 31-12. Assim, se a empresa agrícola tiver o exercício social encerrado em março, quando terminaram as colheitas, terá que ter dois balanços: um para efeito societário e outro para efeito fiscal.

Para fins de gestão administrativa, econômica e financeira dos negócios, quanto maior número de balanços for levantado em um período, tanto melhor para a empresa e para as pessoas interessadas em suas atividades, pois poderão conhecer, em menor intervalo de tempo, o patrimônio, suas variações e as causas dessas variações. Também poderão verificar o grau de acerto ou desacerto das decisões passadas e fixar nova política para futuros negócios. Normalmente, os balanços são feitos mensalmente, para fins gerenciais.

Levanta-se também o Balanço nos seguintes casos especiais: liquidações, transformações, incorporações, fusões e cisões.

As companhias abertas (sociedades por ações com ações, debêntures ou outros valores mobiliários negociados no mercado) e outras sociedades reguladas devem apresentar suas demonstrações contábeis semestralmente.

6.4 FINALIDADE ALCANÇADA

A finalidade de mostrar a situação patrimonial em dado momento é alcançada com a indicação da natureza e do valor do Ativo, do Passivo e do Patrimônio Líquido na data em que foi elaborado o balanço. Daí a necessidade de utilização de terminologia clara e concisa.

A apresentação em colunas paralelas dos valores apurados no Balanço Patrimonial nos últimos anos permite identificar os elementos do Ativo, do Passivo e do Patrimônio Líquido que sofreram variações. Porém, o Balanço Patrimonial nem sempre esclarece as causas dessas variações. Estas são apresentadas em outros relatórios contábeis, entre os quais se destacam: a Demonstração do Resultado do Exercício e a Demonstração dos Fluxos de Caixa.

6.5 COMO SE LEVANTA O BALANÇO

Já vimos nos capítulos anteriores como se levanta o Balanço. Mas, em virtude da sua importância e das particularidades técnico-legais cujo conhecimento é indispensável, vamos retomar o assunto, sistematizando-o um pouco mais.

As etapas para a elaboração do Balanço são:

1ª) levantamento do Balancete de Verificação do Razão;

2ª) ajustes das contas;

3ª) encerramento das contas de Receitas e de Despesas; e

4ª) elaboração das Demonstrações Financeiras (ou Contábeis) e das Notas Explicativas.

Observe que as etapas enumeradas integram a sequência dos procedimentos contábeis, já vistos.

6.5.1 Levantamento do Balancete de Verificação do Razão do último mês (1ª etapa)

Este é o ponto de partida e consiste na verificação da exatidão matemática dos saldos das contas e elaboração do Balancete de Verificação do Razão.

A verificação abrange todas as contas. Se existirem divergência nos saldos, serão feitos os acertos respectivos.

6.5.2 Ajustes das Contas (2ª etapa)

O ajuste das contas é o trabalho técnico-contábil mais importante do levantamento do Balanço.

A escrituração contábil das operações realizadas pela empresa obedece aos dispositivos legais e às características qualitativas que são exigidas das informações contábeis. Um desses conceitos básicos, já vistos anteriormente, é o Regime de Competência, que tem grande importância para medir o Resultado e o Balanço.

As demonstrações financeiras obtidas na escrituração contábil devem mostrar, o mais corretamente possível, a situação patrimonial e o resultado do exercício.

Para atingir esses objetivos são necessários lançamentos de ajuste, de complementação e de saneamento das contas que aparecem no balancete de verificação, a fim de que todas elas indiquem os valores corretos.

No ajuste das contas, a preparação adequada dos inventários de cada um dos elementos patrimoniais deverá atender às características do elemento patrimonial inventariado, que deverá ser avaliado pelo custo histórico. (Há determinados Ativos e Passivos que precisam ser ajustados ao seu valor justo na data do balanço, mas não vamos entrar nesse assunto nesta fase introdutória do aprendizado de Contabilidade.)

O termo *inventário*, aqui utilizado, representa todos os informes documentados necessários para a correta avaliação das contas. São eles: inventários propriamente ditos, resumos, quadros demonstrativos, relatórios, estatutos, contratos, mapas de apropriação, publicações, correspondências, registros auxiliares e fiscais, extratos, conciliações, confirmações, cotações de bolsa etc. Os inventários são anexados ao balancete de verificação do Razão à disposição dos interessados para permitir a comparação com a escrituração contábil, com a qual devem coincidir.

Apreciada conta por conta dentro de sua função, fazem-se os ajustes necessários. Assim, há que se verificar se o saldo de Caixa reflete o que realmente existe de dinheiro; se o saldo bancário confere com os extratos; e se as contas a receber e a pagar conferem com os registros analíticos e com os efetivos valores a receber e a pagar etc.

Na hipótese de se encontrarem irregularidades, deve ser feita uma análise criteriosa de identificação das causas e dos efeitos e, em seguida, os lançamentos de ajuste.

Para que os valores de balanço reflitam o mais corretamente possível o valor dos elementos patrimoniais, mencionam-se os seguintes trabalhos auxiliares:

- conversão e atualização cambial;
- contagem das disponibilidades;
- controle e verificação dos contratos ativos e passivos;
- correção monetária e juros de contratos ativos e passivos;
- quando houver, determinação do valor provável de realização dos valores a receber e dos estoques;
- determinação da equivalência patrimonial dos investimentos nas coligadas e controladas (assunto não visto ainda);
- depreciações, amortizações e exaustões, pelo que elas indicam;
- levantamento das despesas incorridas a pagar e das receitas a receber etc.

A justa avaliação do patrimônio depende da correta elaboração desses "inventários".

Destacam-se, também, os ajustes de enquadramento das contas patrimoniais do Ativo e do Passivo, inclusive desdobramento de seus saldos, quando necessário.

As contas das operações que afetam o Patrimônio Líquido, as Receitas e Despesas, também têm seus saldos ajustados, complementados e saneados.

Muito importante assinalar que, simultaneamente com os lançamentos de ajuste, são preparadas as Notas Explicativas, que complementam as Demonstrações Financeiras.

As partidas de ajuste são escrituradas no livro Diário, transportadas para o Razão, e um novo Balancete de Verificação do Razão é elaborado e denominado Balancete de Verificação do Razão após os ajustes.

6.5.3 Encerramento das Contas de Resultado (3ª etapa)

Como já visto, do ponto de vista contábil as contas dividem-se em dois grandes grupos:

- as contas Patrimoniais; e
- as contas de Resultado.

As contas Patrimoniais permanecem com seus respectivos saldos no início de um novo período contábil; pode-se concluir que o saldo de qualquer conta Patrimonial é o saldo acumulado de todos os lançamentos efetuados nessa conta desde o início das atividades da empresa.

As contas de Resultado começam a cada período contábil (o exercício social – que é de um ano) com saldo nulo, como se a conta ainda não tivesse sido movimentada. Para que essas contas comecem cada período com saldo nulo, é necessário que no último dia do exercício anterior o saldo existente seja encerrado.

As contas de Resultado movimentadas em determinado período compõem a Demonstração do Resultado do Exercício. O encerramento das contas consiste na transferência dos saldos das contas de Resultado (Receitas, Despesas, Ganhos, Perdas etc.) para a conta Resultado do Exercício.

O Resultado de um exercício poderá ser positivo (*lucro*), negativo (*prejuízo*), ou nulo, dependendo de o saldo da conta ser respectivamente credor ou devedor.

O ponto de partida para o encerramento das contas de Resultado é o Balancete de Verificação depois dos ajustes (Balancete Ajustado), de acordo com os princípios ou convenções contábeis e os preceitos legais.

Para melhor entendimento do que esta etapa representa, vamos desdobrá-la em duas partes:

1) apuração do Resultado do Exercício;
2) distribuição do Resultado.

6.5.3.1 *Apuração do Resultado Líquido do Exercício*

Obrigatoriamente, apura-se o resultado obtido pela empresa no término de cada exercício social, quando do encerramento de todas as contas de Resultado.

A critério da empresa, podem-se apurar resultados mensais, trimestrais, semestrais, anuais etc., sem necessidade de encerramento das contas de resultado; mas, nesse caso, o resultado será sempre o acumulado do exercício e, para obter o do último mês, por exemplo, há que se montar a Demonstração do Resultado por diferença de valores acumulados no início e no fim desse mês.

Para apurar o Resultado do exercício obtido pela empresa, em determinado período, transferem-se todos os saldos das contas de Resultado para a conta de Apuração do Resultado, que estamos chamando de Resultado do Exercício.

Essas transferências são processadas por meio de lançamentos contábeis nos livros Diário e Razão, da seguinte maneira:

1º) **Debita-se** a conta
   Resultado do Exercício
   Creditando-se
   Cada uma das contas de resultado, com saldo devedor, por seu respectivo saldo.
2º) **Debita-se**
   Cada uma das contas de resultado, com saldo credor, por seu respectivo saldo.
   Creditando-se a conta
   Resultado do Exercício.
3º) **Debita-se** a conta
   Resultado do Exercício
   Creditando-se as contas do Passivo:
   - Provisão para Imposto de Renda e Contribuição Social; e
   - Participações e Contribuição a Distribuir.

O valor da Provisão para Imposto de Renda é obtido extracontabilmente, no Livro de Apuração do Lucro Real (LALUR), de escrituração obrigatória por todas as pessoas jurídicas contribuintes do Imposto de Renda na base do lucro real.

Os valores das Participações e Contribuições são obtidos dos estatutos e contratos.

O saldo da conta Resultado do Exercício, que representa o Lucro (ou Prejuízo) Líquido, é transferido para a conta Lucros ou Prejuízos Acumulados, pertencente ao grupo Patrimônio Líquido. Essa partida de Diário, de transferência do Resultado Líquido, constitui-se no *elo* entre as contas Patrimoniais (demonstradas no Balanço Patrimonial) e as contas de Resultado (apresentadas na Demonstração do Resultado do Exercício).

Num Plano de Contas bem elaborado podem constar, opcionalmente, contas isoladas e/ou agrupadas de uso exclusivo para melhor demonstrar o Resultado do Exercício.

Na Demonstração do Resultado de um Exercício, podem-se utilizar títulos representativos de conjuntos de contas sem necessariamente precisarem constituir-se em contas.

Exemplos de alguns desses títulos:

- Receita Líquida de Vendas e Serviços;
- Resultado/Lucro Bruto;
- Despesas e Receitas Operacionais;
- Receitas e Despesas Financeiras;
- Resultado Operacional antes do Resultado Financeiro;
- Resultado Financeiro;
- Resultado Líquido do Período.

6.5.3.2 Distribuição do Resultado do Exercício

O Lucro ou Prejuízo Líquido do Exercício, após a constituição do Imposto de Renda a Pagar, da Contribuição Social sobre o Lucro, após o Resultado das Operações

Descontinuadas e após os abatimentos das Participações e Contribuições com base no Lucro, é transferido para a conta pertencente ao grupo do Patrimônio Líquido, Lucros ou Prejuízos Acumulados.

A conta Lucros ou Prejuízos Acumulados é tão importante para a Contabilidade que, muito embora constitua uma Reserva de Lucro, recebe tratamento especial, sendo inclusive obrigatório, ao término de cada exercício social, que seja apresentada numa Demonstração de Lucros ou Prejuízos Acumulados

A conta Lucros ou Prejuízos Acumulados pode apresentar-se desdobrada por ano de origem, o que é relevante para certos fins de distribuição dos sócios, como no caso de impostos diferentes (conforme o ano de formação) sobre os dividendos.

Na hipótese de se apurar lucro em determinado exercício, após ele ser transferido para a conta Lucros ou Prejuízos Acumulados, será distribuído desta para outras contas, por meio de lançamentos contábeis (livros Diário e Razão) de forma a atender ao seguinte:

- normas legais, pela constituição da Reserva Legal;
- normas estatutárias, pela constituição de Reservas Especiais, sem prejuízo dos dividendos normais;
- proposta de distribuição da administração, *ad referendum* dos proprietários (sócios, acionistas), no pressuposto de sua aprovação formal posterior por esses proprietários.

O lançamento, obviamente, será feito mediante:

Débito à conta de Lucros ou Prejuízos Acumulados e

Crédito às contas de Reservas e/ou

Crédito à conta própria "Lucros a Distribuir" ou "Dividendos Propostos" ou com outra denominação. Quando se tratar de uma distribuição mandatória, como a normalmente exigida pelo estatuto social de uma sociedade por ações, essa conta é já um Passivo. Quando depender de uma assembleia dos acionistas ou órgão equivalente, que pode ou não aprovar, a conta fica destacada no Patrimônio Líquido até a aprovação, quando é transferida para o Passivo.

No caso de prejuízo do exercício, ele vai reduzir o saldo positivo (se houver) de Lucros ou Prejuízos Acumulados. Se essa conta ficar com saldo devedor (Prejuízo Acumulado), obrigatoriamente são transferidos para ela saldos das Reservas de Lucros (a última a ser usada será sempre a Reserva Legal) até que seu saldo fique zerado.

A conta Lucros ou Prejuízos Acumulados somente pode ter saldo negativo (Prejuízo Acumulado) num Balanço, se tiverem desaparecido todos os saldos de todas as Reservas de Lucros.

Depois disso, podem (não é obrigatório) também ser usados saldos das Reservas de Capital para absorver os prejuízos acumulados.

Concluída a escrituração dos livros Diário e Razão, após o encerramento, apuração e distribuição do Resultado do Exercício, é levantado o Balancete de Verificação do Razão e, em seguida, são elaborados os Relatórios contábeis:

- Balanço Patrimonial;
- Demonstração do Resultado do Exercício;
- Demonstração de Lucros ou Prejuízos Acumulados; ou
- Demonstração das Mutações do Patrimônio Líquido;
- Demonstração dos Fluxos de Caixa;
- Notas Explicativas;
- Demonstração do Valor Adicionado (para compahias abertas);
- Demonstração do Resultado Abrangente (que não será tratada neste livro introdutório.)

6.6 DEMONSTRAÇÃO DO RESULTADO DO EXERCÍCIO

A Demonstração do Resultado do Exercício, que é elaborada ao mesmo tempo que o Balanço Patrimonial, constitui-se no relatório resumido das operações realizadas pela empresa durante determinado período. Essa demonstração mostra um dos valores mais importantes para os interessados nos relatórios contábeis, o resultado líquido do período, Lucro ou Prejuízo.

Ao mostrar como se formou o lucro ou o prejuízo, muitas das variações do Patrimônio Líquido são esclarecidas.

A Contabilidade, com os dois relatórios, o Balanço Patrimonial e a Demonstração do Resultado do Exercício, um completando o outro, atinge a finalidade de mostrar a situação patrimonial e financeira da empresa.

Com os dois relatórios, qualquer pessoa interessada nos negócios da empresa tem condições de obter informações, fazer análises, estimar variações, tirar conclusões de ordem patrimonial e econômico-financeira, traçar novos rumos para futuras transações. Para tanto, é só praticar uma técnica de Análise e Interpretação de Balanços adequada e outros processos fornecidos pela Contabilidade.

Sem dúvida, quanto maior o número de informações de que o analista dispuser, além do Balanço Patrimonial e da Demonstração do Resultado do Exercício, tanto melhores e mais exatas são as análises e conclusões.

A Lei das Sociedades por Ações tornou obrigatória a elaboração e publicação, além do "Balanço", da "Demonstração do Resultado", da "Demonstração de Lucros ou Prejuízos Acumulados,"[1] da "Demonstração dos Fluxos de Caixa" e de "Notas Explicativas às Demonstrações Financeiras".

Essas peças contribuem muito, nas análises e interpretações, para o conhecimento da situação da empresa.

---

[1] A Demonstração de Lucros ou Prejuízos Acumulados pode ser substituída pela de "Mutações do Patrimônio Líquido" – da qual Lucros ou Prejuízos Acumulados é uma coluna específica.

6.6.1 Forma e conteúdo da Demonstração do Resultado do Exercício

O Resultado do Exercício é obtido pela confrontação de Receitas e Despesas. Se o total de receitas for superior ao total de despesas, o resultado será positivo, ou seja, Lucro. Porém, se o total de despesas for maior que as receitas, o resultado será negativo, Prejuízo.

> Receita
> (–) Despesa
> = Lucro ou Prejuízo

Para tal, é necessária a identificação das receitas e despesas em que a empresa incorreu. De acordo com o Comitê de Pronunciamentos Contábeis (CPC), item 70:

- **Receitas:** "são aumentos nos benefícios econômicos durante o período contábil sob a forma de entrada de recursos". Ou seja, são os valores recebidos das vendas do período, por exemplo.
- **Despesas:** "são decréscimos nos benefícios econômicos durante o período contábil sob a forma de saída de recursos". São os sacrifícios financeiros para manutenção da atividade da empresa. As Despesas podem ser:
    - *Operacionais:*
        - ✓ **De vendas:** representam os gastos com a promoção do produto até sua colocação junto ao consumidor (comercialização e distribuição). Ex.: despesas com o pessoal da área de vendas, propaganda e publicidade, marketing etc.
        - ✓ **Administrativas:** representam os gastos na administração da empresa. Ex.: despesas com o pessoal da área administrativa, salários, encargos, aluguéis de escritório etc.
    - *Financeiras:* representam a remuneração aos capitais de terceiros. Ex.: juros pagos ou incorridos, descontos concedidos, comissões bancárias etc.

Além das despesas, existem os custos. Os custos representam os gastos incorridos na efetiva produção, ou seja, na fabricação de produtos a serem vendidos. Ex.: mão de obra, matéria-prima, energia elétrica, aluguéis, manutenção de equipamentos etc.

Assim, as receitas e despesas são representadas em grupos, formando a Demonstração do Resultado do Exercício.

Quadro-resumo da Demonstração do Resultado do Exercício

DEMONSTRAÇÃO DO RESULTADO DO EXERCÍCIO
Receita Bruta de Venda de Produtos e Serviços
(–) Deduções
Abatimentos e Devoluções
Impostos sobre Vendas
(=) Receita Líquida de Venda de Produtos e Serviços
(–) Custo dos Produtos Vendidos e dos Serviços Prestados
(=) Resultado Bruto com Mercadorias e Serviços
(–) Despesas Operacionais
Despesas Comerciais
Salários e outros encargos
Propaganda e Publicidade
Despesas Administrativas
Despesas com Pessoal
Despesas com Aluguéis
Despesas Gerais
Impostos e Taxas
Provisões em Geral
(+/–) Outras receitas e despesas
(=) Resultado Antes dos Efeitos Financeiros
(+) Receitas Financeiras
(–) Despesas Financeiras
(=) Resultado antes de impostos, participações e contribuições
(–) Imposto de Renda
(–) Contribuição Social sobre Lucro
(–) Participações e Contribuições
(=) Resultado Líquido do Exercício

6.6.2 Demonstração do Resultado do Exercício comparativa

A Demonstração comparativa do Resultado do Exercício da Companhia ABC é apresentada a seguir, na forma dedutiva, como determina a Lei das Sociedades por Ações.

Companhia ABC
Demonstração do Resultado do Exercício
Em $ mil, exceto lucro por ação

	X2	X1
Receita Bruta de Vendas	$ 21.205	$ 19.811
Mercadorias	$ 19.050	$ 18.601
Serviços	$ 2.155	$ 1.210
(–) Deduções		
(–) Impostos s/ Vendas	($ 3.130)	($ 2.901)
= **Receita Líquida de Vendas**	$ 18.075	$ 16.910
(–) Custo Mercadorias e Serviços Vendidos	($ 14.087)	($ 13.105)
= **Resultado Bruto com Mercadorias e Serviços**	$ 3.988	$ 3.805
(–) Despesas Operacionais		
Despesas com Vendas	($ 606)	($ 619)
Despesas Administrativas	($ 993)	($ 969)
Lucro Operacional antes dos efeitos Financeiros	$ 2.389	$ 2.217
Despesas Financeiras	($ 525)	($ 347)
Outras Receitas e Despesas Operacionais		
Resultado de Participações Societárias	($ 125)	$ 5
Outras	$ 38	($ 75)
Resultado antes do Imposto de Renda	$ 1.777	$ 1.800
Imposto de Renda e Contribuição Social	($ 586)	($ 594)
Participações no Resultado		
Dos Empregados	($ 119)	($ 121)
Dos Administradores	($ 59)	($ 108)
Lucro Líquido	$ 1.013	$ 977
Lucro por Ação	$ 2,25	$ 2,17

Essa classificação em Despesas e Receitas Não Operacionais às vezes deixa de ser utilizada. Por exemplo: as normas internacionais hoje vigentes no Brasil levam à não utilização dessa terminologia "operacional", mas exigem que sejam segregadas como Resultados das Operações Descontinuadas as receitas e despesas de produtos descontinuados, divisões descontinuadas etc. O IASB, de onde vêm essas normas, está estudando modificar novamente essa classificação.

6.7 OUTRAS DEMONSTRAÇÕES FINANCEIRAS E AS NOTAS EXPLICATIVAS (4ª ETAPA)

A elaboração das demonstrações contábeis (ou financeiras) e das notas explicativas é a última etapa do levantamento do Balanço e, consequentemente, da sequência dos procedimentos contábeis.

A Lei nº 6.404/76 obriga que, no final de cada exercício, com base na escrituração mercantil, sejam elaboradas e publicadas, pelas sociedades por ações, as seguintes demonstrações:

- *Balanço Patrimonial*;
- *Demonstração do Resultado do Exercício*;
- *Demonstração de Lucros ou Prejuízos Acumulados*, opcionalmente substituída pela *Demonstração das Mutações do Patrimônio Líquido*;
- *Demonstração dos Fluxos de Caixa*, não obrigatória para as sociedades anônimas com Patrimônio Líquido inferior a dois milhões de reais;
- *Demonstração do Valor Adicionado*, obrigatória para as companhias abertas.

Ainda segundo a legislação, as demonstrações financeiras são complementadas por *Notas Explicativas* e quadros necessários para esclarecer as demonstrações e facilitar as análises da situação da empresa e do resultado do período. As normas contábeis internacionais e o CPC (Comitê de Pronunciamentos Contábeis) exigem também a Demonstração do Resultado Abrangente, não tratada neste livro.

A DFC (Demonstração dos Fluxos de Caixa) será vista no Capítulo 9. Veja agora as outras Demonstrações ainda não comentadas e as Notas Explicativas.

6.7.1 Demonstração de Lucros ou Prejuízos Acumulados

A Demonstração de Lucros ou Prejuízos Acumulados (DLPAc) é um relatório contábil que explica e evidencia as alterações e os motivos da variação entre o saldo inicial e o saldo final da conta Lucros ou Prejuízos Acumulados contida no Patrimônio Líquido.

As causas e os efeitos, dos registros e do saldo, da conta Lucros ou Prejuízos Acumulados, são de grande importância para as pessoas interessadas na empresa. Mostram as retenções de lucros, as distribuições de lucros aos sócios, os ajustes de exercícios anteriores, saldos ainda não destinados etc. A ficha de razão dessa conta constitui-se no elemento básico e auxiliar para a elaboração da Demonstração de Lucros ou Prejuízos Acumulados.

Também devem-se incluir na Demonstração de Lucros ou Prejuízos Acumulados as operações ocorridas no exercício anterior. Veja o exemplo:

Companhia ABC		
Demonstração de Lucros ou Prejuízos Acumulados		
Em $ mil, exceto dividendo por ação		
	X2	**X1**
Saldos Iniciais	**$ 579**	**$ 180**
Ajustes de Exercícios Anteriores	$ 150	$ 0
Incorporação ao Capital	($ 200)	$ 0
Lucro Líquido do Exercício	$ 1.013	$ 977
Transferência para Reserva Legal	($ 51)	($ 49)
Transferência para Reservas Estatutárias	($ 239)	($ 180)
Dividendos Declarados	($ 412)	($ 349)
Saldos Finais	**$ 840**	**$ 579**
Dividendo por Ação	$ 0,92	$ 0,78

A figura de Ajustes de Exercícios Anteriores, que aumentou o saldo de Lucros Acumulados em $ 150 mil, em X2, diz respeito a alguma mudança de critério contábil (como de PEPS para custo médio – na avaliação dos estoques) ou ao conserto de algum erro grande e grosseiro acontecido no passado. Esse item exige sempre uma Nota Explicativa para explicitar o que ocorreu. Ele é mais bem estudado em Contabilidade Intermediária ou Avançada.

A conta Lucros Acumulados tem uma característica singular no Patrimônio Líquido das sociedades por ações: pode apresentar no início ou no final do período dois tipos de saldos: "zero" ou "devedor" (no caso de prejuízo). Se apresentar saldo "zero", logicamente não aparecerá no Balanço Patrimonial. Então, serve como uma conta transitória para receber o lucro do exercício e promover sua distribuição inclusive para as contas de reservas ou compensar eventuais prejuízos. Esse lucro retido na empresa pode ser usado para aumentar o capital da empresa ou ser destinado para algum fim específico como Reserva. Na Reserva Legal, 5% do lucro é destinado para manter a integridade do Capital. Na Reserva Estatutária, o lucro serve para a renovação de equipamentos e pesquisa de novos produtos.

6.7.2 Demonstração das Mutações do Patrimônio Líquido

Essa demonstração substitui a obrigatoriedade da Demonstração dos Lucros ou Prejuízos Acumulados. A Demonstração das Mutações do Patrimônio Líquido (DMPL) é mais importante que a DLPAc, pois informa resumidamente toda a movimentação ocorrida com as contas integrantes do Patrimônio Líquido, desde o saldo inicial do exercício anterior até o saldo final do exercício, contendo, além da demonstração da conta Lucros ou Prejuízos Acumulados, a Demonstração do que ocorreu com as demais contas do Patrimônio Líquido: Capital Social, Reservas de Capital, Reservas de Lucros, Ações em Tesouraria etc.

Cada conta é analisada, por meio da ficha de Razão, demonstrando as operações que afetaram as contas do Patrimônio Líquido entre si e os efeitos causados ao Patrimônio Líquido, aumentando-o ou diminuindo-o.

No exemplo a seguir, note que a coluna Lucros Acumulados é a própria Demonstração que vimos no item anterior.

Veja, por exemplo, que em X1 houve aumento de capital ($ 300 mil). Em X2, o capital foi aumentado em $ 400 mil, mas desse valor $ 200 mil foram com incorporação de Lucros Acumulados. Por outro lado, o aumento em Reservas de Capital de $ 400 mil mostra que houve "ágio" no aumento em dinheiro; com isso, o Patrimônio Líquido aumentou em $ 600 mil (coluna total): $ 200.000 no Capital e $ 400.000 na conta de Reserva de Capital. Esse ágio existe quando a empresa recebe de seus sócios, por ação, mais do que vai para a conta do Capital; daí o nome de "ágio" ou, tecnicamente mais correto, excedente ao capital. O aumento de capital com uso de Reservas não altera o Patrimônio Líquido.

Veja também que a transferência de valores de Lucros Acumulados para Reservas não altera o Patrimônio Líquido. Mas os dividendos o reduzem.

Companhia ABC
Demonstração das Mutações do Patrimônio Líquido

	Capital Social	Reservas de Capital	Reservas Estatutárias	Reserva Legal	Lucros Acumulados	Total
Saldo em 31-12-X0	$ 940	$ 5.266	$ 12	$ 57	$ 180	$ 6.455
Aumento de Capital	$ 300					$ 300
Lucro Líquido do Ano					$ 977	$ 977
Transferência para Reservas			$ 180	$ 49	($ 229)	$ 0
Dividendos Distribuídos					($ 349)	($ 349)
Saldo em 31-12-X1	$ 1.240	$ 5.266	$ 192	$ 106	$ 579	$ 7.383
Ajustes de Exercícios Anteriores					$ 150	$ 150
Aumento de Capital	$ 400	$ 400			($ 200)	$ 600
Lucro Líquido do Ano					$ 1.013	$ 1.013
Transferência para Reservas			$ 239	$ 51	($ 290)	$ 0
Dividendos Distribuídos					($ 412)	($ 412)
Saldo em 31-12-X2	$ 1.640	$ 5.666	$ 431	$ 157	($ 840)	($ 8.734)

6.7.3 Demonstração dos Fluxos de Caixa

Essa Demonstração será vista no Capítulo 9.

6.7.4 Demonstração dos Resultados Abrangentes

Essa demonstração não será tratada neste livro introdutório. Ela abrange receitas e despesas que, por determinação de uma norma contábil específica, não devam transitar ainda pela Demonstração do Resultado. Em alguns raros casos, não necessariamente transitarão pelo resultado um dia.

6.7.5 Notas Explicativas

As Demonstrações Financeiras (ou Contábeis) devem ser complementadas com Notas Explicativas, que em muitos casos exigem quadros demonstrativos auxiliares para melhor esclarecimento.

As Notas Explicativas são elaboradas para destacar e interpretar os detalhes relevantes, as informações adicionais sobre fatos passados, presentes e futuros, significativos nos negócios, e os resultados da empresa, de importância para as pessoas nela interessadas, entre os quais são mencionados os seguintes:

- os critérios de avaliação dos elementos patrimoniais (ativos e passivos) e os efeitos, positivos e negativos, da mudança de critério de avaliação;
- as participações relevantes em controladas e coligadas, especificando a participação, valor, avaliação etc.;
- as reavaliações facultativas efetuadas no passado, especificando o Ativo, os efeitos líquidos da reavaliação etc.;
- as obrigações contraídas com a garantia de ativos, especificando-as pela espécie de obrigação, garantia, valor, amortização, juros, vencimento e outras cláusulas importantes etc.;
- financiamentos e empréstimos a longo prazo, especificando-os por espécie e indicando valores, garantias, juros, outras obrigações contratuais significativas etc.;
- a composição do Capital Social, especificando classe, espécie e número de ações, participação de acionistas residentes no país e no exterior etc.;
- os efeitos, positivos e negativos, da constatação de erros cometidos em exercícios anteriores, devidamente especificados;
- fatos significativos que influenciaram ou influenciarão negócios e resultados;
- enfim, qualquer informação importante sobre as demonstrações e a situação patrimonial econômico-financeira que deva ser oferecida às pessoas interessadas na empresa.

Veja a seguir alguns exemplos simples de Notas Explicativas.

6.7.5.1 Exemplos e comentários de Notas Explicativas

Seguem vários exemplos de notas explicativas, com alguns comentários para facilitar seu entendimento.

A leitura atenta desses exemplos é importante para obter certa familiarização com o assunto, e também porque eles mostram o nível mínimo de análise praticado hoje no Brasil para a empresa propiciar aos seus usuários externos.

"**Nota nº 1 – Contexto Operacional**

A companhia dedica-se à comercialização de refrigerantes de diversas marcas, atuando como distribuidora no atacado para os Estados das Regiões Sul e Sudeste do Brasil."

Comentários: Nessa nota a empresa deve mostrar a qual atividade se dedica, de forma sintética, de forma que facilite o entendimento de suas próprias demonstrações contábeis e a análise de seu desempenho econômico-financeiro, inclusive dentro do segmento econômico em que atua.

"**Nota nº 2 – Sumário das Principais Práticas Contábeis**

a) **Perdas Estimadas com créditos de Liquidação Duvidosa (Provisão para Créditos de Liquidação Duvidosa)**

Constituída em montante considerado suficiente para cobertura de possíveis perdas, com base na experiência dos últimos dois anos e considerando um incremento da iliquidez atual em aproximadamente 30% sobre essa experiência anterior.

b) **Estoques**

Avaliados pelo custo médio ponderado móvel, por seu valor nominal de aquisição; ajustados, no caso das mercadorias, a valor de mercado, quando inferior, com base no valor líquido de realização que considera, além dos impostos, as comissões de vendedores e despesas com entrega. Os de manutenção e consumo não excedem ao valor de reposição no mercado.

c) **Títulos a Receber**

Derivados da venda a prazo, não excedente a três anos, de ativos não operacionais, contabilizados pelo valor original da venda mais os rendimentos financeiros pertinentes, exceto os relativos à venda da antiga sede (aproximadamente metade do saldo da conta) cujo rendimento, por estar em discussão quanto ao efetivo indexador a usar, será reconhecido apenas quando acordado com o devedor ou quando de eventual decisão judicial a esse respeito.

d) **Investimentos Permanentes**

Os investimentos na Controlada Cia. DEF são avaliados pela equivalência patrimonial; os demais, pelo custo. Não há ágio ou deságio a amortizar.

e) **Imobilizado**

Avaliados pelo custo original mais reavaliação efetuada em 20X0, quando a reavaliação era permitida legalmente, e depreciados pela vida útil econômica (taxas anuais: Imóveis, 2%; Máquinas e Equipamentos, 12,5% e Veículos, 15% ao ano).

f) **Ativo Intangível**

Diz respeito às patentes adquiridas de terceiros, e são amortizadas linearmente em vinte anos.

g) **Empréstimos**

Registrados pelo valor original líquido recebido mais encargos financeiros apropriados por competência, pelo regime exponencial, exceto os empréstimos externos cujos juros são alocados por juros simples, conforme contrato.

h) **Apuração do Resultado**

Efetuada pelo regime de Competência, com as vendas registradas quando da efetiva entrega das mercadorias. A empresa provisiona para férias e indenizações sobre FGTS, mas esses valores, imateriais na data desses balanços, estão integrados na conta de Salários e Encargos a Pagar. As despesas com propaganda são ativadas em Despesas Antecipadas até sua efetiva veiculação.

i) **Imposto de Renda e Contribuição Social**

A empresa não vem reconhecendo esses encargos sobre as diferenças temporárias entre o regime contábil e o regime fiscal para certas despesas, tendo em vista sua imaterialidade. Consequentemente, os valores demonstrados correspondem aos apurados segundo os critérios fiscais e são pagos substancialmente durante o próprio exercício.

j) **Participações no Resultado**

Os empregados têm direito a 20% do lucro após os encargos fiscais; os pagamentos são semestrais e, em dezembro de cada ano, a empresa paga, antes do Natal, a parcela estimada do segundo semestre; o saldo a liquidar em janeiro encontra-se devidamente registrado."

Comentários: Essa nota, exigida inclusive legalmente, possui certas afirmações que poderiam ser evitadas, já que o pressuposto é o de sua efetiva aplicação, como é o caso de dizer que o resultado é apurado pela Competência, o Estoque está ao custo ou mercado – dos dois o menor – etc. Todavia, tem sido prática essa menção como espécie de reforço.

Note-se, no caso, que a empresa não utiliza os critérios fiscais para a depreciação. Usa sua própria experiência para a provisão para devedores duvidosos e informa sobre o incremento da inadimplência, o que é excelente prática de "transparência".

Quanto às receitas financeiras de Títulos a Receber, a empresa afirma que possui pendências com o devedor e, por causa da dúvida e em função, é óbvio, do Conservadorismo (Prudência), não está apropriando essas receitas até efetiva definição amigável ou judicial.

Não vamos comentar a parte relativa à reavaliação por não ser discutida neste livro introdutório.

Interessante também notar que o registro das Vendas está sendo consistentemente feito na entrega das mercadorias, que é o correto, e não quando da emissão das respectivas notas fiscais, se houver divergência entre essas datas.

Quanto ao registro do Imposto de Renda e da contribuição social, há pequenos problemas de alocação por Regime de Competência (não discutidos neste livro introdutório), mas justificados pela imaterialidade; aliás, a empresa poderia nem ter feito menção ao caso exatamente porque o valor é, segundo afirma, irrelevante.

Note que nessa Nota praticamente não se fala em valores, quase só em critérios.

"**Nota nº 3 – Clientes**

Detalhamento:

	X2	X1
Duplicatas a Receber	$ 4.659	$ 4.463
Duplicatas Descontadas	($ 1.051)	($ 1.250)
Provisão para Devedores Duvidosos	($ 168)	($ 124)
	$ 3.440	$ 3.089"

Comentários: A empresa apenas preferiu mostrar os componentes em nota, em vez de no próprio balanço. Veja que ela detalhou em Nota a conta de Clientes, e detalhou, no Balanço, o Imobilizado, o que não é comum.

"**Nota nº 4 – Estoques**

	X2	X1
Mercadorias para revenda nas filiais	$ 1.683	$ 2.476
Mercadorias no depósito central	$ 1.069	$ 539
Materiais de manutenção	$ 643	$ 849
Materiais de consumo administrativo	$ 85	$ 110
Provisão para ajuste a mercado		($ 120)
	$ 3.480	$ 3.854"

Comentários: Também simples detalhamento, podendo-se notar que a explicitação da localização das mercadorias (filiais ou depósito) é desnecessária do ponto de vista legal e técnico; a empresa deve ter alguma razão mercadológica ou estratégica para prover essa informação.

"**Nota nº 5 – Participações Societárias**

A companhia possui os seguintes investimentos na Controlada DEF, que opera com compra e venda de madeira e com quem a companhia não transaciona nem possui qualquer saldo a receber ou a pagar, e em outras sociedades onde não exerce influência:

	X2	X1
DEF – Equivalência Patrimonial	$ 2.825	$ 2.950
Outras – Custo	$ 670	$ 207
	$ 3.495	$ 3.157

Informações sobre a DEF, companhia fechada:

	X2	X1
Capital social	$ 2.000	$ 2.000
Ações (só ordinárias) da DEF	10.000	10.000
Participação no capital	70%	70%
Patrimônio líquido	$ 4.036	$ 4.214
Lucro líquido	$ (178)	$ 7"

Comentários: Estas informações são as mínimas exigidas legal e tecnicamente para o caso de investimento em controlada. Se houvesse transações entre controladora e controlada, deveriam também ser informados os valores das receitas e despesas entre elas e o saldo, nos balanços, a receber e a pagar.

"Nota nº 6 – Exigível a Longo Prazo

Os Empréstimos são vencíveis 40% em X5 e o restante em X6; $ 1.000 são em moeda estrangeira (euro), com juros pagos semestralmente e o restante com o BNDES (Banco Nacional de Desenvolvimento Econômico e Social), com variação pela TLP (Taxa de Longo Prazo) mais juros de 6% ao ano. Aqueles estão garantidos por hipoteca e estes por aval pessoal dos acionistas controladores e também por hipoteca de bens particulares.

Os impostos parcelados são originados de acordo com o fisco estadual da sede da companhia, vencendo-se em 48 prestações mensais a partir de janeiro de X4; subordinam-se à variação da taxa Selic mais juros de 1% ao mês. Os juros estão sendo pagos mensalmente."

Comentários: São exigidas notas que deem ideia do perfil do endividamento a longo prazo, como encargos, vencimento, garantias etc.

"Nota nº 7 – Capital Social e Dividendos

O capital da empresa é formado de 50.000 ações nominativas, metade ordinárias; as preferenciais têm direito a 10% a mais de dividendos que as ordinárias e não têm direito a voto. O dividendo mínimo obrigatório para a totalidade das ações é de 20% do lucro líquido, não cumulativo, mas a empresa vem, voluntariamente, distribuindo acima desse piso."

Comentários: A sociedade anônima precisa mostrar a quantidade, espécie e classes das ações e deve também evidenciar sua norma estatutária, bem como sua política de dividendos.

Essas notas são apenas exemplos; na prática, outras são necessárias, mas não estão aqui sendo mostradas ou por serem muito específicas ou por se referirem a assuntos não discutidos neste livro (apesar de algumas delas haverem sido mencionadas, mais para chamar a atenção). Por exemplo, são necessárias notas quando há contingências (riscos) sobre o patrimônio da empresa, quando ela transaciona com partes relacionadas (controladas, controladoras, administradores etc.), sobre os instrumentos financeiros, sobre o cálculo do Imposto de Renda e da contribuição social, sobre os ajustes de exercícios anteriores, sobre os planos de complementação de aposentadoria aos empregados e administradores, sobre o relacionamento com os auditores externos e várias outras.

6.8 CONSIDERAÇÕES FINAIS SOBRE DEMONSTRAÇÕES FINANCEIRAS E NOTAS EXPLICATIVAS

Por vários motivos, como economia de espaço em veículos de publicação e apresentação, podem-se agrupar contas, adaptá-las, resumi-las sem prejudicar a clareza das demonstrações e sem ferir normas, princípios e convenções contábeis.

Nas Demonstrações, não se compensam saldos devedores com saldos credores, até em contas de mesma natureza, sendo vedada a utilização das expressões *Contas Diversas* e *Contas Correntes*.

Nas Demonstrações Financeiras, os valores podem ser expressos em "milhares de reais" quando há eliminação dos três últimos dígitos, o que facilita a preparação, a leitura, as análises e as comparações. Até milhões podem ser utilizados.

Obrigatoriamente, todas as adaptações feitas nas demonstrações, sempre por razões lógicas, devem ser complementadas por informações esclarecedoras nas Notas Explicativas.

No cabeçalho das demonstrações e notas explicativas, quando apresentado isoladamente, devem ser indicados:

- denominação da empresa e CNPJ;
- título da demonstração;
- data do exercício social;
- valores do exercício referência e do anterior;
- moeda e representação (mil, milhares...).

Como exemplo, na hipótese de Balanço Patrimonial, pode ser:

> **"Companhia ABC"**
> **CNPJ nº 00.000.00/0000-00 – Companhia Aberta**
> **Balanço Patrimonial**
> **31-12-X1 e 31-12-X2**
> (Valores expressos em milhares de reais – R$)

No caso da Demonstração do Resultado do Exercício:

> **"Companhia ABC"**
> **CNPJ nº 00.000.000/0000-00 – Companhia Aberta**
> **Demonstração do Resultado dos Exercícios**
> **31-12-X1 e 31-12-X2**
> (Valores expressos em milhares de reais – R$)

6.9 SUGESTÃO DE PLANO DE CONTAS

6.9.1 Plano de Contas – Resumo

I – **ATIVO**
    Ativo Circulante
    Ativo Não Circulante
        Realizável a Longo Prazo
            Investimentos
            Imobilizado
            Intangível

II – **PASSIVO**
Passivo Circulante
Passivo Não Circulante
Patrimônio Líquido
    Capital Social
    Reservas de Capital
    Reservas de Lucros
    Ajustes de Avaliação Patrimonial
    Prejuízos Acumulados
    (–) Ações em Tesouraria

III – **CONTAS DE RESULTADO**
Receita Bruta de Vendas
Deduções da Receita Bruta
Custo das Mercadorias e Serviços Vendidos
Despesas Operacionais
    Administrativas
        Com Vendas
Outras Despesas e Receitas Operacionais
        Resultados de Participações Societárias
        Outras
Encargos Financeiros Líquidos
    Despesas Financeiras
    Receitas Financeiras
Provisão para Imposto de Renda e Contribuição Social
Participações e Contribuições
Lucro Líquido ou Prejuízo do Período

6.9.2 Plano de Contas – Geral

I – **ATIVO**
Ativo Circulante
    Caixa
    Bancos c/ Movimento
    Aplicações de Liquidez Imediata
    Aplicações Temporárias
    Ajustes por Perdas em Aplicações – (credora)
    Receitas Financeiras a Apropriar – (credora)

Perdas Estimadas em Créditos de Liquidação Duvidosa – (credora)
Estoques
Ajustes para Perdas em Estoque – (credora)
Mercadorias com Terceiros
Adiantamentos a Fornecedores
Contas a Receber
Adiantamentos a Pessoal
Impostos a Recuperar
Despesas Antecipadas

Ativo Não Circulante
Realizável a Longo Prazo
    Créditos Controladas-Coligadas
    Créditos Diretores
    Empréstimos Compulsórios
    Aplicações Financeiras
    Aplicações Incentivo Fiscal
    Ajustes para Perdas em Aplicações – (credora)
    Impostos a Recuperar
    Despesas a Apropriar

Investimentos
    Participações Controladas-Coligadas
    Participações – Outras
    Imóveis não de Uso
    Propriedades para Investimento

Imobilizado
    Imóveis
    Máquinas e Equipamentos
    Instalações
    Veículos
    Móveis e Utensílios
    Obras em Andamento
    Depreciação Acumulada – (credora)
    Benfeitorias em Propriedade de Terceiros
    Florestamento e Reflorestamento
    Exaustão Acumulada – (credora)

Intangível
    Marcas e Patentes
    Softwares
    Amortização Acumulada – (credora)

II – **PASSIVO**
    Passivo Circulante
        Fornecedores
        Contas a Pagar
        Obrigações Fiscais
        Obrigações Sociais e Trabalhistas
        Adiantamentos de Clientes
        Duplicatas Descontadas
        Financiamento Capital de Giro
        Financiamento do Permanente
        Financiamento – Outros
        Títulos a Pagar
        Encargos Financeiros a Transcorrer – (devedora)
        Dividendos a Pagar
        Imposto de Renda a Pagar
        Provisões
    Passivo Não Circulante
        Financiamentos
        Provisões
    Patrimônio Líquido
    Capital Social
        Capital Social
        Capital Subscrito
        Capital a Integralizar – (devedora)
    Reservas de Capital
        Excedente de Capital
    Reservas de Lucro
        Reserva Legal
        Reserva Estatutária
        Outras Reservas de Lucros
    Ajustes de Avaliação Patrimonial
        Ajustes de Instrumentos Financeiros
    Lucros ou Prejuízos Acumulados
        Lucros Acumulados (conta transitória)
        Prejuízos Acumulados – (devedora)
    Ações em Tesouraria
        Ações da companhia que foram adquiridas pela própria sociedade.

III – **CONTAS DE RESULTADO**
Receita Bruta de Vendas
Vendas Brutas de Mercadorias
Receitas Brutas de Serviços
Deduções da Receita Bruta
Devoluções e Abatimentos
Tributos
Custo das Mercadorias e Serviços Vendidos
Custo das Mercadorias Vendidas
Custo dos Serviços Vendidos
Despesas Operacionais
Despesas Administrativas
Pessoal
Honorários
Salários e Ordenados
Férias
13º Salário
Salário-família
Aviso-Prévio e Indenizações
Comissão sobre Vendas
Contribuições INSS
FGTS
Reembolso INSS Autônomos
Representação
Lanches e Refeições
Viagens e Estadias
Condução
Outras
Impostos e Taxas
Imposto Sindical
Impostos e Taxas sobre Imóveis
Impostos e Taxas sobre Veículos
Multas e Correções Monetárias
Outros
Outras
Luz e Força
Telefone
Telegramas, Correio e Portes
Aluguéis

Água
Depreciação, Amortização e Exaustão
Outras
Despesas com Vendas
(mesmo detalhamento de Despesas Administrativas e mais: Devedores Duvidosos)
Outras Despesas e Receitas Operacionais
Resultados de Participações Societárias
Lucros ou Prejuízos de Controladas-Coligadas
Lucros ou Prejuízos de Outras Participações
Encargos Financeiros Líquidos
Despesas Financeiras
Despesas com Juros
Descontos Concedidos
Despesas e Comissões Bancárias
Despesas e Comissões sobre Financiamentos
Variações Cambiais e Correções Monetárias
Projetos para Captação de Recursos
Outras Despesas de Captação
Receitas Financeiras
Receitas com Juros
Descontos Obtidos
Variações Cambiais e Correção Monetária s/Créditos
Outras
Imposto de Renda e Contribuição Social
Imposto de Renda
Contribuição Social
Participações e Contribuições
Participações
Contribuições

Atenção
Este Plano de Contas abrange empresas comerciais e de serviços simples, não inclui as empresas industriais, de serviços complexos e os ramos financeiro, securitário, agrícola, pecuário e de mineração.

Além disso, trata-se de simples sugestão com as principais contas incluídas. Cada profissional deve considerar as necessidades específicas de cada empresa e seus usuários. Por exemplo, as Despesas Operacionais podem ser subdivididas em Administrativas e de Vendas por filial para depois serem subdivididas em Pessoal, Encargos etc. também por filial.

Para um plano mais completo, veja o livro *Manual de contabilidade societária*, da FIPECAFI (Atlas, 3ª edição, 2018).

O plano de contas pode apresentar as duas contas: "Lucros Acumulados" (credora) e "Prejuízos Acumulados" (devedora), mas usualmente o saldo é mantido em uma só conta, ou seja, na conta de "Lucros ou Prejuízos Acumulados". O saldo credor representa a parcela do resultado da empresa não destinada especificamente. O saldo devedor – prejuízos acumulados – representa o saldo dos resultados negativos da empresa e não absorvidos por reservas anteriormente existentes e que deverá ser compensado com lucros a serem auferidos futuramente.

Se ocorrer de o resultado do exercício ser negativo (prejuízo), este será obrigatoriamente absorvido pelos lucros acumulados, pelas reservas de lucros e pela reserva legal, nessa ordem.

Com o advento da Lei nº 11.638/2007, para as sociedades por ações, e para os balanços do exercício social terminado a partir de 31 de dezembro de 2008, o saldo final de "Lucros ou Prejuízos Acumulados" não poderá mais ser credor nas sociedades por ações.

Isso não significa, entretanto, que a conta "Lucros Acumulados" deixou de existir. Porém, essa conta possui natureza transitória, e será utilizada para servir de contrapartida às reversões das reservas de lucros e às destinações do lucro.

EXERCÍCIOS

Exercício 1

O Ativo divide-se nos seguintes grupos:

a) Circulante;
b) Não Circulante, subdividido nos subgrupos:
   b.1) Realizável no Longo Prazo;
   b.2) Investimentos;
   b.3) Imobilizado;
   b.4) Intangíveis.

O Momento da Liquidez e Realização define, no grupo do Ativo, onde será classificado o elemento patrimonial.

Pede-se:

Classifique as contas, anotando, entre os parênteses, a letra correspondente ao grupo.

( ) Depósitos Bancários, com disponibilidade imediata.
( ) Clientes que se realizarão até 90 dias da data do Balanço.
( ) Estoque de Produtos Acabados, com realização no curso do exercício seguinte.

( ) Títulos a Receber até 365 dias da data do Balanço.
( ) Contas a Receber após 365 dias da data do Balanço.
( ) Terrenos para futura utilização.
( ) Máquinas e Equipamentos.
( ) Impostos a Recuperar – realizáveis em até 90 dias da data do Balanço.

Exercício 2

O Momento da Exigibilidade define a classificação de elementos patrimoniais nos seguintes grupos do Passivo:

a) Circulante;
b) Não Circulante (Exigível a Longo Prazo).

Pede-se:

Classifique as contas, anotando, entre os parênteses, a letra correspondente ao grupo.

( ) Fornecedores que se vencem até 10 dias da data do Balanço.
( ) Contas a Pagar, exigíveis no curso do ciclo operacional.
( ) Obrigações Fiscais, exigíveis até 365 dias da data do Balanço.
( ) Títulos a Pagar, exigíveis após o exercício seguinte.
( ) Financiamentos, exigíveis integralmente após o curso do ciclo operacional seguinte, ciclo esse superior a um ano.
( ) Dividendos a Pagar, exigíveis no próximo exercício.
( ) Provisões, exigíveis após 365 dias da data do Balanço.
( ) Obrigações Trabalhistas, com exigibilidade vencida 30 dias antes da data do Balanço.

Exercício 3

Assinale a alternativa correta:

1. Os elementos que representam inversões não permanentes da empresa, isto é, elementos que mais cedo ou mais tarde se converterão em dinheiro, são classificados como:
   a) Passivo Exigível a Longo Prazo.
   b) Ativo Disponível.
   c) Ativo Realizável a Longo Prazo.
   d) Ativo Imobilizado.

2. Nas liquidações, fusões, cisões e incorporações, é muito importante ter em mãos:
   a) O Balanço Patrimonial.
   b) A Demonstração do Resultado e o Relatório da Administração.

c) O Relatório da Administração.
d) As Notas Explicativas.

3. O Balanço Patrimonial deve evidenciar:
   a) O mais corretamente possível o estado patrimonial da entidade.
   b) O mais corretamente possível o fluxo de caixa da empresa.
   c) O mais corretamente possível os Resultados Gerenciais.
   d) O mais corretamente possível os Ativos das entidades.

4. O resumo das movimentações ocorridas nas contas do Patrimônio Líquido, em determinado período, está evidenciado:
   a) No Balanço Patrimonial.
   b) Na Demonstração das Mutações do Patrimônio Líquido.
   c) Na Demonstração de Origens e Aplicações de Recursos.
   d) Em todas as Demonstrações Contábeis.

5. As Notas Explicativas destacam e interpretam:
   a) Somente os critérios de avaliação dos elementos patrimoniais.
   b) Os critérios de avaliação dos elementos patrimoniais e as participações societárias relevantes.
   c) Fatos passados e presentes que venham a interferir nos resultados da empresa.
   d) Fatos passados, presentes e futuros, significativos nos negócios, e resultados da empresa de importância para os usuários das informações contábeis.

7

Problemas contábeis diversos

7.1 CRÉDITOS DE RECEBIMENTO DUVIDOSO E DEVEDORES INSOLVÁVEIS

7.1.1 Problema contábil

No fim de X6, após o primeiro ano de suas atividades, a Empresa Comercial Brasileira S.A. preparou os seguintes relatórios:

Empresa Comercial Brasileira S.A. Balanço Patrimonial em 31-12-X6			
Ativo		**Passivo e Patrimônio Líquido**	
Caixa	18.000	Duplicatas a Pagar	15.000
Duplicatas a Receber	39.000		
Estoque	57.000	***Patrimônio Líquido***	
		Capital	75.000
		Lucros Acumulados	24.000
			99.000
Total	114.000	Total	114.000

Empresa Comercial Brasileira S.A. Demonstração de Resultado do Exercício 31-12-X6	
Vendas	300.000
(–) Custo das Mercadorias Vendidas	(240.000)
Lucro Bruto em Vendas	60.000
(–) Despesas	(36.000)
Lucro Líquido	24.000

Os relatórios expostos não apresentam qualquer novidade em relação aos demais relatórios mencionados anteriormente. Fique atento para um fato que não foi objeto de considerações neste livro. Trata-se da possibilidade da ocorrência de prejuízos, em virtude de devedores que não liquidaram seus compromissos com a empresa. Quando se torna comprovada a impossibilidade do pagamento de suas dívidas, esses devedores são considerados pela Contabilidade como *devedores insolváveis* (chamados, impropriamente, mas comumente, de *devedores duvidosos*).

O Balanço mostra que existem duplicatas a receber no valor de $ 39.000. A prática comercial indica que é comum o aparecimento de devedores duvidosos de modo que, neste exemplo, pode ocorrer algum prejuízo. Dessa forma, levando em consideração que o Balanço deve retratar o mais fielmente possível a situação financeira e patrimonial de uma entidade, os títulos a receber deveriam aparecer no Balanço com o saldo correspondente ao montante líquido dos títulos que *provavelmente serão recebidos*; e, obviamente, tal valor será inferior ao saldo de $ 39.000 da conta *Duplicatas a Receber*.

Por outro lado, sabe-se que a conta Resultado deve ser debitada no fim de cada período por todas as despesas e perdas relativas ao período. Então, a perda decorrente de débitos provavelmente insolváveis irá pesar negativamente no resultado desse exercício.

Como identificar tal exercício? Se as Duplicatas a Receber resultam da venda a prazo de mercadorias, o que seria mais correto:

- atribuir o prejuízo de débitos insolváveis ao período em que as respectivas mercadorias foram vendidas, ou
- atribuir o prejuízo ao período em que esses devedores foram reconhecidos como insolváveis?

É óbvio que, se os dois fatos acontecem no mesmo período, a pergunta não tem razão de ser, mas, quando não é esse o caso, a resposta é:

- Deve-se procurar atribuir a perda ao período em que a respectiva venda foi feita. Como isso não é sempre possível, muitas vezes a perda é reconhecida quando ela se torna provável de ocorrer. Assim, se determinada mercadoria for vendida a prazo, em X6, e não havia nenhuma indicação de insolvabilidade do cliente, é somente em X7 que se verifica essa insolvabilidade, então a perda é reconhecida em X7. No entanto, se já existirem históricos por parte da empresa de certas parcelas das vendas a prazo que acabam por não ser recebidas, daí a perda deveria ser reconhecida em X6.

De tudo o que foi explicado, conclui-se que o Balanço Patrimonial e a Demonstração do Resultado do Exercício serão incorretos, se neles não forem previstas as prováveis perdas relacionadas a créditos com terceiros, se essas perdas forem consideradas prováveis.

Admita que, do total de $ 39.000 de duplicatas a receber, estima-se que somente $ 36.000 serão recebidos. A perda, portanto, é estimada em $ 3.000 e o seguinte lançamento de ajuste deverá ser feito no fim de X6:

São Paulo, 31 de dezembro de 20X6.

Despesas com Créditos de Liquidação Duvidosa
a   **Ajuste por Créditos de Liquidação Duvidosa**
    Estimativa das perdas com créditos de liquidação duvidosa $ 3.000

O saldo da conta **Despesas com Créditos de Liquidação Duvidosa**, da mesma forma que o da conta de *Depreciação*, será transferido para a conta Resultado.

A conta *Ajuste por Créditos de Liquidação Duvidosa*[1] aparecerá no Ativo, retificando a conta *Duplicatas a Receber*, já que se trata de uma estimativa de perda provável e não de uma perda já totalmente líquida e certa.

7.1.2 Cálculo do Ajuste por Créditos de Liquidação Duvidosa

Sabemos que os prejuízos futuros não podem ser previstos com grande precisão. Por esse motivo, o ajuste é sempre baseado em uma estimativa. O cálculo dessa estimativa pode ser feito de diversas maneiras, e as mais usadas são:

- Análise individual dos devedores: verifica-se em cada caso a possibilidade de recebimento futuro. Essa análise considera, principalmente, os débitos já vencidos e os pertencentes a pessoas ou empresas que estejam em dificuldades financeiras. Após identificados, os débitos de liquidação duvidosa são somados para constituir a conta de ajuste.
- Aplicação de uma percentagem sobre vendas. Esta percentagem deve ser escolhida com base na experiência anterior da empresa. Por exemplo: uma empresa realizou, durante o ano de X8, um total de $ 100.000 em vendas e, examinando seus registros anteriores, se constatou o seguinte:

Ano	Vendas	Prejuízos com Devedores Duvidosos	Percentagem dos Prejuízos sobre as Vendas
X7	80.000	640	0,80%
X6	50.000	310	0,62%
X5	40.000	240	0,60%
	170.000	1.190	0,70%

A percentagem média dos três anos foi de 0,70%.

Aplicada a percentagem média de 0,70% sobre o valor das vendas de X8, obtém-se a importância de $ 700, que constituirá a conta de ajuste para fazer face às perdas de X9.

---

[1] A conta antigamente denominada *Provisão para Créditos de Liquidação Duvidosa* passa a ser chamada pelo CPC 48 de *Perdas Estimadas em Créditos de Liquidação Duvidosa*, que simplificamos neste livro. Afinal, pelas normas brasileiras atuais, a palavra *provisão* deve ser utilizada apenas para o caso de obrigações estimadas no Passivo, e não mais como ajustes para baixo no Ativo.

- A aplicação de uma percentagem sobre o saldo dos créditos a receber no fim do ano. Essa talvez seja a maneira mais utilizada pela grande maioria das empresas brasileiras, mesmo não sendo a mais indicada.

Sob o aspecto da precisão, as duas primeiras maneiras são as mais aconselháveis, embora a primeira seja, às vezes, impraticável (quando for muito grande o número de devedores).

7.1.3 Natureza da conta de Ajuste (antigamente denominada Provisão)

A adoção da conta de *Ajuste* deve-se à característica de incerteza que cerca o evento e o valor do ativo. Lembre-se do caso da depreciação acumulada, que apareceu no Balanço, deduzindo o saldo da conta *Equipamentos*. Este procedimento permitiu a evidenciação do valor histórico do equipamento e, ao mesmo tempo, do valor líquido (deduzida a depreciação acumulada) desse equipamento. Da mesma forma, no caso presente, considera-se a conta *Ajuste por Créditos de Liquidação Duvidosa* uma conta subtrativa da conta *Duplicatas a Receber* ou outra equivalente. Assim, os saldos dessas duas contas aparecerão no Balanço da seguinte maneira:

Duplicatas a Receber	$ 39.000
(–) Ajuste por Créditos de Liquidação Duvidosa	$ (3.000)
	$ 36.000

Com isso, esse ativo fica avaliado ao valor provável de efetiva realização financeira.

Cabe ressaltar que a constituição do *Ajuste por Créditos de Liquidação Duvidosa* é necessária para evitar que os recebíveis (Duplicatas a Receber, Clientes etc.) figurem no Balanço por valores superiores aos de provável realização e que o Lucro do Exercício seja superavaliado. Portanto, a provisão deve ser contabilizada, independentemente da forma como estabelecida para efeitos fiscais.

7.1.4 Baixa de títulos incobráveis

Após o registro do lançamento mencionado anteriormente no livro Razão, as contas *Duplicatas a Receber* e *Ajuste por Créditos de Liquidação Duvidosa* apresentarão os seguintes saldos:

	$
Duplicatas a Receber	39.000 – Devedor
Ajuste por Créditos de Liquidação Duvidosa	3.000 – Credor

Note, agora, que se tornou incobrável um título de responsabilidade do Sr. Pedro Chaves, no valor de $ 75; por se tratar de direito a uma quantia que não mais entrará nos cofres da empresa, a Contabilidade deve providenciar a baixa do título, por meio da seguinte partida de Diário:

Ajuste por Créditos de Liquidação Duvidosa
a   **Duplicatas a Receber**
    Pela baixa do título de responsabilidade do
    Sr. Pedro Chaves, considerado incobrável $ 75

Observe que a baixa do título é feita mediante um lançamento a débito na conta *Ajuste por Créditos de Liquidação Duvidosa*, e não em uma conta de despesa ou na conta de Resultado, pois a constituição da conta de ajuste já foi apropriada como tal; e haveria dupla carga sobre as despesas da empresa caso não utilizássemos a conta de *Ajuste*. Na verdade, enquanto estimada a perda, ficava a retificação em uma conta redutora de Duplicatas a Receber. Quando da perda considerada definitiva, baixa-se a conta de Duplicata a Receber contra a conta de Ajuste. O total do Ativo não se altera por essa baixa, já que anteriormente reconhecida a perda.

7.1.5 Como proceder quando, no fim do exercício, ainda existir saldo na conta Ajuste por Créditos de Liquidação Duvidosa

Como já foi visto, o ajuste por *Créditos de Liquidação Duvidosa* é sempre uma estimativa e, por isso, está obviamente sujeito a erros. Tanto o saldo dessa conta pode ser insuficiente como também pode ser mais do que suficiente para cobrir as perdas com devedores "duvidosos".

Quando for insuficiente, não resta alternativa senão contabilizar o excesso das perdas a débito de uma conta específica de resultado como perda não esperada. Nessa hipótese, o saldo da conta de ajuste no fim do exercício será nulo antes de ser novamente reconstituído por conta dos valores a receber que passarem para o exercício seguinte.

Quando é mais do que suficiente, haverá no fim do exercício um saldo credor, correspondente ao excesso do ajuste por conta das perdas realmente ocorridas.

Mas o que fazer com esse saldo?

Pode-se proceder de duas maneiras:

1. Deixar simplesmente o saldo na conta, completando-o adequadamente, em face da nova estimativa para o próximo exercício. Dessa maneira, a contabilização do ajuste para o exercício seguinte se faz por um valor que corresponde à diferença entre a nova estimativa e o saldo existente. Por exemplo:

   Despesas com Créditos de Liquidação Duvidosa
   a   **Ajuste por Créditos de Liquidação Duvidosa**
   Pela constituição do ajuste para o próximo exercício:

	$
estimativa dos prejuízos do próximo exercício	1.000
(–) saldo não utilizado do exercício anterior	200
	800

2. Reverter o saldo não utilizado para a conta *Resultado* com o seguinte lançamento:

Ajuste por Créditos de Liquidação Duvidosa
a **Resultado**
Pela reversão do saldo não utilizado $ 200

Nesse caso, o lançamento do ajuste para o exercício seguinte se dará pelo valor integral da nova estimativa.

O segundo procedimento, além de ser o mais usado, é também o mais aconselhável sob o aspecto da técnica contábil. Seu uso permite que a *Demonstração do Resultado do Exercício* seja mais clara a respeito dos ajustes por créditos de liquidação duvidosa, demonstrando o saldo revertido e a nova previsão, determinando um resultado operacional mais correto. Essa evidenciação de saldo inicial da conta de ajuste, a parcela utilizada para registro de perdas efetivadas, o saldo não utilizado, a nova despesa reconhecida e o saldo final podem ser feitos em nota explicativa. No Brasil, as instituições financeiras costumam fazer isso.

7.1.6 Recuperação de créditos anteriormente baixados

Pode ocorrer de um crédito ser baixado por ser considerado incobrável, ou seja, pode já ter ocorrido aquele lançamento:

Ajuste por Créditos de Liquidação Duvidosa
a **Duplicatas a Receber**

e, posteriormente, o cliente pode conseguir pagar sua dívida, ou pelo menos parte dela. Nesse caso, quando do recebimento desse crédito anteriormente baixado, há que se fazer:

Caixa
a **Recuperação de Créditos Baixados**

Essa conta de recuperação é uma receita a ser encerrada contra o Resultado.

Se a recuperação se der dentro do mesmo período contábil da baixa, pode-se creditar a própria conta de Ajuste por Créditos de Liquidação Duvidosa.

Note que a Contabilidade não é e nem pode ser uma ciência "exata". Ela sempre carrega o efeito de determinadas estimativas com relação ao futuro e também algum grau de subjetividade. Já vimos isso no cálculo das depreciações e, neste capítulo, no risco de não recebimentos de certos ativos.

Exercício resolvido 1

a) Foi estimado, em 31-12-X7, que os débitos incobráveis da Loja Parayba S.A., nos últimos três anos, correspondiam a 0,5% das vendas líquidas. Nesse dia, o saldo da conta *Provisão para Créditos de Liquidação Duvidosa*, antes de ser ajustado, era de $ 82.420. As vendas líquidas, nesse mesmo ano, totalizaram $ 8.634.000.

b) Durante X8, ocorreram as seguintes transações:

Janeiro 11 – chegou a notícia de que a empresa Júlia & Cia. havia falido e, portanto, não pagaria seu débito. Júlia & Cia. devia uma duplicata no valor de $ 23.800;

Março 6 – a empresa Beta & Cia. Ltda. enviou um cheque no valor de $ 3.940. Sua conta havia sido considerada incobrável e baixada em X7;

Abril 7 – a empresa Costa & Cia. pagou $ 82.800, que foram creditados em sua conta, cujo saldo devedor era de $ 88.000. Seus negócios não iam bem e a cobrança do restante da dívida foi considerada totalmente impraticável;

Julho 4 – o débito da empresa Dardo & Cia., no total de $ 5.240, foi baixado como incobrável;

Agosto 8 – João da Silva, de João Silva & Cia. Ltda., informou a Loja Parayba S.A. que seu sócio fugira com o dinheiro de sua empresa e por isso era forçado a encerrar seu negócio, sem condições para liquidar seu débito de $ 2.520. Investigações posteriores confirmaram tais informações;

Novembro 11 – recebeu-se o valor de $ 1.520 de João da Silva, por ter sido recuperada uma parte do dinheiro roubado por seu sócio;

Dezembro 31 – várias duplicatas, de diversos clientes, no total de $ 6.740, foram baixadas como incobráveis; as vendas líquidas do exercício de X8 somaram $ 13.800.000.

Pede-se:

a) preparar as partidas de diário para ajustar a conta *Provisão para Créditos de Liquidação Duvidosa*, em 31-12-X7;
b) fazer as partidas de diário das operações e de ajustes da conta de provisão relativas a X8 (nos lançamentos de Diário, considere apenas contas de 1º grau; portanto, não há necessidade de registrar nos livros auxiliares);
c) transportar as partidas de diário para o razão (usar razonetes em "T").

Solução do Exercício 1

Resolução do Item "a"

Partidas de Diário para Ajustar a Conta Provisão

1. Transferência para a conta *Resultado* do saldo não utilizado em X7 de *Provisão para Créditos de Liquidação Duvidosa*.

São Paulo, 31-12-X7.

Provisão para Devedores Duvidosos
a **Resultado**
Reversão do saldo não utilizado em X7, das provisões constituídas para esse ano $ 82.420

2. Constituição da Provisão para X8.

São Paulo, 31-12-X7.

Despesas com Créditos de Liquidação Duvidosa
a **Provisão para** *Créditos de Liquidação Duvidosa*
Estimativa para X8, das perdas com devedores, correspondendo
a 0,5% das vendas líquidas $ 43.170

Resolução do Item "b"

Partidas do diário das operações em X8:

São Paulo, 11-1-X8.

3. **Provisão para** *Créditos de Liquidação Duvidosa*

 a **Duplicatas a Receber**
 Baixa da duplicata 104, considerada incobrável, em virtude da falência
 da firma sacada Júlia & Cia. $ 23.800

São Paulo, 6-3-X8.

4. **Caixa**
 a **Recuperação de Créditos Baixados**
 N/recebimento de Beta & Cia., ref. a duplicata 90, considerada
 incobrável, em X7 $ 3.940

São Paulo, 7-4-X8.

5. **Caixa**
 a **Duplicatas a Receber**
 N/recebimento de Costa & Cia., ref. a parte da duplicata 101 $ 82.800
 _____ 7 _____

6. **Provisão para** *Créditos de Liquidação Duvidosa*
 a **Duplicatas a Receber**
 Saldo da duplicata 101, considerada incobrável $ 5.200

São Paulo, 4-6-X8.

7. **Provisão para** *Créditos de Liquidação Duvidosa*
 a **Duplicatas a Receber**
 Duplicata 98, emitida contra Dardo & Cia., baixada, nesta data, por ser
 considerada incobrável $ 5.240

São Paulo, 8-8-X8.

8. **Provisão para** *Créditos de Liquidação Duvidosa*
   a **Duplicatas a Receber**
   Baixa da duplicata 95, emitida contra João & Silva & Cia., considerada
   incobrável, em virtude de um dos sócios haver roubado a empresa $ 2.520

   _____ _____

São Paulo, 11-11-X8.

9. **Caixa**
   a **Provisão para** *Créditos de Liquidação Duvidosa*
   N/recebimento da parte da duplicata 95, considerada,
   em agosto p.p., como incobrável $ 1.520
   (Obs.: recuperação de crédito baixado no mesmo exercício social.)

   _____ _____

São Paulo, 31-12-X8.

10. **Provisão para** *Créditos de Liquidação Duvidosa*
    a **Duplicatas a Receber**
    Baixa de diversas duplicatas consideradas incobráveis, conf. processo 145/123 $ 6.740

    ■ Constituição da Provisão para o Exercício de X9

    _____ _____

São Paulo, 31-12-X9.

11. **Provisão para** *Créditos de Liquidação Duvidosa*
    a **Resultado**
    Reversão do saldo não utilizado em X8 daquela para esta conta,
    para se apurar resultado $ 1.190

    _____ _____

12. **Despesas com Créditos de Liquidação Duvidosa**
    a **Provisão para Devedores Duvidosos**
    Estimativa para X9, das perdas com devedores duvidosos, na base
    de 0,5% do valor das vendas de X8 $ 69.000

    _____ _____

148 *Contabilidade Introdutória*

Razonetes:

Duplicatas a Receber			
Saldo em 12-X7	xxxx	23.800	(3)
		82.800	(5)
		5.200	(6)
		5.240	(7)
		2.520	(8)
		6.740	(10)

Caixa			
Saldo em 12-X7	yyyy		
		(4)	3.940
		(5)	82.800
		(9)	1.520

É evidente que não foram só esses os lançamentos efetuados nas duas contas apresentadas, pois qualquer recebimento ou pagamento em dinheiro deveria passar por *Caixa*, assim como emissão de Duplicatas deveria ser debitada em *Duplicatas a Receber*.

Devedores Duvidosos			
(1)	43.170		
		43.170	(a)
(11)	69.000	69.000	(b)

Resultado 20X7			
(2)	43.170		
		82.420	(1)

Resultado 20X8			
		1.190	(11)
(12)	69.000		
		3.940	(13)

Provisão para Devedores Duvidosos

			82.420	
			43.170	(2)
(1)	82.420			
			43.170	
(3)	23.800			
(6)	5.200			
(7)	5.240			
(8)	2.520			
			1.520	(9)
(10)	6.740			
	43.500		44.690	
			1.190	
			69.000	(12)
(11)	1.190			
			69.000	

Recuperação de Créditos Baixados

			3.940	(4)
(13)	3.940			

7.2 OPERAÇÕES FINANCEIRAS

Quando uma empresa necessita de fundos adicionais para prosseguir ou para expandir suas operações, poderá recorrer aos seguintes expedientes:

- tomar dinheiro emprestado de um banco ou de uma companhia de financiamento, para pagamento a curto ou médio prazo;
- tomar dinheiro emprestado, geralmente de um banco governamental por prazo longo;
- lançar debêntures, a médio ou longo prazo (se for sociedade por ações);
- aumentar o capital social;
- etc.

Os empréstimos a curto prazo devem ser efetuados exclusivamente para atender a necessidades que aparecem periodicamente dentro de cada ciclo operacional, isto é, para pagamentos de gastos que, normalmente, são recuperados com a venda dos produtos ou serviços. No entanto, quando a empresa planeja aumentar suas instalações permanentes, o empréstimo a curto prazo é contraindicado. Para esse tipo de investimento, assim como para qualquer outro de caráter permanente, as demais fontes de recursos citadas são as aconselháveis, de acordo com as circunstâncias de cada caso.

Segue a explicação da contabilização de dois tipos de empréstimo a curto prazo.

São denominados empréstimos a curto prazo aqueles cujo prazo de pagamento vai até, no máximo, 360 dias. Tais empréstimos podem ser feitos por meio de um banco ou de uma companhia de financiamento. Para simplificar o raciocínio, admita que nossa empresa opere somente com bancos. Em contrapartida ao empréstimo recebido, somos obrigados a fornecer certa garantia ao banco. Essa garantia pode ser em bens (hipotecando-os ou empenhando-os) ou fiduciária (entregando duplicatas a receber de nossos clientes ou emitindo promissórias).

7.2.1 Desconto de nota promissória – operação prefixada

A empresa Cataratas S.A. efetuou um empréstimo bancário dando uma nota promissória de sua emissão, a favor do Banco do Sul S.A., nas seguintes condições:

- data da emissão e entrega da Nota Promissória ao Banco: 31-10-20X8;
- valor da Nota Promissória: $ 2.000.000;
- data do vencimento da N.P.: 29-1-20X9;
- taxa de desconto da operação: 6% ao mês;
- despesas cobradas pelo Banco: comissão de 1% sobre o valor da Nota Promissória; despesas de cobrança: $ 1.400.

Esta operação é tipicamente chamada "prefixada", já que, desde o início, estão definidos e prefixados os valores dos encargos financeiros e do montante total a pagar.

A efetivação do empréstimo implicará os seguintes lançamentos feitos pelo Banco na conta-corrente da empresa.

A CRÉDITO
 Valor nominal da Nota Promissória $ 2.000.000
A DÉBITO
 Valor do desconto, 6% ao mês s/90 dias $ 360.000
 Valor da comissão de % $ 20.000
 Valor das despesas de cobrança $ 1.400
        Soma $ 381.400

A demonstração desses lançamentos é feita pelo Banco em um documento enviado à empresa, em geral denominado aviso de lançamento.

Ao receber o aviso de lançamento, a empresa procederá em sua Contabilidade aos seguintes lançamentos:

São Paulo, 8-11-X8.

Bancos c/Movimento
a **Promissórias a Pagar**
  Banco do Sul S.A.
  a   Banco do Sul S.A.
      Valor da Nota Promissória de nossa emissão,
      a favor do Banco do Sul S.A., conforme
      aviso de lançamento de 1º-11-X8 $ 2.000.000
  ——————— 8 ———————

Diversos
a **Bancos com Movimento**
  a   Banco do Sul S.A.
  Despesas Bancárias a Apropriar (redutora do passivo)
      Valor das despesas com o desconto de Nota
      Promissória, no Banco do Sul S.A., conforme
      aviso de lançamento de 1º-11-X8 a saber:
      – despesa de comissão 1% $ 20.000
      – despesas de cobrança $ 1.400
                                                                           $ 21.400
  Juros e Descontos a Vencer (Redutora do Passivo)
      Valor dos juros de 12% a.a. ref. ao período $ 360.000
      de 1º-11-X8 a 29-1-X9 $ 381.400

O valor dos juros e o das despesas bancárias não pode ser lançado como despesa imediatamente, já que eles se referem ao tempo a decorrer de hoje até a data do vencimento. E essas contas de Juros e Descontos a Vencer e de Despesas Bancárias a Apropriar ficam como redutoras de Passivo para fazer com que esse Passivo fique a valor presente; afinal, o valor da dívida hoje não é de $ 2.000.000. Ele irá crescer por decorrência dos juros e chegará aos 2.000.000 na data do vencimento.

Essa conta de Juros e Descontos a Vencer não é uma Despesa Paga Antecipadamente porque, na verdade, ela não foi paga ainda; seu pagamento efetivo se dará na liquidação da dívida.

A conta de Despesas Bancárias a Apropriar, bem como as de eventuais outras despesas diretamente vinculadas à operação de captação de recursos, costumavam ser debitadas diretamente ao resultado. Mas isso mudou, porque esse critério não produz um bom resultado sob o regime de competência. Para algumas empresas que captam recursos diretamente numa operação bancária, essas despesas podem ser pequenas e esse procedimento de jogar diretamente ao resultado pode até ser aceitável pela irrelevância dos valores envolvidos. Mas há situações em que empresas (principalmente as grandes) captam recursos com base em operações que são muito custosas, como na emissão de debêntures. Às vezes, são milhões de reais gastos com a produção dos documentos que serão levados aos investidores nesses títulos, viagens para exposição a esses eventuais interessados etc. Nesse caso, as despesas de juros costumam ser bem menores do que nas operações bancárias diretas. Por isso, apropriar toda a despesa de captação diretamente ao resultado produz um desequilíbrio frente ao regime de competência. Daí a necessidade de esses gastos serem apropriados ao longo do tempo junto com as despesas de juros propriamente ditas. Afinal, o custo efetivo de tomar emprestado não é só o que se paga ao banco como juros.

Como o desconto se refere a um período que abrange dois exercícios (caso o ano comercial da empresa coincida com o ano-calendário), torna-se necessário fazer apropriação da parte das despesas de X8 em 31-12-X8.

O lançamento em 31-12-X8 será o seguinte:

São Paulo, 31-12-X8.

Despesas de Juros e Descontos
a   **Juros e Descontos a Vencer**
transferência de parte do saldo desta conta para aquela, a fim de apropriação de resultados $ 240.000

e

Despesas Bancárias
a   **Despesas Bancárias a Apropriar**
transferência de parte do saldo desta conta para aquela, a fim de apropriação de resultados $ 14.267

Quando da liquidação do título, no dia 29-1-X9, será emitido um cheque ou o Banco será autorizado a debitar o valor do título em conta-corrente.

Nessas condições, quando da quitação, o crédito é feito na conta *Bancos c/Movimento*. Nesse dia, também, será apropriado o restante do saldo das contas Juros e Descontos a Vencer e Despesas Bancárias a Apropriar para Despesa.

É importante atentar para o fato de que uma boa Contabilidade exige demonstrações levantadas todo mês, e não só no final do ano. Com isso, a apropriação dos encargos financeiros, por regime de competência, mês a mês, é essencial para a adequada mensuração do resultado.

7.2.2 Empréstimo pós-fixado

A operação financeira pode ter o encargo financeiro vinculado aos juros com algum outro fator cujo valor só será conhecido no futuro, como variação do dólar, da TR (taxa de referência), do IGP-M etc. Nesses casos, dizemos que é uma operação pós-fixada, já que só após certo tempo se terá condição de conhecer o valor dos encargos totais. Isso pode ocorrer até com a nota promissória; normalmente, essa condição pós-fixada ocorre nos empréstimos de longo prazo, a não ser quando a inflação é muito alta.

Por exemplo, se a operação for feita à base de variação cambial mais 1% ao mês de juros:

São Paulo, 1º-12-X8.

Bancos – c/Movimento
a   **Promissórias em Moeda Estrangeira**
Banco South
   a   Banco do Norte S.A.

Valor da Nota Promissória em dólares norte-americanos de nossa
emissão entregue ao Banco do Norte, conf. aviso de lançamento
de 1º-12-X8 — $ 2.000.000

São Paulo, 1º-12-X8.

Despesas Bancárias a Apropriar
a   **Bancos – c/Movimento**
    a   Banco do Norte S.A.
      Valor das despesas com o empréstimo obtido, conf. aviso de
      lançamento de 1º-12-X8, a saber:
      – despesas de comissão de 1% — $ 20.000
      – despesas de cobrança — $ 1.400
                                                             $ 21.400

Em 31-12-X8, será necessário apropriar as despesas, já incorridas e não pagas, com a variação cambial e com os juros, da seguinte forma:

Primeiramente, o registro da variação cambial, que se incorpora à própria conta original da dívida:

São Paulo, 31-12-X8.

Despesa com Variação Cambial
a   **Promissória em Moeda Estrangeira**
    Pelo registro da variação cambial de 0,5% neste mês sobre o empréstimo
    com o Banco do Norte de 1º-12-X8 — $ 10.000

Depois, o registro dos juros em contas separadas:

São Paulo, 31-12-X8.

Despesa de Juros
a   **Juros a Pagar**
    Valor de juros referentes ao empréstimo feito junto ao
    Banco do Norte, em 1º-12-X8 — $ 20.100

Finalmente, a apropriação das outras despesas bancárias:

São Paulo, 31-12-X8.
Despesa Bancárias
a   **Despesas Bancárias a Apropriar**
    Valor de despesas bancárias referentes ao empréstimo feito junto ao
    Banco do Norte, em 1º-12-X8 — $ 5.300

(valor admitido por hipótese já que não foi dado o prazo total para pagamento do empréstimo).

7.2.3 Desconto de duplicatas a receber

Como sabemos, as duplicatas são títulos emitidos pelas empresas nas operações de venda de mercadorias a prazo. Após emitir uma duplicata, a empresa pode adotar uma das seguintes atitudes:

- ficar com o título em seu poder até que ele seja pago pelo devedor;
- endossar e enviar o título a um banco para que se promova a cobrança em nome da empresa;
- endossar e enviar o título a um banco, transferindo-lhe sua propriedade e recebendo em troca o valor do título, deduzidas as despesas incidentes sobre a operação. Essa operação é denominada "desconto de duplicata";
- outras.

As duas primeiras atitudes não envolvem qualquer problema contábil, pois o título permanece como propriedade da empresa até sua liquidação. Na segunda alternativa, a respeito da transferência de posse do título, costuma-se às vezes registrar esse fato em um sistema de contas denominado "Sistema de Compensação", inteiramente independente do sistema financeiro patrimonial que estudamos. Esse assunto, entretanto, será abordado com mais detalhes em outro tópico deste capítulo.

A terceira atitude implica a transferência da posse e da propriedade do título para o banco. A forma mais simples de contabilizar esse fato seria dar baixa do valor do título, no Ativo, em contrapartida com a entrada do dinheiro. Todavia, como se sabe, o endosso de uma duplicata não dispensa a empresa de responsabilidade de pagar o título, na eventualidade de este não ser liquidado pelo devedor (sacado). Por isso, na essência, essa é uma operação de empréstimo na qual as duplicatas são dadas como garantia à instituição financeira.

Por causa disso, as normas contábeis, adotadas no Brasil a partir de 2010 com base nas normas internacionais de Contabilidade, mudam a contabilização dessa operação.

Assim, a contabilização do desconto de uma duplicata é feita da seguinte maneira:

Diversos
   a **Títulos Descontados**
      Pelo desconto de n/duplicata nº 001, no Banco do Sul, como segue:
   Bancos c/ Movimento
   Banco do Sul S.A.
   Valor líquido creditado em n/conta conf. aviso de / / $ 16.600

Juros e Descontos a Vencer (Conta retificadora de Títulos Descontados)
   Valor dos juros de 6% ao mês ref. ao período de / / $ 2.400

Despesas Bancárias a Apropriar (Conta retificadora de Títulos Descontados)
   Valor das despesas
   – despesas de comissão e cobrança com a operação de desconto $ 1.000
                                                                                                                                    $ 20.000

Como se vê, por ocasião do desconto, a conta *Clientes* ou *Duplicatas a Receber* não é tocada. A vantagem deste procedimento reside no fato de a empresa poder manter um controle adequado na liquidação de todas as duplicatas emitidas, descontadas ou não.

O saldo da conta *Clientes* reflete o montante das duplicatas a receber, e o saldo da conta *Duplicatas Descontadas* ou *Títulos Descontados*, a parcela daquelas duplicatas descontadas pela empresa.

Quando da elaboração do Balanço, a Lei das S.A. determinava que a conta *Títulos Descontados* deveria aparecer no ativo como subtrativa de *Clientes*, da seguinte forma:

Clientes	$ 101.550
Títulos Descontados	$ 20.000
	$ 81.550

A partir de 2010, porém, com a implantação das novas normas de Contabilidade para representar bem melhor a essência econômica da operação (e não sua forma jurídica, que não representa corretamente o que de fato é a realidade), essa conta de Títulos Descontados deve aparecer normalmente no Passivo juntamente com as demais dívidas.

Quando uma duplicata descontada é liquidada pelo devedor junto ao banco, este envia uma comunicação de tal fato à empresa. Em face dessa comunicação, a empresa promove a baixa do título da seguinte forma:

Títulos Descontados
a **Clientes**
Pela baixa da duplicata nº 001 liquidada conf.
aviso do Banco do Sul, de / / $ 20.000

As despesas financeiras devem ir sendo apropriadas por competência, mensalmente de preferência:

Desp. de Juros e Descontos
a **Juros e Descontos a Vencer**
Apropriação das despesas de juros e descontos do período
Despesas Bancárias
a **Despesas Bancárias a Apropriar**
Apropriação das despesas bancárias

Estes últimos lançamentos, na realidade, devem ser feitos mensalmente para se ter a apropriação da parte das despesas com juros e outras despesas que cabem a cada um desses meses, para uma adequada observância do Regime de Competência.

7.2.4 Aplicações financeiras

As empresas normalmente procuram manter em caixa ou bancos apenas o valor estritamente necessário a suas atividades. O restante é geralmente aplicado em bancos, em operações de curtíssimo ou curto prazo, do tipo CDB (Certificado de Depósito Bancário), em fundos ou outras formas para render receitas financeiras.

Tais operações financeiras, como são conhecidas, podem ser realizadas a taxas prefixadas ou pós-fixadas.

Como já dito, chamam-se operações a taxas prefixadas aquelas em que os contratantes sabem a taxa nominal à qual está sendo realizado o negócio, no momento da aplicação.

Na operação a taxas pós-fixadas, é contratada a operação normalmente a uma taxa de juro determinada, mais um índice de preços, uma moeda estrangeira etc. Neste caso, normalmente os contratos são por prazos longos.

✓ **Exemplo de operação a taxas pós-fixadas**

Admita que a Cia. ABC fez, no dia 1º-12-X5, uma aplicação de $ 100.000,00 no Banco Itu, à taxa de 1% ao mês, mais a variação do poder aquisitivo da moeda medido por um índice geral de preços. Será necessário calcular o rendimento ganho pela empresa até 31-12-X5, para que no fechamento do Balanço Patrimonial aquela operação apareça por seu valor atualizado. Assim, considerando que a inflação do mês de dezembro seja de 2%, terá que se registrar a receita financeira (nominal) ganha, mas não recebida, como segue:

Registro da Aplicação, em 15-12-X5:

Aplicações Financeiras
a **Bancos** (ou Caixa) $ 100.000,00

Registro da Receita Financeira ganha até 31-12-X5:

Aplicações Financeiras
a Diversos
a **Receita de Variação Monetária** $ 2.000,00
a **Receita de Juros** $ 1.020,00
  $ 3.020,00

Dessa forma, o saldo de Aplicações Financeiras que a Cia. ABC apresentará em seu Balanço Patrimonial de 31-12-X5 será de $ 103.020,00.

✓ **Exemplo de operação a taxas prefixadas**

Sabendo-se que a Cia. ABC fez no Banco do Sul uma aplicação financeira de $ 100.000,00, em 20-12-X5, à taxa de 2,5% ao mês, pelo período de 20 dias, será necessário fazer o seguinte registro contábil:

Registro da Aplicação, em 20-12-X5:

Aplicações Financeiras
a **Bancos** (ou Caixa) $ 100.000,00

Registro da Receita Financeira ganha até 31-12-X5:

Aplicações Financeiras
a **Receitas Financeiras** $ 909,50

Desse modo, o saldo da conta Aplicações Financeiras no Balanço de 31-12-X5 será de $ 100.909,50.

Outra forma de se registrar a operação pode ser:

Registro da aplicação, em 20-12-X5, com a explicitação do valor da Receita Financeira que será ganha durante a operação:

Aplicações Financeiras		$ 101.659,80
a	**Bancos** (ou Caixa)	$ 100.000,00
a	**Receitas Financeiras a Apropriar**	$ 1.659,80

Neste caso, a conta Receitas Financeiras a Apropriar funciona como redutora da conta de Ativo Aplicações Financeiras, e o saldo de Aplicações Financeiras no dia da aplicação é exatamente de $ 100.000,00, pois:

Aplicações Financeiras	$ 101.659,80
(–) Receitas Financeiras a Apropriar	$ 1.659,80
	$ 100.000,00

Em 31 de dezembro faz-se a apropriação da parcela pertencente a esse mês:

Receitas Financeiras a Apropriar		
a	**Receitas Financeiras**	$ 909,50

Assim, em observância ao Princípio de Competência de Exercícios e da Realização da Receita, o valor de Receitas Financeiras a Apropriar vai sendo transferido para a conta de receita efetiva, chamada Receitas Financeiras, e é evidenciado da seguinte forma na data do Balanço:

Aplicações Financeiras	$ 101.659,80
(–) Receitas Financeiras a Apropriar	$ 750,30
	$ 100.909,50

No resgate da aplicação, em 10-1-X6, o saldo de Aplicações Financeiras será de $ 101.659,80, pois todo o valor de Receitas a Apropriar já se tornou receita efetiva.

7.3 DISPONIBILIDADES

7.3.1 Conceito de disponível

Esta parte do Ativo abrange exclusivamente o dinheiro em espécie e outros haveres da empresa que possam ser convertidos *imediatamente* em dinheiro, a exemplo dos depósitos bancários à vista. É por essa razão que a palavra *disponibilidade*, em Contabilidade, significa *disponibilidade imediata*.

7.3.2 Controle Interno das disponibilidades

O disponível, por sua natureza, precisa sempre de uma atenção especial; por isso, vamos falar especificamente sobre seu controle.

Os objetivos de um bom sistema de controle interno de haveres de uma entidade podem ser resumidos nos seguintes:

- proteção desses haveres; e
- tornar a Contabilidade o mais exata possível.

Os objetivos apresentados são facilmente atingíveis quando é possível tornar a custódia dos elementos do ativo independente da função de registro das operações que afetam esses elementos; ou seja, quem controla o caixa não tem acesso a seu registro contábil e vice-versa. Melhor ainda: quando o trabalho de registro for dividido de tal maneira que a tarefa de um funcionário seja posteriormente verificada por outro. Nessas condições ideais, só ocorreriam irregularidades quando houvesse um acordo de duas ou mais pessoas. De maneira geral, um sistema básico de controle interno de disponibilidades incluiria o seguinte:

- estabelecimento de uma rotina de trabalho definida para o registro das operações de caixa e bancos, com uma *divisão de trabalho que permita a descoberta automática de erros e que previna a ocorrência de desvio de dinheiro*;
- separação do trabalho de manuseio de disponibilidades da função de registro. Funcionários que fazem recebimentos ou pagamentos não devem ter acesso aos registros e aqueles encarregados dos registros, por seu turno, não devem ter a seu alcance as disponibilidades;
- separação, se possível, das atividades que estejam associadas com os pagamentos daquelas que estejam ligadas aos recebimentos;
- exigência para que todos os recebimentos em dinheiro sejam depositados diariamente nos bancos; e
- exigência para que todos os pagamentos sejam feitos em cheque nominativo.

7.3.3 Fundo fixo de caixa

Como já exposto, de acordo com os sistemas de controle interno em geral adotados, todos os recebimentos devem ser recolhidos diariamente aos bancos e todos os pagamentos devem ser feitos em cheque. Observando rigidamente essas normas, como seriam feitos, então, os pagamentos de despesas miúdas, como as de condução, portes, telegramas, gorjetas etc., que evidentemente não podem ser feitos em cheque? O problema é resolvido com a manutenção de uma soma razoavelmente pequena de dinheiro (em espécie) em caixa. A instituição de um "fundo de caixa" tem dado ótimos resultados na prática, sob o aspecto do controle.

7.3.3.1 *Estabelecimento do Fundo*

Fixada inicialmente determinada importância para fazer face ao pagamento das despesas miúdas por razoável período de tempo (5, 10 ou 15 dias), a referida quantia é retirada do banco mediante a emissão e recebimento de um cheque, constituindo-se assim o fundo inicial, que é registrado pela seguinte partida de diário:

Caixa (ou Caixa Pequena, ou Fundo Fixo de Caixa, ou equivalente)
a   **Bancos – c/ Movimento**
a   **Banco do Sul S.A.**
    Pela emissão e recebimento do cheque nº 00587,
    para constituição do fundo inicial de n/Caixa $ 500,00

7.3.3.2 Utilização do fundo

O fundo é utilizado em pagamentos que são feitos pela caixa, que fica com os respectivos comprovantes. (Nenhum lançamento é feito na Contabilidade por ocasião de tais pagamentos.)

7.3.3.3 Restabelecimento do fundo

Sempre que as disponibilidades estejam no fim, torna-se necessário recompor o fundo inicial. Admita que, com o fundo inicial de $ 500,00, foram feitos pagamentos no total de $ 387,00. O fundo deve ser recomposto mediante a emissão de um cheque nessa importância. O lançamento, por ocasião da entrada do dinheiro e saída dos comprovantes da caixa, deve ser o seguinte:

Diversos
a   **Bancos – c/ Movimento**
a   **Banco do Sul S.A.**
    Pela emissão e recebimento do cheque nº 00956,
    para recomposição do fundo de caixa, cujos
    pagamentos foram os seguintes:

	$	
Despesas com Correio		
Diversos comprovantes	35,00	
Despesas com Materiais de Escritório		
Idem, idem	197,00	
Despesas de Condução		
Idem, idem	155,00	387,00

Note que as contas de despesas são debitadas (em contrapartida com a conta *Bancos*) *apenas quando o fundo é recomposto*, e não quando os desembolsos da caixa foram efetivamente realizados. A vantagem está no fato de diversos pagamentos serem cobertos por apenas um cheque e por uma única partida de Diário.

É interessante também observar que a conta *Caixa* (ou equivalente) é debitada unicamente quando o fundo é constituído. Outros lançamentos nessa conta somente serão feitos se a quantia ideal do fundo for aumentada ou diminuída. Uma vez que o *Caixa* não tem seu saldo alterado pelo pagamento feito e tampouco pela recomposição do fundo em dinheiro, esse saldo permanente deve sempre corresponder ao *dinheiro em espécie existente em qualquer tempo, mais o valor dos comprovantes dos pagamentos efetuados.*

No fim de cada período contábil, deve-se ter o cuidado de contabilizar as despesas, cujos comprovantes estão no *Caixa*, recompondo-se seu respectivo fundo, a fim de se evitar que as referidas despesas sejam excluídas da apuração dos resultados.

Exercício resolvido 2

O ano fiscal da Cia. Charonel encerra-se em 31 de dezembro. Prepare as partidas de Diário para registrar os seguintes fatos:

Ano de X8
novembro
12 – estabelecimento de um fundo de caixa pequeno no valor de $ 100,00;

30 – a composição do fundo de caixa pequeno era a seguinte:
1. em moeda corrente $ 42,10
2. em comprovantes de despesas:
   – despesas de escritório $ 9,20
   – despesas de correio $ 18,91
   – despesas com refeições $ 16,49
   – despesas com condução $ 4,50
   – despesas diversas $ 8,80 $ 57,90
   $ 100,00

30 – o saldo (moeda corrente) do fundo de caixa pequeno foi considerado muito alto, sendo reduzido para $ 70,00 nessa data e, ainda, foi feita a reconstituição do fundo;

dezembro
30 – a composição do fundo de caixa pequeno era a seguinte:
1. em moeda corrente $ 14,87
2. em comprovantes de despesas:
   – despesas de escritório $ 11,19
   – despesas de correio $ 6,20
   – despesas com refeições $ 8,95
   – despesas com condução $ 4,40
   – despesas diversas $ 18,00
   – despesas com brindes $ 6,39 $ 55,13
   $ 70,00

A reconstituição do fundo de caixa pequeno foi feita em janeiro de X9.

Solução do Exercício 2

São Paulo, 12-11-X8.

Caixa
a **Bancos – c/Movimento**
Pela emissão e recebimento do cheque nº 00975,
para constituição do Fundo inicial de n/Caixa $ 100,00

_____ 30 _____

Diversos
a **Bancos – c/Movimento**
Pela emissão e recebimento do cheque nº 00998, para recomposição do fundo de caixa, cujos pagamentos foram os seguintes:

Despesas de escritório	$ 9,20	
Despesas de correio	$ 18,91	
Despesas com refeições	$ 16,49	
Despesas com condução	$ 4,50	
Despesas diversas	$ 8,80	57,90

———————— 30 ————————

Bancos c/Movimento
a   **Caixa**
    Depósito efetuado para redução do Fundo Fixo de Caixa $ 30,00

———————— 30 ————————

São Paulo, 30-12-X8.

Diversos
a   **Bancos – c/Movimento**
    Pela emissão e recebimento do cheque nº 00100,
    para recomposição do fundo de caixa, cujos
    pagamentos foram os seguintes:

Despesas de escritório	$ 11,19	
Despesas de Correio	$ 6,20	
Despesas com refeições	$ 8,95	
Despesas com condução	$ 4,40	
Despesas diversas	$ 18,00	
Despesas com brindes	$ 6,39	$ 55,13

7.3.4 Bancos

7.3.4.1 Depósitos bancários à vista

Os depósitos bancários à vista diferem dos outros tipos de depósitos que não representam disponibilidades imediatas, tais como: depósitos feitos a prazo fixo, de aviso prévio e outros que os bancos costumam vincular a certas operações de crédito. Mesmo os saldos bancários são mantidos em valor mínimo.

7.3.4.2 Abertura de conta bancária

Entre as formalidades exigidas pelos bancos para a abertura de conta por parte de uma empresa, há os cartões de assinaturas que devem ser necessariamente preenchidos. Ali são apostas as assinaturas das pessoas autorizadas, pelos contratos sociais ou estatutos, a emitir cheques e a assinar os demais documentos apresentados aos bancos.

São pedidos também os extratos oficiais dos contratos ou estatutos e das posteriores alterações, para a competente verificação dos nomes das pessoas que assinam pela empresa. Numa sociedade, geralmente os diretores são as pessoas que têm assinaturas autorizadas nos bancos. É comum também as sociedades autorizarem funcionários de categoria a assinarem pela entidade, os quais, em tais casos, são chamados *procuradores*. Quando isso acontece, os bancos devem ficar munidos de procurações formais.

7.3.4.3 Controle dos saldos bancários

O controle dos saldos bancários é tarefa que deve ser especificamente atribuída à Contabilidade. A conta coletiva *Bancos – c/Movimento*, ou simplesmente *Bancos*, é desdobrada em subcontas abertas a cada um dos bancos com que a empresa transaciona.

Aos bancos é atribuída uma série de tarefas, destacando-se entre elas a de cobrança de títulos ou *Contas a Receber* da empresa.

A empresa normalmente debita a conta *Bancos* pelos:

- depósitos em dinheiro ou em cheques;
- empréstimos obtidos de bancos;
- avisos de cobranças efetuadas pelo banco.

Os créditos na conta *Bancos*, em geral, são feitos pelas importâncias dos cheques emitidos e das despesas bancárias que envolvem cobranças e descontos de títulos. A contabilização dessas despesas é feita por meio dos extratos ou avisos emitidos pelos bancos.

7.3.4.4 Extratos de conta bancária

Via computador ou terminal bancário, as empresas têm acesso a um documento denominado "extrato de conta", no qual são transcritas todas as operações efetuadas. Os citados extratos são cópias das próprias contas dos clientes pertencentes à Contabilidade do banco.

7.3.4.5 Conciliação de conta bancária

De posse do extrato de conta bancária, a empresa depositante deve proceder à tarefa, aliás muito comum entre os procedimentos contábeis, de conciliar a conta da empresa com a conta do banco. Esse trabalho, que à primeira vista parece bastante simples, pode às vezes tornar-se algo complicado, pois, embora não haja erro ou omissão, tanto de uma como de outra parte, os saldos do extrato bancário e da conta da empresa raramente são iguais.

Quantias que aparecem nos registros da empresa, mas que não figuram no extrato bancário, podem referir-se a:

- cheques pendentes, já emitidos, mas ainda não apresentados nem pagos pelo banco;
- depósitos ainda não recebidos pelo banco, por se acharem em trânsito.

Também é comum existirem registros mencionados no extrato bancário, mas ainda não levados a efeito pela empresa depositante, tais como:

- avisos bancários referentes à cobrança de títulos ainda não contabilizados pela empresa;

- despesas bancárias de juros, taxas de expediente, comissões, cujos avisos ainda não chegaram à empresa ou não foram contabilizados;
- débitos relativos a cheques sem fundo suficiente, entregues ao banco para cobrança.

Se uma empresa mantém depósitos em diversos bancos, é comum ocorrerem erros devido a lançamentos que deveriam ter sido feitos na subconta de determinado banco, mas que indevidamente foram feitos na subconta de outro.

Os bancos também ocasionalmente cometem erros, creditando ou debitando um cliente em vez de outro. Por todas essas razões, o extrato de conta bancária deve ser conciliado com os registros da empresa, tão logo seja possível. No mínimo, mensalmente.

O resultado da conciliação de uma conta bancária resulta em um relatório que deve fornecer os seguintes elementos:

a) partindo dos registros da empresa e comparando-os com os fornecidos pelo banco:
- saldo da conta do banco nos registros da empresa;
- elementos de conciliação – quaisquer débitos ou créditos feitos pelo banco, mas não registrados pela empresa; e
- saldo ajustado;

b) partindo dos registros do banco (mencionados no extrato) e comparando-os com os da empresa:
- saldo da conta da empresa nos registros do banco;
- elementos de conciliação – quaisquer débitos ou créditos feitos pela empresa, mas não registrados pelo banco; e
- saldo ajustado.

Considera-se a conta bancária conciliada quando os dois saldos ajustados são iguais. Segue um exemplo de conciliação de conta bancária:

Cia. Brasília de Televisões Conciliação da Conta com o Banco "X"		
Saldo, de acordo com *nossos livros*		$ 660,00
(–) Débitos feitos pelo banco, não constando ainda de nossos livros:		
Despesas de cobrança	44,00	
Cheque de Dias & Cia., sem fundos	66,00	110,00
		550,00
(+) Créditos feitos pelo banco, não constando ainda de nossos livros:		
Cobranças efetuadas	330,00	
Juros cobrados de nossos clientes	33,00	363,00
Saldo ajustado		913,00
Saldo de acordo com o *extrato bancário*		990,00

(–) Crédito que fizemos na conta do banco, não constando ainda de seu extrato: Cheques n⁰ˢ 0045 e 0051, emitidos e não apresentados ao banco	77,00
Saldo ajustado	**$ 913,00**

Exercício resolvido 3

A Cia. Zulu mantém uma conta bancária com o Banco do Bairro S.A. Uma análise das transações relativas ao mês de junho de X9 revelou o seguinte:

1. o saldo, pelos livros da Cia. Zulu, em 30 de junho, foi de $ 74.742;
2. o extrato bancário mostra, no mesmo dia, um saldo de $ 87.485;
3. um cheque recebido de um cliente, na importância de $ 675, foi depositado em 27 de junho. Esse cheque foi devolvido no extrato bancário de junho, com a anotação "insuficiência de fundos";
4. os cheques relacionados a seguir foram emitidos para pagamentos a terceiros; todavia, ainda não haviam sido apresentados ao banco para resgate:

    Cheque nº
2032	$ 1.224
2035	$ 5.576
2037	$ 2.035
Total	$ 8.835

5. um cheque no valor de $ 725 da Cia. Negritos foi erroneamente debitado na conta da Cia. Zulu;
6. um depósito efetuado em 30 de junho, no valor de $ 1.756, não foi contabilizado pelo banco, por estar fora de expediente;
7. um depósito efetuado em 25 de junho, no valor de $ 235, não aparece no extrato bancário. Esse depósito foi erroneamente creditado na conta da Cia. Azul;
8. o cheque nº 2.028, no valor de $ 2.982, emitido pela Cia. Zulu em favor da Cia. Telefônica Brasileira, foi registrado por $ 2.289 nos livros da companhia;
9. no extrato bancário aparecem despesas bancárias e taxas no valor de $ 38, não contabilizadas pela firma;
10. diferença de juros cobrados a maior em meses anteriores agora creditados pelo banco totalizaram $ 5 (a Cia. Zulu não havia recebido o respectivo aviso);
11. aviso de cobrança efetuada pelo banco não contabilizada pela firma, totalizando $ 8.025.

Pede-se:

1. a conciliação bancária que mostre o saldo correto em 30-6-X9;
2. as partidas de diário necessárias para corrigir os livros da firma. (Não há necessidade de utilizar contas de 2º grau.)

Solução do Exercício 3

Cia. Zulu
Conciliação da Conta com o Banco do Bairro S.A.

Saldo, de acordo com *nossos livros*			$ 74.742
Menos:	Débitos feitos pelo banco, não constando ainda de nossos livros:		
	Despesas bancárias e taxas	38	
	Cheques sem fundos	675	713
			74.029
Mais:	Créditos feitos pelo banco, não constando ainda de nossos livros:		
	Cobranças efetuadas	8.025	
	Cancelamento de despesas	5	8.030
			82.059
Menos:	Diferença contabilizada a menos pela empresa:		
	Cheque nº 2028	2.982	
	Valor registrado	2.289	693
	Saldo ajustado		$ 81.366
	Saldo, de acordo com o *extrato bancário*		$ 87.485
Menos:	Créditos que fizemos na conta do banco, não constando ainda de seu extrato:		
	Cheques nºs 2032, 3035 e 2037, não apresentados		8.835
			78.650
Mais:	Débitos que fizemos na conta do banco, não constando ainda de seu extrato:		78.650
	Depósitos contabilizados pelo banco em outra conta	235	
	Depósitos ainda não contabilizados (fora expediente)	1.756	1.991
Mais:	Cheques de outra conta contabilizados a débito da nossa conta		725
	Saldo Ajustado		$ 81.366

Partidas de Diário da Cia. Zulu

São Paulo, 30-6-X9.

TÍTULOS A RECEBER
a   BANCOS – C/MOVIMENTO
      Cheque, emitido pelo n/cliente:
      ...., devolvido pelo banco por insuficiência de fundos $ 675
      _____ 30 _____

São Paulo, 30-6-X9.

DESPESAS BANCÁRIAS
a   BANCOS – C/MOVIMENTO
    Despesas bancárias debitadas pelo banco em n/c.-
    correntes, conf. extrato bancário $ 38

_____ 30 _____

BANCOS – C/MOVIMENTO
a   DESPESAS BANCÁRIAS
    Valores creditados pelo banco em n/c.- correntes referente a
    estorno de despesas cobradas anteriormente $ 5

_____ 30 _____

BANCOS – C/MOVIMENTO
a   DUPLICATAS A RECEBER
    Valor das duplicatas recebidas pelo Banco, conf. extrato
    bancário, desta data $ 8.025

_____ 30 _____

BANCOS – C/MOVIMENTO
a   DESPESAS COM TELEFONE
    Estorno do lançamento feito anteriormente, por
    incorreção em seu valor, conf. cheque 2028 $ 2.289

_____ 30 _____

DESPESAS COM TELEFONE
a   BANCOS – C/MOVIMENTO
    N/Pagamento à Cia. Telefônica Brasileira, conf. cheque nº 2028.
    Este lançamento foi feito para corrigir o lançamento anterior $ 2.982

7.4 CONTAS DE COMPENSAÇÃO

Contas de compensação é um sistema especial que reúne as contas nas quais são registradas operações que não alteram ou pelo menos não alteraram ainda o Patrimônio. Indicam riscos, ou responsabilidades futuras, eventuais, custódias etc. e têm características próprias de funcionamento. Utilizam-se essas contas também para fins de controle e de memória. Antes da Lei nº 6.404, de 15-12-1976, essas contas eram indicadas nos balanços, logo em seguida ao Ativo e ao Passivo. Uma particularidade do sistema de compensação consiste no seguinte: para cada conta debitada corresponde uma única conta creditada.

Essas contas, na verdade, não fazem parte do Ativo nem do Passivo. Nunca devem ser a eles juntadas. São um conjunto de contas à parte, com o objetivo de servir como instrumento adicional de controle. Seus saldos devedores não atendem à definição do que seja um Ativo ou um Passivo.

A seguir, são apresentados alguns exemplos de partidas de Diário com contas de compensação.

    a) Contratação de seguro da companhia seguradora:
        SEGUROS CONTRATADOS
        a **CONTRATOS DE SEGUROS**

b) Remessa de títulos para cobrança, por um banco:
   TÍTULOS EM COBRANÇA – Banco X
   a   ENDOSSOS PARA COBRANÇA
c) Remessa de mercadorias em consignação:
   CONSIGNATÁRIOS
   a   CONSIGNAÇÃO DE MERCADORIAS C/PRÓPRIA
d) Concessão, por parte da sociedade cujos livros estamos registrando, de um aval a favor de terceiro:
   TÍTULOS AVALIZADOS
   a   AVAIS A FAVOR DE TERCEIROS

Como se pode notar, o sistema de compensação registra operações que não afetam imediatamente o patrimônio da empresa, mas que podem eventualmente afetá-lo. A função do sistema de compensação é principalmente a de controle. Por exemplo: o saldo da conta *Títulos em Cobrança* representa o valor dos títulos remetidos para cobrança ao banco e ainda não cobrados. Para que isto seja alcançado, é necessário que a empresa, ao receber o aviso bancário comunicando a cobrança de um título, dê baixa do referido título no sistema de compensação, invertendo o lançamento do item *b* acima. O mesmo deve ser feito quando se extinguem ou diminuem obrigações, custódias etc.

Pode esse sistema ser adotado para obtenção de certas informações e seu controle. Por exemplo, havendo a necessidade de acompanhamento das despesas relativas a certa prestação de contas, pode-se efetuar o registro, nas contas de resultado, dessas despesas pela sua natureza (pessoal, encargos, material etc.) e, adicionalmente, repeti-las em contas de compensação para uma prestação de contas a terceiros (por exemplo, Despesas com Projeto de Incentivo X).

7.5 RESERVAS E PROVISÕES

7.5.1 Diferença entre reservas e provisões

Este é um assunto muito complexo. Falava-se, antigamente, por exemplo, em *Reserva para Depreciação*, assim como em *Provisão para Depreciação* e em *Reserva para Indenizações Trabalhistas*, assim como em *Fundo para Indenizações Trabalhistas* etc.

Um critério coerente para distinguir as reservas de lucros das provisões é aquele segundo o qual as provisões são constituídas antes da apuração do resultado, e as reservas depois da apuração do resultado. A constituição de uma provisão gera uma despesa, que afeta o resultado. A constituição de uma reserva diz respeito à destinação do resultado já obtido, apurado e reconhecido. As reservas são constituídas com a própria distribuição do resultado, quando este é, evidentemente, positivo, ao passo que as provisões são constituídas tendo em vista onerar o resultado das empresas, não importando se ele é positivo ou negativo, antes do reconhecimento da despesa.

Esse critério funciona para distinguir as provisões das *reservas de lucros*, pois, como será visto, existem outros tipos de reservas.

7.5.2 Reservas

As reservas complementam o *Capital Social* na formação do *Patrimônio Líquido* das empresas. Elas podem ser de três tipos:

- de lucros;
- de capital; e
- de reavaliação.

As reservas de lucros já foram explicadas anteriormente. As reservas de capital são constituídas, basicamente, pelos ágios obtidos na colocação de ações da empresa. As reservas de reavaliação são constituídas pelo produto de atualizações do ativo por suas reavaliações a preços de mercado, mas esse procedimento nem sempre é permitido legalmente.

Quanto à colocação das reservas no Balanço, é óbvio que devem figurar no Patrimônio Líquido ao lado do *Capital Social*.

Quanto ao fundamento jurídico, as reservas podem ser:

- legais;
- estatutárias; e
- livres.

Reservas legais são as criadas em virtude de dispositivo legal. Exemplo: reserva legal das sociedades anônimas (no Brasil, 5% dos lucros anuais, até atingir 20% do capital social). Têm essas reservas a finalidade de garantir a integridade do capital social.

Reservas estatutárias ou contratuais são as constituídas em virtude de disposições constantes nos estatutos, no caso das sociedades anônimas, ou dos contratos, no caso de outros tipos de sociedade. Geralmente, essas reservas têm destinação específica.

Reservas livres são as criadas livremente pelas assembleias de acionistas, com fins específicos ou não.

7.5.3 Impropriedade do uso da palavra "fundo"

Eram de uso bastante generalizado os títulos de conta *Fundo de Reserva, Fundo de Depreciação, Fundo de Devedores Duvidosos* e outros. Autores renomados, porém, condenam o uso da palavra *fundo* em tais denominações. A palavra em questão tem o significado de *dinheiro* ou *créditos a receber* e, portanto, não tem o sentido que essas contas contêm.

Smalembach, um dos mais famosos autores alemães, afirmava já no início do século XX que a palavra *fundo* "tem o inconveniente de induzir a crer que os fundos representam Capital que se encontra em dinheiro ou outra forma tangível qualquer".

7.5.4 Reservas ocultas

É óbvio que as reservas ocultas não são expressas no Balanço das empresas. Tais reservas correspondem a problemas de subavaliações deliberadas de ativo e superavaliações também deliberadas de passivo, com redução forçada do patrimônio líquido no Balanço. Essa diferença ocorre também em virtude de muitas vezes a Contabilidade não retratar devidamente o patrimônio das empresas. Uma das causas do aparecimento de reservas ocultas é a não correção monetária de certos ativos quando há inflação razoável.

7.5.5 Provisões

As provisões podem ser consideradas como verdadeiros elementos subtrativos do Ativo (caso da *depreciação* e da *provisão para créditos de liquidação duvidosa*) ou como verdadeiros passivos (caso da *provisão para férias*). Neste último caso, trata-se muitas vezes de obrigação de vencimento aleatório. A característica básica das provisões é seus valores serem normalmente estimados, ou serem apenas prováveis as perdas de valor (quando redutoras de Ativo) ou obrigações a que se referem; ou, ainda, ser incerta a data de seu vencimento. A contrapartida será sempre a débito de uma conta de despesa. As provisões representam, sempre, despesas já incorridas, mas cujo total pode-se apenas estimar.

Outros exemplos:

- provisão para contingências trabalhistas;
- provisão para perdas nos estoques;
- provisão para contingências fiscais;
- provisão para garantias;
- etc.

7.6 EXIGIBILIDADES – OUTRA CLASSIFICAÇÃO

Trata-se daquilo que em nossa classificação denominamos *Passivo*, simplesmente, ou na classificação da Lei nº 6.404/76, das Sociedades por Ações, do *Passivo Circulante* (curto prazo) e do *Passivo Não Circulante*. Corresponde também ao conceito de *Capital de Terceiros*.

Além da tradicional divisão do Passivo, segundo os prazos de liquidação, em curto e longo prazos, costuma-se fazer também a seguinte divisão:

- Passivo de funcionamento;
- Passivo de financiamento.

O Passivo de funcionamento corresponde às obrigações, principalmente, de empresas que nem sempre pagam à vista os bens ou serviços recebidos de terceiros. Essas obrigações também podem ser originadas de recebimentos antecipados de receitas e decisões de distribuição de lucros.

Segundo o Prof. C. da Rocha Viana, "denominam-se débitos de financiamento os que a empresa contrai mediante empréstimos de dinheiro. Não resultam, como os débitos de funcionamento, das operações próprias a que se consagra a empresa, e, portanto, não estão ligados a nenhuma outra operação. Decorrem, simplesmente, de uma operação financeira entre os possuidores do capital-dinheiro e os que necessitam de tal espécie de capital [...]".

Exemplos de Passivo de financiamento:

- empréstimos contraídos de bancos ou capitalistas mediante aceite de letras de câmbio ou emissão de notas promissórias, debêntures, *commercial papers*;
- idem, mediante contratos especiais garantidos por penhor ou hipoteca;
- empréstimos contraídos pelas sociedades por ações mediante a emissão de debêntures.

Apesar das variadas classificações, o importante é caracterizar bem o Passivo (Exigibilidades), incluindo nesse grupo as provisões dessa natureza e as receitas recebidas antecipadamente.

7.7 AVALIAÇÃO DE INVESTIMENTOS SOCIETÁRIOS PELA EQUIVALÊNCIA PATRIMONIAL

Este assunto é mais desenvolvido na literatura sobre Contabilidade Intermediária ou Avançada. Aqui, haverá apenas uma iniciação dele.

As participações societárias temporárias (classificadas no Ativo Circulante ou no Ativo Não Circulante – Realizável a Longo Prazo) são avaliadas pelo custo de aquisição (sofrem registro de provisão para perdas se o valor de mercado – valor realizável líquido – for inferior). Quando as investidas produzem distribuição de resultados, provocam o registro, na investidora, de receitas de participações societárias.

As participações societárias, quando permanentes, são avaliadas dessa mesma forma, ou seja, ao custo, *ou* pela equivalência patrimonial. Quando pelo custo, a receita só é registrada quando os lucros são recebidos pela investidora.

Quando os investimentos societários permanentes são em empresas controladas pela investidora ou pelo menos quando a investidora possui participação societária suficiente para exercer influência significativa sobre a administração da investida, não é razoável ter que esperar pelo recebimento dos lucros para registrá-los; melhor do que usar o Regime de Caixa, nesses casos, é usar o Regime de Competência.

O Regime de Competência significa que a sociedade investidora deve registrar sua parte no lucro da investida assim que esta o obtiver, e não quando o distribuir em dinheiro aos sócios.

7.7.1 Registro de investimento na formação da sociedade investida

Por exemplo, a Cia. Holding tem investimento na Cia. A, tendo participado de sua constituição com 60% do seu capital. À época havia feito, na formação de Cia. A:

Investimentos em Controladas
Cia. A
a   **Bancos – Banco M** $ 6.000.000

7.7.2 Registro da participação no resultado

A Cia. A, com o capital inicial de $ 10 milhões, registra um lucro em seu primeiro ano de $ 2 milhões e propõe a distribuição de dividendos de $ 500 mil.

A Cia. Holding já registra, no mesmo período contábil, a parte do lucro que lhe cabe:

Investimentos em Controladas
Cia. A
a   **Receita de Equivalência Patrimonial**
Pela participação de 60% no lucro líquido de
$ 2.000.000 da Cia. A, conforme suas
demonstrações contábeis desta data, anexas $ 1.200.000

Com isso, o investimento permanente passou para $ 7,2 milhões.

7.7.3 Registro do recebimento dos dividendos

Quando a Holding receber os dividendos, não os registrará como lucro novamente, é óbvio; registrará uma baixa na conta de Investimento porque estará recebendo agora em dinheiro uma parte do lucro anteriormente registrado:

Bancos – Banco M
a   **Investimentos em Controladas**
Cia. A
Pelo recebimento da parte dos dividendos distribuídos
que nos pertence $ 300.000

A Cia. Holding também poderia ter registrado, quando da informação de que a Cia. A declarou dividendos, se tivesse certeza da efetiva distribuição:

Dividendos a Receber
a   **Investimentos em Controladas** $ 300.000
Cia. A

E, quando do efetivo recebimento:

Bancos – Banco M
a   **Dividendos a Receber** $ 300.000

7.7.4 Registro de investimento com mais-valia e com ágio (*goodwill*)

Se a Cia. Holding adquirir agora 40% das ações da Cia. B, comprando-as de seus antigos donos, terá que, na aquisição, calcular e registrar o eventual pagamento de mais--valia de seus ativos e passivos com relação a seus valores contábeis, bem como de ágio por expectativa de rentabilidade futura (*goodwill*), ou "deságio" (paga-se menos do que valem, no mercado, individualmente, os ativos e passivos da adquirida).

Admita que o patrimônio líquido da Cia. B, na data da aquisição, foi $ 5 milhões. Para simplificar, observe que seus ativos tenham valor de mercado (valores justos – essa é, na realidade, a melhor terminologia) muitíssimo próximos dos seus valores contábeis, o mesmo ocorrendo com seus passivos. Se a Cia. Holding pagar $ 2,5 milhões pelos 40%, estará pagando essa quantia por uma participação em ativos e passivos da investida que, a valores justos individuais, somam $ 2 milhões (40% dos $ 5 milhões). Nesse caso haverá o pagamento de um ágio por expectativa de rentabilidade futura (conhecida também por fundo de comércio, ou *goodwill*) e se fará o seguinte registro:

Diversos			
a	Bancos – Banco M		
	Investimentos em Coligadas – Cia. B –		
	Equivalência Patrimonial	$ 2.000.000	
	Investimentos em Coligadas –		
	Cia. B – Ágio	$ 500.000	$ 2.500.000

Se esse pagamento for feito a mais do que a parte proporcional do Patrimônio Líquido da adquirida, em parte porque há ativos da Cia. B que valem mais no mercado do que seu valor contábil, esse valor será registrado à parte, e não como ágio por expectativa de rentabilidade futura. E esse pagamento por mais-valia do valor justo sobre o valor contábil será amortizado e transferido para despesa à medida que esses ativos forem sendo baixados na investida. Se for pago por expectativa de bons lucros futuros da Cia. B, será baixado na proporção desses lucros, quando ocorrerem, ou poderá ser não amortizado mas sujeito, em cada balanço, ao teste de recuperabilidade de seu valor; neste caso, a baixa se dará quando dessa perda de valor. (Deve-se consultar, em cada empresa, a que regime ela está subordinada pela legislação e/ou pela normatização pertinente.) Caso se perceba ter sido esse ágio simplesmente um mau negócio, há que se baixá-lo imediatamente.

7.7.5 Registro de investimento com "deságio"

Digamos, noutro exemplo, que a Cia. Holding tivesse pago, pelos 40% das ações da Cia. B, apenas $ 1,7 milhão. O registro então seria por pagar $ 1,7 milhão por sua parte nos $ 2 milhões do Patrimônio Líquido de B:

Investimentos em Coligadas – Cia. B			
a	Diversos		
a	Bancos – Banco M	$ 1.700.000	
a	Ganho por Compra Vantajosa – Cia. B –		
	Deságio	$ 300.000	$ 2.000.000

Essa conta de "deságio", que foi ganho por compra vantajosa, será reconhecida no resultado do período como receita, desde que não haja a dúvida alguma de que os valores justos dos ativos e passivos da adquirida valem mesmo, proporcionalmente, mais do que o que foi pago. Existem, no Brasil, por força dos Pronunciamentos Técnicos emitidos pelo CPC (Comitê de Pronunciamentos Contábeis), adotados formalmente pela CVM, SUSEP, CFC e outros órgãos reguladores, regras específicas para quando se usar a Equivalência

Patrimonial, como usá-la mesmo quando não se participa no capital votante da investida e não se tem influência sobre ela, quando há lucros não realizados em transações entre investidora e investida e muitos outros detalhes que existem, mas não serão vistos neste livro introdutório.

7.8 TESTE DE RECUPERABILIDADE DOS ATIVOS – *IMPAIRMENT*

Uma das regras mais fundamentais da Contabilidade é a de que nenhum ativo pode ficar registrado contabilmente por mais do que ele vale. No caso dos ativos circulantes, esse "vale" é medido em termos de sua venda no mercado. Por isso, os estoques ficam pela regra do "custo ou mercado, dos dois o menor".[2] A única exceção é no caso de contas a receber de transações comerciais (Clientes, Duplicatas a Receber ou assemelhadas) com prazos curtos para recebimento, onde o ajuste ao seu valor de pronta realização não seria significativo.

Para os demais ativos que não os circulantes, quando cabível, os testes do se "vale" são dois, valendo deles o maior: o primeiro é o mesmo que o dos ativos circulantes: qual seu valor justo numa negociação de venda no mercado (diminuído das despesas incrementais de venda). Se não passar por esse teste, aplica-se o seguinte: qual seu "valor de uso", definido pelo valor presente dos fluxos de caixa que esse ativo provavelmente gerará no futuro.

Valor presente significa calcular qual o valor que, hoje, aplicado a uma taxa de juros normal de mercado, produzirá esses fluxos de caixa projetados. Por exemplo, quando se estima um fluxo de caixa de um ativo de $ 1.000.000 por ano durante 5 anos, e a taxa de juros anual considerada é de 12%, o valor presente desse fluxo nominal de $ 5.000.000 é $ 3.604.776 (soma das seguintes parcelas: $ 1.000.000/1,12 = $ 892.857; $ 1.000.000/$(1,12^2)$ = $ 797.194 etc.).

Como há ativos que não produzem fluxo de caixa sozinhos, há que se agrupá-los no que se denomina de "unidades geradoras de caixa"; por exemplo, numa companhia aérea, cada aeronave é uma unidade geradora de caixa em si mesma; mas uma fábrica de biscoitos pode ser ela inteira considerada uma unidade geradora de caixa, e não cada uma de suas máquinas tomadas isoladamente, se o fluxo de produção é um único nessa entidade.

Quando um ativo não passa pelo teste de recuperabilidade, ou seja, o fluxo de caixa, a valor presente, de sua venda ou do que ele é capaz de produzir no futuro não recupera o valor contábil, o diferencial precisa ser reconhecido como perda, como se fosse uma espécie de depreciação:

Perda por irrecuperabilidade de ativo a Provisão por perda de valor

Com isso, a gestão da empresa, os credores, os investidores e outros usuários têm muito maior segurança de que os ativos são capazes de produzir caixa igual ou maior do que os valores contábeis, nunca menor.

---

[2] Valor e custo ou realizável líquido, dos dois o menor.

Se, depois de registrada uma perda (*impairment*), ela se reverter no futuro, essa provisão será revertida até o limite do valor contábil original do ativo. A única exceção de ativo que, se tiver uma perda reconhecida, não poderá tê-la revertida é o ágio por expectativa de rentabilidade futura (*goodwill*), dada sua natureza de ser o mais intangível dos intangíveis, o mais difícil ativo de ser tratado contabilmente etc.

Exercício 4

Assinale a alternativa correta:

1. A Provisão para Créditos de Liquidação Duvidosa é constituída para atender:
   a) As diminuições de créditos por motivos de devolução.
   b) Os riscos de insolvência dos clientes.
   c) Os descontos e os abatimentos concedidos.
   d) Os descontos e os abatimentos obtidos.

2. A baixa de um Cliente incobrável é registrada:
   a) Despesa com Créditos de Liquidação Duvidosa
      a   Clientes.
   b) Despesa com Créditos de Liquidação Duvidosa
      a   Devedores Incobráveis.
   c) Clientes
      a   Devedores Incobráveis.
   d) Provisão para Créditos de Liquidação Duvidosa
      a   Clientes.

3. No período de carência de um empréstimo, os juros são:
   a) Calculados e apropriados, ainda que não pagos.
   b) Apenas calculados.
   c) Registrados apenas quando pagos.
   d) Registrados apenas gerencialmente e não contabilizados.

4. A variação cambial incide sobre:
   a) Empréstimos de longo prazo efetuados em moeda nacional.
   b) Financiamentos de curto prazo.
   c) Somente financiamentos de imobilizados.
   d) Empréstimos e financiamentos em moedas estrangeiras.

5. São consideradas imediatas aquelas aplicações que:
   a) Possuem resgate em até 180 dias.
   b) Possuem resgate em até 360 dias.
   c) São resgatáveis a qualquer momento.
   d) Possuem resgate após 360 dias.

8

Ativos Imobilizado e Intangível e suas depreciações e amortizações

No Capítulo 6 foi visto que, de acordo com a legislação brasileira, o Ativo Não Circulante está dividido em quatro grupos:

- Realizável a Longo Prazo;
- Investimentos,
- Imobilizado; e
- Intangível.

Neste capítulo, o foco é estudar o Ativo Imobilizado, principalmente, e um pouco do Ativo Intangível.

8.1 CONCEITUAÇÃO DE ATIVO IMOBILIZADO

O Ativo Imobilizado é a parcela do Ativo em que se encontram os bens tangíveis destinados ao uso e à manutenção da atividade da empresa. São bens que servem a vários ciclos operacionais da empresa e, às vezes, por sua vida toda. Também estão incluídos entre estes bens aqueles que se destinam a servir no futuro ao processo operacional, caso já estejam prontos e à espera de utilização no lugar de outros em operação, ou estejam sendo preparados para serem utilizados. Esses bens não estão à venda, mas podem ser vendidos após seu uso.

Um edifício, um equipamento e um automóvel utilizados por uma fábrica são ativos imobilizados dessa fábrica; são elementos usados no processo operacional e que não são mantidos com o objetivo de venda. Um terreno, sendo preparado para receber novas instalações, é também um Ativo Imobilizado, pois, embora ainda não esteja sendo usado no processo operacional, é um bem de caráter permanente adquirido com a intenção de ser usado nesse processo e que já está sendo colocado em condições de uso.

Os elementos do Ativo Imobilizado (também conhecido como Ativo Fixo) só podem ser *tangíveis*. É tangível o bem que tem um corpo físico, tal como um edifício ou uma máquina. O bem intangível é o caso de uma patente ou um direito autoral, cujo valor reside nos direitos de propriedade que são legalmente conferidos a seus possuidores. Estes últimos elementos são agrupados num grupo à parte, denominado *Ativos Intangíveis*.

Características do
ATIVO IMOBILIZADO
■ É de natureza permanente
■ É utilizado ou está sendo preparado para ser utilizado na atividade operacional da empresa
■ É tangível
■ Não se destina a venda

8.2 DEPRECIAÇÃO DO ATIVO IMOBILIZADO E SUA RELAÇÃO COM O CAIXA

8.2.1 Conceito de depreciação

A maior parte dos elementos do Ativo Imobilizado tem sua vida útil limitada no tempo e, após seu uso, produz um valor de venda inferior ao investido em sua aquisição (às vezes, o valor final de venda é zero). Esse valor final de venda é chamado de *valor residual*.

Assim, se um equipamento for comprado por $ 100.000 e utilizado, por exemplo, por seis anos, e, após esse período, a empresa estima que consiga vendê-lo por 10% do valor original de compra, seu valor residual será de aproximadamente $ 10.000.

Isso significa que uma parte do dinheiro investido na aquisição do Ativo Imobilizado ($ 100.000) é recuperada por sua venda final (10.000), mas não a maior parte ($ 90.000). Então, na apuração do resultado desses seis anos, o valor de $ 90.000, parte do custo original não recuperável pela venda do ativo, terá que ser transformado em despesa e deverá ser deduzido do resultado. Afinal, esse equipamento estará, direta ou indiretamente, ajudando a produzir receitas e caixa, mas fará com que $ 90.000 de caixa investido na sua aquisição se torne irrecuperável, logo, uma despesa a ajudar no processo de obtenção de receita. Do dinheiro a ser produzido com o uso direto ou indireto do equipamento nesse período, uma parte não será lucro, e sim recuperação de parte do custo investido no imobilizado.

Em outras palavras, é necessário *depreciar* esses $ 90.000, transformando esse valor em despesa. Logo, *depreciação* é o processo de transformar em despesa um pedaço do valor de aquisição de um ativo imobilizado destinado ao uso, já que esse pedaço não será recuperado pela venda do bem a que se refere.

> **Atenção**
> Depreciação é a diferença entre o custo de aquisição e o valor residual de um ativo destinado ao uso. É a parte do dinheiro utilizada no investimento inicial e que não se recupera na hora da venda desse investimento.

8.2.2 Um pouco de reflexão sobre Contabilidade, lucro, depreciação e fluxo de caixa

Um dos principais objetivos da Contabilidade é medir o valor do lucro. A longo prazo, o lucro nada mais é do que a diferença entre dois conjuntos de fluxos de caixa: o dos recursos que os sócios entregam à empresa, em sua constituição e nos aumentos de capital, e o dos recursos que a empresa produz para os sócios (na forma de distribuição de lucros e devolução final do capital quando extinta). Então, a longo, longo prazo, o lucro é uma diferença de fluxos de caixa entre os sócios e a empresa. (Obviamente, passará a prejuízo se o fluxo líquido mudar de direção.)

Esse diferencial de caixa que a empresa entrega a seus sócios a mais do que deles recebe é obtido pelas suas atividades: será positivo se o que receber de caixa pelas produções e vendas de seus produtos e serviços a clientes superar o que precisar desembolsar para conseguir obter esses fluxos de vendas (e outros tipos de rendas, como juros, aluguéis etc.). Assim, terá receitas que um dia transitam por caixa e despesas que também um dia transitam por esse mesmo caixa. No fundo, o lucro, a longo prazo, só existe se a empresa conseguir aumento de caixa nessas atividades operacionais. Logo, lucro é o que se recebe em caixa a mais do que se desembolsa.

Por isso nasceu o Princípio do Custo Histórico como Base de Valor (a ser visto com melhor propriedade no capítulo de princípios contábeis). Por exemplo, avaliam-se os estoques de mercadorias por seu custo de aquisição (dinheiro usado para adquiri-lo) para contrapô-lo ao valor da venda quando dessa venda (dinheiro entrado ou a entrar); assim, o lucro bruto será a diferença entre dois fluxos de caixa: o da entrada pela venda e o da saída pela compra. Só que os fluxos físicos de entrada e saída de dinheiro se dão conforme efetivamente ocorrem, mas a mensuração do lucro será efetuada apenas quando da venda das mercadorias.

O valor do lucro líquido também será uma diferença entre fluxos de caixa. Do resultado das vendas, diminuem-se as saídas de caixa pelas despesas de salários, encargos sociais, aluguéis, energia, impostos etc. A Contabilidade, com os conceitos de Ativo (caixa, estoques e contas a receber), Passivo (contas a pagar a fornecedores e outros) e o Regime da Competência, consegue produzir informações extraordinárias sobre o lucro e o desempenho da empresa em função dos fatos econômicos que medem bem esse desempenho (conseguir fazer as vendas, por exemplo), mesmo quando os fluxos de caixa acontecem de forma diferente.

Se, por exemplo, sair dinheiro do Caixa para comprar uma mercadoria à vista, isso não será registrado como despesa; só será registrado como despesa quando da venda dessa mercadoria; e na venda poderá também não entrar dinheiro, que só será recebido mais à frente. Com isso, a Contabilidade apura o lucro no momento crucial do processo de ganhar dinheiro no comércio, que é no momento da venda e entrega da mercadoria, mesmo que os fluxos de caixa tenham acontecido antes, venham a acontecer depois ou tenham parte ocorrida antes e parte depois.

Do mesmo jeito que na operação comercial, em que o lucro transitará pelo Caixa um dia (não necessariamente dentro do mês da própria venda), na operação financeira a verdade é a mesma: a empresa tem um fluxo de saída em certo dia, quando empresta ou aplica o dinheiro, mas não o registra como despesa. E tem um fluxo de entrada quando recebe o empréstimo ou resgata a aplicação com os respectivos juros acrescidos. A diferença entre esses dois fluxos produzirá a Receita Financeira que fará parte do lucro da empresa. Só que a Contabilidade irá registrar essa receita pouco a pouco, ao longo do tempo entre a aplicação e o resgate, e não na aplicação (saída do dinheiro) ou no final (entrada do dinheiro); mas, no decorrer desse tempo, a receita financeira terá que, obrigatoriamente, transitar pelo Caixa.

Qualquer problema com a apropriação de receita que não se realize em dinheiro provocará, na Contabilidade, o registro de uma despesa ou de uma perda para consertar o valor do lucro acumulado no tempo; o Ajuste por Créditos de Liquidação Duvidosa, como visto no capítulo anterior, é um instrumento para esse ajuste (diferença entre a receita reconhecida contabilmente e o caixa efetivamente obtido pela venda).

O problema, neste capítulo, é o de verificar o que ocorre quando a empresa, por exemplo, em vez de aplicar dinheiro na compra de uma mercadoria ou numa aplicação financeira, aplica-o na compra de uma máquina que lhe propiciará receitas de serviços ou ajudará a produzir receitas com vendas de mercadorias ou produtos. Um dinheiro que sai por causa da compra dessa máquina não gera uma despesa nesse momento. Mas quando a máquina for vendida após muito tempo de uso, gerará uma entrada de dinheiro inferior ao usado em sua compra. Então a diferença precisará ser baixada contra as receitas, exatamente como se faz quando há baixa do estoque para custo da mercadoria vendida quando da venda.

A empresa, quando vende a mercadoria, recebe um grande valor em dinheiro, mas não diz que tudo é lucro; diminui dele o dinheiro retirado no passado ou a sair no futuro pela aquisição da mercadoria vendida. No caso da aplicação financeira, a empresa não considera que todo o valor recebido seja lucro; também diminui o dinheiro retirado no passado na ocasião da aplicação. Também ocorre que, quando há o recebimento de dinheiro por receitas de vendas, mas a empresa sofre desvalorização de sua máquina, ela não considera todo o dinheiro que entra como lucro, porque precisa diminuir da receita o valor da parcela do dinheiro desembolsado na compra da máquina que não será recuperado pela venda desse ativo.

Assim, a depreciação é a *transformação de um dinheiro* retirado pela compra de um ativo que, originalmente é destinado ao uso, *em despesa*. Dessa forma, do dinheiro que entra pela receita de serviço ou de venda ou outra qualquer é separada a parte que é a recuperação de dinheiro investido no ativo e que não será recuperada pela venda do próprio ativo.

Afinal, o lucro só existirá se a empresa conseguir, ao longo da vida toda, receber mais dinheiro do que aplicar; só existirá lucro para os sócios se eles receberem, ao longo da vida da empresa, mais dinheiro dela do que nela investirem.

Note, então, que a *depreciação* tem tudo a ver com caixa; só que não necessariamente com o caixa de quando é registrada contabilmente, e a diferença entre esse seu registro como despesa e a efetiva saída de caixa pode demorar muito (décadas até, como no caso de uma empresa de energia elétrica que investe na construção de uma usina e amortiza esse desembolso em 30, 40, 50 anos ou mais).

É comum, infelizmente, dizer-se que depreciação não tem nada a ver com caixa. Isso é incorreto. Pode não ter com o caixa do período em que é reconhecida essa despesa, mas que reflete uma saída de caixa já ocorrida, ou até a incorrer (se o imobilizado não foi pago ainda), reflete sim. É um problema temporal, como são temporais as diferenças entre registro da receita e entrada do caixa, registro de uma despesa de salários e sua saída do caixa; só que as diferenças temporais quanto à depreciação podem ser muito grandes, isso sim.

8.3 VALOR CONTÁBIL DOS ELEMENTOS DO ATIVO IMOBILIZADO

O custo de um ativo imobilizado deve incluir, além do valor pago ao vendedor, todos os gastos incorridos até que ele esteja em condições de participar do processo operacional da empresa. Assim, ao valor faturado pelo vendedor devem ser acrescentados outros, tais como fretes, custos de instalação, tributos na aquisição não recuperáveis etc.

O custo de construção de um edifício deve incluir todos os gastos com contratos, impostos, taxas, honorários dos arquitetos, salários dos administradores de obras, seguro e outros custos semelhantes que ocorrem durante a construção.

Se uma máquina ou outro instrumento similar é construída pela própria empresa, deve ser contabilizada pelo custo de construção, e não pelo custo de aquisição de um elemento idêntico já existente no mercado.

Incluem-se também, no custo do Imobilizado, os encargos financeiros suportados pela empresa e incorridos durante o tempo de sua construção ou operação, se o tempo de construção for longo (mais do que um ano, por exemplo) ou se esses encargos forem significativos (como nos tempos de juros altos). Após estarem prontos esses ativos, os encargos financeiros passam a ser considerados despesas financeiras.

> **Atenção**
> Define-se como Valor Contábil de um ativo imobilizado a diferença entre esse custo e o valor total acumulado de depreciação (ou exaustão) até o momento.

8.4 PROBLEMAS DE DEPRECIAÇÃO

Para calcular a amortização dos bens depreciáveis, é necessário resolver três problemas:

- a estimação da vida útil;
- a estimação da parcela do custo recuperável ao fim da vida útil (valor residual de venda);
- a escolha do método.

8.4.1 Problema da vida útil

A limitação da vida útil dos bens é relacionada a duas causas: *causas físicas* e *causas funcionais*. Essas causas atuam sempre em conjunto, de maneira que é difícil, ou impossível, separar os efeitos de cada uma.

- *Causas físicas*: o uso, o desgaste natural e a ação dos elementos da natureza.
- *Causas funcionais*: a inadequação e o obsoletismo. Essas causas estão ligadas ao surgimento de substitutos mais sofisticados.

Antigamente, quando não havia progresso tecnológico tão acentuado, as causas físicas eram as únicas determinantes da vida útil dos objetos. Mediante um estudo estatístico, a vida útil era estimada com alguma precisão.

Atualmente, o que mais interessa é a vida útil econômica, que não depende só das causas físicas, mas também das funcionais. Muitas vezes, uma máquina, ainda em condições de trabalho, é dispensada porque já não pode ser utilizada economicamente. O computador é um dos grandes exemplos disso. A vida útil física deu lugar à vida útil econômica, que varia de empresa para empresa, do tipo de uso, do tipo de manutenção, das inovações etc.

8.4.2 Problema do método de cálculo

Vários são os métodos de cálculo da depreciação mencionados pelos autores. Contudo, poucos são os realmente usados. Esta seção abordará apenas três métodos. A explicação dos métodos será feita com base no seguinte exemplo hipotético:

Custo do bem	$ 5.500
Valor residual: valor estimado de revenda ao final da vida útil do bem	$ 500
Total da depreciação a ser considerada como despesa durante a vida útil do bem	$ 5.000
Vida útil estimada	5 anos

- **Método das Cotas Constantes**: é o que distribui o custo do bem em função exclusivamente do tempo. É um método usado universalmente pois apresenta simplicidade de cálculo e de funcionamento. Fórmula:

$$\text{Cota de Depreciação do Período (anual ou mensal)} = \frac{\text{Custo} - \text{Valor residual}}{\text{N}^{\text{o}} \text{ de períodos de vida útil estimada (em anos ou meses)}}$$

Aplicada a fórmula ao exemplo apresentado, tem-se:

$$\text{Cota anual de depreciação} = \frac{\$\,5.500 - \$\,500}{5} = \$\,1.000$$

A cota anual (constante) corresponde, no caso, a 20% do custo diminuído do valor residual. Esse método é também conhecido por **Método da Linha Reta**.

- **Método da Soma dos Algarismos dos Anos:** de acordo com esse método, as cotas de depreciação são calculadas da seguinte forma: somam-se os algarismos que compõem o número de anos de vida útil do bem a ser depreciado e esse será o denominador. O numerador será, para cada ano, um dos dígitos que compõem a vida útil. Este método também é chamado de **Método Cole**.

No exemplo apresentado, tem-se:

$$1 + 2 + 3 + 4 + 5 = 15$$

A cota de depreciação do 1º ano será calculada pela multiplicação de uma fração cujo denominador é 15 e cujo numerador é o último número da série acima, pelo valor a ser depreciado. Para as cotas seguintes, o processo é o mesmo, com a diferença dos numeradores das frações que vão diminuindo na ordem inversa da série, da seguinte forma:

Cota do 1º ano = $\dfrac{5}{15}$ × $ 5.000 = $ 1.667

Cota do 2º ano = $\dfrac{4}{15}$ × $ 5.000 = $ 1.333

Cota do 3º ano = $\dfrac{3}{15}$ × $ 5.000 = $ 1.000

Cota do 4º ano = $\dfrac{2}{15}$ × $ 5.000 = $ 667

Cota do 5º ano = $\dfrac{1}{15}$ × $ 5.000 = $ 333

Soma $ 5.000

Esse método pode ser usado na ordem inversa.

- **Método do Saldo Decrescente**: também é denominado **Método de Matheson ou Exponencial**, ou método da percentagem fixa sobre o valor contábil. Por este método, calculam-se as cotas de depreciação pela multiplicação de um percentual fixo sobre o valor contábil que vai decrescendo ano a ano. A fórmula para determinação da percentagem fixa é:

$$\text{Percentual anual} = 1 - \sqrt[n]{\dfrac{\text{Valor residual}}{\text{Custo do bem}}}$$

onde *n* é o número estimado de anos de vida útil do bem.

Neste caso, a percentagem anual a ser atribuída ao saldo decrescente do bem seria:

$$\text{\% anual} = 1 - \sqrt[n]{\dfrac{\text{Valor residual}}{\text{Custo do bem}}}$$

$$\% \text{ anual} = 1 - \sqrt[5]{\frac{500}{5.500}} = 1 - \sqrt[5]{\frac{1}{11}}$$

% anual = 1 − 0,61904 = 0,38096 = 38,096%

Cota do 1º ano = 38,096% × $ 5.500,000 = $ 2.095,280
Cota do 2º ano = 38,096% × $ 3.404,720 = $ 1.297,062
Cota do 3º ano = 38,096% × $ 2.107,658 = $ 802,933
Cota do 4º ano = 38,096% × $ 1.304,725 = $ 497,048
Cota do 5º ano = 38,096% × $ 807,677 = $ 307,693
                                          $ 5.000,016
Valor residual ($ 807,677 − $ 307,693) = $ 499,984
                                          $ 5.500,000

Embora seja um método usado em outros países, seu uso não é feito por meio da fórmula dada, porque esta exige sempre um valor residual. Grant e Norton citam o exemplo de dois bens do mesmo preço de compra ($ 1.000), mesma vida útil de 20 anos e cuja única diferença ocorre no valor residual estimado, tendo um dos bens o valor residual de $ 50 e o outro de $ 1. Aplicando-se a fórmula aos dois bens, o de maior valor residual teria uma taxa de 13,9% e o outro de 29,2%. É óbvio que a diferença entre as taxas é muito grande para ser justificada apenas pelas diferenças entre os valores residuais.

Os dois últimos métodos vistos fornecem uma depreciação que diminui com o passar do tempo. Muitos autores denominam esses métodos *Métodos de Cotas Decrescentes*.

O uso desses métodos vem-se intensificando em diversos países, por causa de certas vantagens que eles proporcionam, a saber:

- *Vantagens fiscais*: quando aceitas fiscalmente, essas vantagens são óbvias, uma vez que a despesa da depreciação é um dos componentes que afetam o lucro tributável. As cotas maiores de depreciação no início da vida útil significam menores impostos, e isso é vantajoso para a empresa, embora, no final, os impostos serão maiores, em virtude de serem menores as cotas de depreciação, mas no Brasil a legislação fiscal não aceita isso.
- *Diminuição do risco de prejuízos*: como já foi exposto, a estimação da vida útil quase sempre é precária. Quando ocorre a baixa de um bem, o custo restante a amortizar é jogado contra o valor de venda, se existir, podendo gerar "prejuízo". Ora, é evidente que os métodos da depreciação por cotas decrescentes diminuem as possibilidades de "prejuízo" desse tipo, porque em relação aos outros métodos seus saldos a amortizar costumam ser menores.
- *Permitem maior uniformidade nos custos*: a maioria dos bens depreciáveis necessita de manutenção e reparos. Quando são novos, tais despesas não existem, ou são insignificantes. Quando, porém, vão ficando mais velhos, os referidos encargos aumentam significativamente. Esse crescimento das despesas de manutenção e

reparos pode ser compensado pelo uso do método de depreciação de cotas decrescentes, deixando os custos mais uniformes.

Veja essa vantagem observando a seguinte figura:

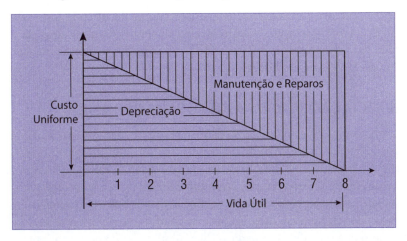

8.4.3 Problema da escolha da base de cálculo

Durante muito tempo, a única base de cálculo era o custo histórico ou o custo histórico menos o valor residual. Até hoje, em países com moeda relativamente estável, como os Estados Unidos, o Japão e mais recentemente o próprio Brasil, a depreciação ainda é calculada sobre bases históricas.

Com o surgimento de processos inflacionários acentuados em alguns países (como aconteceu no Brasil), a depreciação calculada sobre bases históricas perdeu completamente seu significado, com prejuízos evidentes na determinação do custo dos produtos e serviços e do lucro contábil.

Assim, passou-se a procurar outra base para substituir o custo histórico. A maioria dos autores e profissionais é favorável ao uso do custo histórico ajustado pela inflação, variação do nível geral de preços (que mede a variação do poder aquisitivo da moeda). Essa foi a solução adotada pela legislação brasileira no passado até 1995.

Com a redução da taxa de inflação brasileira, porém, essa correção ficou proibida no Brasil.

No entanto, note que em nenhum país do mundo a inflação é zero. Assim, não havendo atualização monetária, faz-se amortização de custo histórico original, que há muitos anos tem chance de subavaliação e provoca resultados maiores do que os corretos.

Essa é uma das maiores falhas da Contabilidade no mundo todo, inclusive nos países desenvolvidos.

8.5 CONTABILIZAÇÃO DA DEPRECIAÇÃO

A depreciação é contabilizada por lançamentos de:

Débito – em uma conta de *Despesa com Depreciação*.
Crédito – em uma conta de *Depreciação Acumulada*, cujo saldo credor deve aparecer no Ativo, deduzindo o saldo devedor da conta de Ativo a que se refere.

Se a depreciação fosse creditada diretamente na conta do Ativo, o custo seria perdido de vista, no decorrer do tempo. A depreciação é somente uma estimativa; se esse ajuste for creditado em uma conta específica – pode-se verificar o acerto da estimativa feita a qualquer momento e com facilidade.

8.6 DEPRECIAÇÃO *VERSUS* AJUSTE PARA REPOSIÇÃO

Sob o aspecto contábil, a natureza da depreciação é frequentemente mal interpretada, pela suposição de que os registros da depreciação produzem fundos destinados à futura substituição dos bens depreciados. Essa ideia falsa é devida à errônea interpretação dada às antigas expressões *Reserva para Depreciação* e *Fundo para Depreciação*.

Na realidade, os lançamentos de depreciação são procedimentos contábeis, em que uma parte do custo de um bem do Ativo é considerada despesa de um período. É, portanto, um lançamento que não afeta em nada as disponibilidades da empresa *agora*.

Mas afetou-a no passado. Trata-se do caixa usado na compra do bem que está sendo depreciado agora. Trata-se, como já visto, da recuperação de um desembolso passado.

E isso nada tem que ver com o desembolso necessário à reposição do Ativo. A reposição pode ser por valor maior ou menor do que o custo original, é claro. A depreciação procura recuperar a parte do caixa usada na compra do Ativo de agora, e não repor esse Ativo no futuro. Poderia até ocorrer essa coincidência, caso o preço do Ativo nunca mudasse.

8.7 GASTOS RELACIONADOS COM BENS DEPRECIÁVEIS

Incorre-se em um *gasto* quando uma importância é paga ou quando uma obrigação de pagamento futuro é assumida por um benefício recebido. Os *gastos* relacionados com os bens depreciáveis podem ser de dois tipos:

- *Gastos de capital* – que devem produzir aumentos no valor contábil do Ativo. Exemplos: custo de aquisição do bem, custo de instalação, custo de reformas feitas no bem que alteram sua vida útil anteriormente estimada.
- *Gastos relativos ao período* – que devem ser debitados em contas de despesa. Exemplos: despesa de manutenção, despesa de reparos ordinários.

A diferenciação entre gastos de capital e gastos relativos ao período deve ser feita com bastante cuidado. Se um gasto de capital for debitado a uma conta de despesa, o valor contábil do Ativo ficará indevidamente diminuído juntamente com o Resultado do Período e o Patrimônio Líquido. Por outro lado, se um gasto relativo ao período for debitado a uma conta de Ativo, haverá aumentos indevidos, tanto do Ativo como do Resultado do Período e do Patrimônio Líquido.

Um gasto é acrescido ao custo do bem quando a vida útil estimada ou a capacidade original de produção são aumentadas. Se for só para manter ou resgatar as condições originais, trata-se de despesa.

8.8 CONTABILIZAÇÃO DA VENDA DE BENS DEPRECIÁVEIS

A venda de um bem, parcial ou totalmente depreciado, deve ser registrada da seguinte maneira:

1. debita-se Caixa ou Contas a Receber pelo valor recebido e/ou a receber referente à venda do bem e credita-se a conta Venda de Ativo Imobilizado;
2. apura-se o valor contábil do bem vendido, transferindo-se o custo e a depreciação acumulada do bem para a conta Custo do Ativo Imobilizado Vendido.

As contas Vendas do Ativo Imobilizado e Custo do Imobilizado Vendido fazem parte do grupo Ganhos e Perdas na Alienação do Imobilizado. Da comparação entre os saldos dessas duas últimas contas sabe-se se houve um "ganho" líquido, uma "perda" ou um resultado nulo na venda.

É interessante notar que esses resultados na venda de ativo depreciado são, na verdade, "ajustes" das depreciações efetuadas no passado.

Como já foi dito, a depreciação é, ao longo da vida de um ativo, a diferença entre o valor de custo e o valor residual final de venda. Só que, durante essa vida, trabalha-se com estimativa de valor residual e de tempo de uso. Na venda final, o valor da depreciação total é finalmente conhecido e a diferença entre ele e o valor por estimativa calculado e contabilizado até o momento acaba recebendo essa denominação de "Ganho" ou "Perda na Venda do Imobilizado".

Por exemplo, um veículo é comprado por $ 70.000 e depreciado em $ 40.000 até certo momento, sendo vendido por $ 35.000; isso resultará, contabilmente, num "lucro":

Caixa
a **Venda de Imobilizado** $ 35.000

e

Valor Contábil de Imobilizado Vendido
a **Veículos** (pela baixa do custo original) $ 70.000

mais

Depreciação Acumulada de Veículos
a **Valor Contábil de Imobilizado Vendido**
(pela baixa da depreciação total acumulada) $ 40.000

Com isso, o Valor Contábil do Imobilizado Vendido está em $ 30.000; ao ser vendido pelos $ 35.000, provocará o lucro de $ 5.000:

Ganho na Venda de Imobilizado
a **Valor Contábil de Imobilizado Vendido** $ 30.000

e

Venda de Imobilizado
a **Ganho na Venda de Imobilizado** $ 35.000

E essa conta de Ganho aparecerá com o saldo credor de $ 5.000.

No entanto, note que a empresa contabilizou como despesa, ao longo da vida toda do veículo, a soma de $ 40.000; só que, ao vender por $ 35.000 um ativo que custou $ 70.000, percebe-se que o valor perdido foi de $ 35.000, e não o contabilizado de $ 40.000. Assim, esse "ganho" ou lucro de $ 5.000 registrado agora nada mais é do que um ajuste de todo o passado.

Afinal, como foi afirmado, o lucro é uma diferença entre fluxos de caixa; e a perda de caixa com o uso do veículo (exceto manutenções, impostos e outros gastos já devidamente registrados) foi de $ 35.000 ao longo de sua vida, e não o montante contabilizado de $ 40.000. Há assim que se proceder ao acerto, e ele costuma aparecer com essa expressão, que pode até enganar, de "Ganho" ou "Lucro" na venda do imobilizado.

8.9 RECURSOS NATURAIS

8.9.1 Avaliação

Os recursos naturais, entre os quais as reservas florestais, minas, poços de petróleo, devem figurar entre os elementos do Ativo pelo custo. São itens sujeitos ao procedimento de amortização, isto é, à transferência do custo para despesa por meio das chamadas cotas de *exaustão*.

Os gastos necessários para o desenvolvimento do trabalho, tal como a remoção de camadas superiores a fim de permitir a retirada de minérios, podem ser incluídos no valor do Ativo desde que não resultem na aquisição de bens tangíveis. Os elementos tangíveis, tais como máquinas e equipamentos de mineração, devem ser registrados em contas separadas. Sua depreciação deve ser proporcional à exaustão, se eles forem prestar seus serviços durante a vida inteira do bem consumível. Caso contrário, a depreciação deve ser feita normalmente, na base da vida útil estimada.

8.9.2 Determinação da cota de exaustão

A cota de exaustão por unidade é geralmente calculada dividindo-se o custo do bem pelo número estimado de unidades (toneladas, barris, metros cúbicos etc.) dos recursos. A cota de exaustão total de cada período é, então, calculada multiplicando-se a cota por unidade pelo número de unidades consumidas ou retiradas durante o período.

A exaustão do período é calculada de acordo com a fórmula:

$$\text{Cota de exaustão unitária} = \frac{\text{Custo do bem}}{\text{Número de unidades}}$$

$$\text{Cota de exaustão do período} = \text{Cota de exaustão unitária} \times \text{Número de unidades consumidas}$$

Para ilustrar, admita que determinada mina, tendo estimadamente 300.000 toneladas de minério disponíveis, foi comprada por $ 9.000.000. A cota unitária de exaustão será de $ 30 ($ 9.000.000 / 300.000) por tonelada. Se são retiradas 60.000 toneladas durante um ano; a cota de exaustão desse ano será de $ 1.800.000 (60.000 × $ 30).

A cota de exaustão será assim registrada:

Custo do Minério Extraído – Exaustão
a **Exaustão Acumulada**
  Cota do período findo $ 1.800.000

8.10 BENFEITORIAS EM PROPRIEDADES DE TERCEIROS

Os contratos de aluguel de imóveis para períodos longos geralmente estabelecem que o inquilino (a parte que adquire o direito de ocupar a propriedade) deve responsabilizar-se por quaisquer ampliações ou melhoramentos que se tornem necessários aos imóveis. Tais ampliações ou melhoramentos incorporam-se, muitas vezes, materialmente aos imóveis e revertem em favor do proprietário no término do aluguel.

Por isso, esses gastos precisam ser apropriados ao resultado durante o prazo do contrato, a não ser que a vida útil econômica dessas benfeitorias seja inferior ao prazo do contrato. A retribuição que o inquilino obtém é o direito de se beneficiar das melhorias feitas, enquanto durar o contrato de aluguel. Se houver ressarcimento parcial dessas benfeitorias, só se amortiza, é claro, a parcela não recuperada.

Note que, para esses casos, o nome normalmente utilizado não é depreciação, a não ser que efetuada pela vida útil econômica. Para o caso de apropriação pela vida do contrato, menor do que a vida útil econômica das benfeitorias, costuma-se utilizar a palavra *amortização* no lugar da depreciação.

8.11 O MAIS INTANGÍVEL DOS ATIVOS INTANGÍVEIS: O *GOODWILL*, OU ÁGIO POR EXPECTATIVA DE RENTABILIDADE FUTURA (*GOODWILL*), E SEU TRATAMENTO CONTÁBIL

Foi exposto no Capítulo 7 que determinados investimentos societários são contabilizados pela Equivalência Patrimonial. Nesse caso, quando a empresa adquire uma participação societária para manutenção e para se beneficiar por seu uso, e não como um simples investimento temporário ou especulação, ela poderá ter que avaliar esse investimento por esse método.

Ao adquirir tal participação de terceiros, a empresa pode pagar um valor maior do que o valor justo proporcional dos ativos e passivos que compõem o Patrimônio Líquido da empresa adquirida. Essa diferença é chamada de ágio por expectativa de rentabilidade futura, fundo de comércio (cuidado: no Direito, essa expressão pode ter significado diferente) ou *goodwill*.

Essa conta de ágio tem dois tratamentos contábeis: no caso das sociedades anônimas abertas, ou grandes sociedades fechadas, inclusive limitadas, onde os recursos permitem que se faça o teste de recuperabilidade dos ativos intangíveis com bastante rigor (*impairment*), ele fica sem amortização mas, a cada balanço, faz-se a aplicação desse teste. Esse procedimento é relativamente oneroso e difícil, porque se trata de um estudo da capacidade futura da empresa de produzir lucros acima do que seria normal no tipo de negócio, considerando seu risco. Quando se usa esse procedimento, não se faz então a amortização sistemática do ágio, mas quando o teste indica perda de valor, a parte dessa perda precisa ser baixada diretamente para o resultado (uma espécie de amortização especial).

No caso de empresas pequenas e médias, que não tenham ações, debêntures ou outros valores mobiliários nas bolsas ou em outro mercado organizado qualquer, simplifica-se o procedimento desobrigando a entidade desses testes de recuperabilidade em cada balanço; mas, nesse caso, efetua-se a amortização sistemática do ágio por um período que normalmente não excede dez anos.

8.12 ATIVOS INTANGÍVEIS E SUA AMORTIZAÇÃO

Como já visto, os ativos intangíveis são mantidos para beneficiar a empresa pela sua permanência nela, mas são incorpóreos. Os mais comuns são: patentes, marcas, direitos autorais, direitos de concessão, direitos de exploração, *softwares*, carteiras de clientes adquiridas de terceiros etc. (o mais intangível dos intangíveis já foi comentado rapidamente no item anterior). Uma condição para que tais intangíveis possam figurar no Ativo de uma empresa e estejam em condições de serem amortizados é que tenham sido adquiridos de terceiros ou, em certos ocasos, produzidos pela entidade. No caso de serem produzidos pela empresa, seu custo deve ser muito bem identificado. Há muitas restrições a essa forma de contabilização: precisa haver um sistema contábil que permita essa identificação, os custos precisam ser significativos, não podem se referir a puras pesquisas etc.

Esse custo é que será amortizado periodicamente até seu inteiro desaparecimento. Dessa maneira, uma patente relativa a um invento feito pela própria empresa sem custo identificado ou que tenha sido recebido gratuitamente de inventor, embora possa ter um valor econômico representativo, não figura contabilmente no patrimônio dessa empresa e, consequentemente, não é suscetível de amortização.

A amortização do período é calculada de acordo com a fórmula:

$$\text{Amortização} = \frac{\text{Valor do Direito}}{\text{n}^\text{o} \text{ do Período de Duração}}$$

Quando, por exemplo, se faz a amortização de uma patente adquirida por $ 150.000 e que vai durar legalmente por 10 anos, antes de cair em domínio público, e se sua vida for útil até o final desse prazo, faz-se o cálculo para descobrir a amortização anual e o seguinte lançamento:

- Cálculo:

$$\text{Amortização} = \frac{\$\ 150.000}{10} = \$\ 15.000$$

- Lançamento:

   Despesa com Amortização (conta de resultado)
   a   **Amortização Acumulada**
        Cota anual de amortização de patentes
   ou diretamente
   a   **Patentes** $ 15.000

Um tipo especial de ativo intangível é o ágio por expectativa de rentabilidade futura, que foi tratado no item 8.11.

Os gastos com pesquisa de novos produtos, novas tecnologias e afins ainda não são considerados como ativos pois há incerteza se essa fase se concretizará. E há uma enorme dificuldade, quase impossibilidade, de medir a eficácia e capacidade de produção de fluxos futuros de caixa que serão capazes de recuperar os gastos dessas pesquisas. Assim, todos os gastos dessa natureza são destinados para despesas.

No caso de desenvolvimento de produtos, após a fase de pesquisa, as grandes empresas e as que são abertas podem considerá-los como ativos. Este reconhecimento só será feito após a aprovação da viabilidade técnica e financeira do projeto, de terem sido garantidos todos os recursos para a completa implantação desse projeto e de terem sido identificados todos os gastos relacionados com tal desenvolvimento. Se ativados, devem ser amortizados durante o prazo em que são alcançados todos os benefícios esperados. Já as pequenas e médias empresas, para não gastarem muito nesses procedimentos, tratam esses gastos também diretamente como despesas do exercício em que são incorridas.

Quadro-resumo

Ativo Tangível	É corpóreo e constitui-se de bens físicos, materiais em que se pode tocar: veículos, terrenos, máquinas etc.
Ativo Intangível	É incorpóreo, formado por bens que não se podem tocar: *softwares*, marcas e patentes, direitos autorais etc.
Depreciação	Diminui o Ativo Imobilizado pelo uso, ação da natureza e obsolescência.
Amortização	Diminui as aplicações em Ativos Intangíveis.
Exaustão	Diminui as aplicações realizadas em recursos naturais e florestais pelo esgotamento desses recursos.

EXERCÍCIOS

Exercício 1

A Cia. Zero comprou, em 2-1-X6, por $ 16.000, um veículo. A vida útil desse veículo foi estimada em 4 anos e não se fixou nenhum valor residual.
Elabore a tabela de depreciação pelos métodos:
   a) da Linha Reta;
   b) da Soma dos Algarismos dos Anos.

Exercício 2

A Cia. Wener atua no ramo de exploração de minas de carvão. Calcule e contabilize o valor da exaustão anual, sabendo que:

- valor pago pela mina: $ 80.000;
- reserva de carvão disponível: 800.000 toneladas;
- retirada de carvão no ano: 40.000 toneladas.

Exercício 3

Assinale a alternativa correta:

1. São registrados no Ativo Imobilizado:
   a) Veículos, obras de arte, material de manutenção.
   b) Veículos, marcas, patentes, material de manutenção.
   c) Veículos, imóveis, material de manutenção.
   d) Fundo de comércio, direitos autorais, marcas e patentes.

2. A depreciação refere-se a:
   a) Ativo Imobilizado.
   b) Ativo Imobilizado e Investimentos.
   c) Ativo Intangível.
   d) Ativo Intangível e Investimentos.

3. São métodos de depreciação:
   a) Custo e equivalência patrimonial.
   b) Custo ou mercado, dos dois o menor.
   c) Custo de aquisição e soma dos dígitos.
   d) Soma dos dígitos e linha reta.

4. A amortização refere-se a:
   a) Ativos Tangíveis.
   b) Ativos Intangíveis.
   c) Ativo Imobilizado.
   d) Investimentos.

5. A exaustão refere-se a:
   a) Ativos Tangíveis e Intangíveis.
   b) Ativos Intangíveis.
   c) Investimentos.
   d) Recursos Minerais e Naturais.

9

Demonstração dos Fluxos de Caixa

9.1 INTRODUÇÃO

A Demonstração do Resultado oferece uma visão extraordinária do desempenho da empresa, mas, por causa do Regime de Competência, esse resultado não corresponde necessariamente às movimentações do caixa no período. No longo prazo, o resultado irá fechar com o caixa, já que o lucro é o dinheiro a mais que se obtém com relação ao dinheiro investido. Entretanto, como os resultados são apurados em períodos menores, em cada um desses períodos existe, sempre, uma diferença entre o resultado e o fluxo de caixa.

Além do mais, há movimentações, de caixa, que não correspondem nem a receitas nem a despesas, como: o dinheiro tomado emprestado, as aplicações em outras empresas, os pagamentos de dívidas, o capital novo recebido dos sócios, a distribuição de resultados, a aquisição de novos ativos imobilizados, a venda de participações societárias, a venda de ativos usados etc.

Por isso, a Demonstração dos Fluxos de Caixa (DFC) é apresentada em três subdivisões:

1. Fluxo de caixa das Atividades Operacionais;
2. Fluxo de caixa das Atividades de Investimento; e
3. Fluxo de caixa das atividades de Financiamento.

1. **Atividades Operacionais:** representam as operações relacionadas ao objeto social da empresa mais alguns itens ligados ao resultado. São:
   - recebimentos de vendas de produtos e serviços;
   - pagamentos a fornecedores;
   - pagamentos de impostos;
   - pagamentos de salários aos funcionários etc.
2. **Atividades de Financiamento:** representam os recebimentos e pagamentos dos credores e investidores da empresa. Ou seja, toda movimentação feita no montante e na composição do capital próprio e no capital de terceiros. São:
   - novos aportes de capital dos proprietários;
   - empréstimos bancários tomados;

- dividendos pagos;
- empréstimos bancários pagos.

3. **Atividades de Investimento:** representam compra ou venda de ativos permanentes (Não Circulante) e outros investimentos não incluídos nos equivalentes de caixa. São:
   - compras de móveis e utensílios;
   - compras de máquinas e equipamentos;
   - aquisição de ações de outras cias.

9.2 COMO SE MONTA

A técnica de montagem da DFC pode variar. Veja algumas formas.

9.2.1 Apresentação, pelo Método Direto, do "Caixa Gerado pelas Operações"

Nessa forma começa-se pelo recebimento das vendas. Preocupe-se mais com o raciocínio do que com as técnicas de mecanização da montagem. Para facilitar um pouco esse trabalho, tem-se como referência os Balanços dos anos de X2 e X3 e a Demonstração do Resultado de X3:

Balanço Patrimonial
Cia. ABC

Ativo	31-12-X2	31-12-X3	Passivo	31-12-X2	31-12-X3
	$	$		$	$
Circulante			*Circulante*		
Disponível	3.000	2.000	Fornecedores	11.000	22.000
Clientes	16.000	18.000	*Não Circulante*		
Mercadorias	14.000	21.000	Empréstimos a Longo Prazo	12.000	5.000
Despesas Antecipadas	2.000	1.000			
Não Circulante			**Patrimônio Líquido**		
Hipotecas a Receber	5.000	5.000	Capital	20.000	20.000
Terrenos	10.000	13.000	Reservas	6.000	6.000
	50.000	60.000	Lucros Acumulados	1.000	7.000
				50.000	60.000

Demonstração de Lucros ou Prejuízos Acumulados – Exercício X3 Cia. ABC	
	$
Saldo em 31-12-X2	1.000
Lucro Líquido de X3	10.000
(–) Dividendos Distribuídos	(4.000)
Saldo em 31-12-X3	7.000

Demonstração do Resultado do Exercício X3 Cia. ABC	
	$
Vendas Líquidas	130.000
(–) Custo das Mercadorias Vendidas	(85.000)
= Lucro Bruto	45.000
(–) Despesa Operacional	
(–) Despesas Administrativas	(25.000)
(–) Despesas com Vendas	(10.000)
= Lucro Líquido	10.000

1º Passo para a montagem dos fluxos de caixa – cálculo do recebimento das vendas

Como o saldo inicial de Clientes era de $ 16.000, o saldo final de $ 18.000 e as vendas foram de $ 130.000, pode-se calcular:

	$
Saldo Inicial de Clientes	16.000
+ Vendas de X3	130.000
(–) Saldo Final de Clientes	(18.000)
= Recebimentos de Clientes em X3	128.000

2º Passo – cálculo do pagamento aos fornecedores

Primeiro, é necessário calcular o valor das compras e depois o valor dos pagamentos aos fornecedores. Com os dados disponíveis, pode-se montar:

	$
Saldo Inicial de Mercadorias:	14.000
(+) Compras	?
(–) Estoque Final	(21.000)
= Custo das Mercadorias Vendidas	85.000

As compras de X3 foram de $ 92.000. Então:

	$
Saldo Inicial de Fornecedores	11.000
(+) Compras de X3	92.000
(−) Saldo Final de Fornecedores	(22.000)
= Pagamentos a Fornecedores em X3	81.000

3º Passo – cálculo do pagamento das despesas

Como não há despesas de depreciação nem contas a pagar no Passivo por conta de despesas registradas, tem-se que levar em conta somente as Despesas Antecipadas no Ativo.

Se as Despesas Antecipadas eram de $ 2.000 no final do ano X2, isso significa que, dos $ 35.000 de Despesas Administrativas, foram pagos apenas $ 2.000 em X2 e, assim só $ 33.000 serão despesas pagas durante X3. Mas, se existem outros $ 1.000 de Despesas Antecipadas no Ativo ao final do ano X3, conclui-se que esse pagamento ocorreu, e é necessário somá-lo aos $ 33.000 para se obter o total de desembolso relativo a despesas administrativas e com vendas.

	$
Despesas Totais de X3	35.000
(−) Despesas Antecipadas de 31-12-X2	(2.000)
Subtotal	33.000
(+) Despesas Antecipadas em 31-12-X3	1.000
= Pagamentos de Despesas em X3	34.000

Demais Passos

Comparando os dois balanços e a Demonstração de Lucros ou Prejuízos Acumulados, vê-se que houve pagamento de Dividendos de $ 4.000; supondo que o aumento de Terrenos tenha sido por aquisição ($ 3.000) e que a redução das Dívidas de Longo Prazo tenha sido por um pagamento antecipado, tem-se já as informações suficientes para montar o Fluxo de Caixa:

Demonstração dos Fluxos de Caixa – Exercício X3 Cia. ABC		
		$
Atividades Operacionais:		
Recebimentos de Vendas		128.000
(–) Pagamentos das Compras		(81.000)
(–) Pagamentos de Despesas		(34.000)
Caixa Gerado pelas Operações		13.000
	$	$
Atividades de Investimento:		
(–) Compra de Terrenos		(3.000)
Atividades de Financiamento:		
(–) Pagamento de Empréstimos a Longo Prazo	(7.000)	
(–) Pagamento de Dividendos	(4.000)	(11.000)
Resultado Final de Caixa		(1.000)
+ Saldo existente em 31-12-X2		3.000
= Saldo existente em 31-12-X3		2.000

9.2.2 Apresentação, pelo Método Indireto, do "Caixa Gerado pelas Operações"

Por mais lógica que possa ser a apresentação do "Método Direto", mostrada do "Caixa Gerado pelas Operações", é muito comum utilizar, inclusive fora do Brasil, a apresentação pelo "Método Indireto". Esse método será demonstrado com o mesmo exemplo visto até aqui.

Nesse método, parte-se do lucro líquido para, após os ajustes necessários, chegar-se ao valor das disponibilidades produzidas, no período, pelas operações registradas na Demonstração do Resultado.

Para se chegar ao Caixa produzido pelas operações normais da empresa, fazem-se ajustes de comparação dos itens operacionais dos balanços, ativos e passivos que são os que estão diretamente vinculados às contas de Resultado, com exceção da conta *Disponibilidades*.

Neste exemplo, a montagem seria:

	Efeito sobre o Caixa			
	31-12-X3 $	31-12-X2 $	Aumento $	Diminuição $
Clientes	18.000	16.000		2.000
Mercadorias	21.000	14.000		7.000
Despesas Antecipadas	1.000	2.000	1.000	
Fornecedores	22.000	11.000	11.000	
Ajustes			12.000	9.000

Para os itens da coluna "Diminuição", entende-se:

- um aumento em Clientes significa aplicação a maior de Caixa nessa conta, ou seja, *diminuição, aplicação* de Disponibilidades;
- um aumento em Mercadorias, também, ou seja, *aplicação* de Caixa.

Para os itens da coluna "Aumento", entende-se:

- uma diminuição em Despesas Antecipadas significa liberação de recurso, como se produzisse uma *origem* de Caixa; e
- um aumento em Fornecedores significa uma fonte de recurso, ou seja, é como se fosse uma *origem* de Caixa.

Agora, para completar, adicionam-se esses itens ao valor do Lucro Líquido para se ter o "Caixa Gerado pelas Operações"; tem-se, então:

Caixa Gerado pelas Operações:	$
Lucro Líquido	10.000
(+) Aumento em Fornecedores	11.000
(+) Diminuição em Despesas Antecipadas	1.000
(–) Aumento em Clientes	(2.000)
(–) Aumento em Mercadorias	(7.000)
	13.000

A leitura seria:

O Lucro Líquido gerou	10.000	de Caixa,
mas o Aumento em Fornecedores também gerou	11.000	de Caixa,
o mesmo com a redução das Desp. Antecipadas que liberaram	1.000	de Caixa,
Acréscimo parcial de Caixa de	22.000	
Mas o aumento em Clientes consumiu	(2.000)	de Caixa,
o aumento em Mercadorias consumiu	(7.000)	de Caixa
Redução de Caixa	(9.000)	
Com isso, o Caixa líquido gerado foi de	13.000!	

Chega-se aos mesmos $ 13.000 que foram obtidos quando efetuados todos os cálculos pelo Método Direto. Essa forma Indireta é tecnicamente correta, mas lida com alguns conceitos abstratos como "redução de Despesas Antecipadas que funciona como se fosse uma origem de Caixa". Por outro lado, tem o mérito de mostrar coisas interessantes, do tipo:

- "o Caixa aumentou porque se reduziu o saldo de Clientes por diminuição no prazo de recebimento", ou, então;
- "o Caixa aumentou porque aumentou o saldo de fornecedores por incremento (ou atraso) no prazo de pagamentos", o que gera informações muito úteis.

A Demonstração, pelo Método Indireto, acaba ficando:

Demonstração dos Fluxos de Caixa – Exercício X3 Cia. ABC	$	$
Atividades Operacionais:		
Lucro Líquido	10.000	
(+) Aumento em Fornecedores	11.000	
(+) diminuição em Desp. Antecipadas	1.000	
(–) Aumento em Clientes	(2.000)	
(–) Aumento em Mercadorias	(7.000)	13.000
Atividades de Investimento:		
(–) Compra de Terrenos		(3.000)
Atividades de Financiamento:		
(–) Pagamento de Empréstimos a Longo Prazo	(7.000)	
(–) Pagamento de Dividendos	(4.000)	(11.000)
Resultado Final do Caixa		(1.000)
+ Saldo existente em 31-12-X2		3.000
= Saldo existente em 31-12-X3		2.000

Uma técnica melhor é evidenciar, na Demonstração, o Caixa Gerado pelas Operações pelo Método Direto e, numa Nota Explicativa ou num quadro à parte, mostrar essa conciliação entre o lucro líquido e o valor das disponibilidades geradas pelas operações (Método Indireto).

9.3 COMPARANDO AS DEMONSTRAÇÕES DO RESULTADO E DOS FLUXOS DE CAIXA

Compare as duas demonstrações, na verdade, as três, se forem utilizadas as duas formas de apresentação do Fluxo de Caixa, mas considerando apenas os fluxos de caixa das atividades operacionais:

	Cia. ABC – X3		
	Demonstração do Resultado $	Fluxos de Caixa	
		Direto $	Indireto $
Vendas Líquidas	130.000	128.000	
(–) Custo das Mercadorias Vendidas	(85.000)	(81.000)	
= Lucro Bruto	45.000	47.000	
(–) Despesas Administrativas e Vendas	(35.000)	(34.000)	
= Lucro Líquido	10.000		10.000
Ajustes			3.000*
Caixa Gerado para Operações		13.000	13.000

* Ajustes: os que já foram vistos relativos a aumento em Clientes etc.

Essa comparação mostra que, na Demonstração do Resultado, tem-se as receitas e as despesas que a empresa obteve, por Regime de Competência, e um lucro final de $ 10.000. E aí termina o campo de abrangência dessa Demonstração.

O Fluxo de Caixa mostra, na versão do Método Direto, que, apesar de o lucro ter sido de $ 10.000, o Caixa que entrou na empresa, gerado por suas operações normais, foi, durante X3, de $ 13.000. Afinal, a empresa vendeu $ 130.000, mas só recebeu $ 128.000; por outro lado, teve um CMV de $ 85.000, mas pagou aos fornecedores, durante o ano, apenas $ 81.000; com isso, seu lucro bruto foi de $ 45.000, mas a sobra de caixa ocorrida durante X3 foi de $ 47.000. Além disso, teve despesas por competência de $ 35.000, mas o efeito no caixa, durante X3, foi uma saída de $ 34.000. Daí o fato de o lucro ter sido de $ 10.000, mas a sobra de caixa ter sido de $ 13.000, na parte relativa às operações normais do ano.

Só que, se forem observados os outros fluxos que não estão nessa comparação, percebe-se que, com os pagamentos de $ 14.000 entre dividendos, terrenos e empréstimos, o nível das disponibilidades caiu em $ 1.000. Assim fica fácil entender por que a empresa teve lucro de $ 10.000, mas, apesar disso, teve redução do Capital Circulante Líquido de $ 4.000 e diminuição de Caixa de $ 1.000.

Essas comparações e explicações são muito importantes para os usuários da Contabilidade, mesmo que estes não entendam muito dos conceitos complexos de Regime de Competência etc. Através das comparações, consegue-se explicar, por exemplo, por que às vezes a empresa tem lucro, mas sua situação financeira piora, ou vice-versa.

9.4 OUTRO EXEMPLO

Seguindo para o ano de X4. Observe que:

Balanço Patrimonial
Cia. ABC

Ativo	31-12-X3	31-12-X4	Passivo	31-12-X3	31-12-X4
	$	$		$	$
Circulante			*Circulante*		
Disponível	2.000	1.000	Fornecedores	22.000	13.000
Clientes	18.000	25.000	Contas a Pagar	–	3.000
Mercadorias	21.000	16.000	Não Circulante		
Despesas Antecipadas	1.000	–	Empréstimos a Longo Prazo	5.000	18.000
Não Circulante			Patrimônio Líquido		
Hipotecas a Receber	5.000	2.000	Capital	20.000	20.000
Terrenos	13.000	13.000	Reservas	6.000	8.000
Máquinas	–	10.000	Lucros Acumulados	7.000	4.000
Depreciação Acumulada	–	(1.000)			
	60.000	66.000		60.000	66.000

Demonstração de Lucros ou Prejuízos Acumulados – Exercício X4
Cia. ABC

	$
Saldo em 31-12-X3	7.000
Lucro Líquido de X4	2.000
(–) Transferência para Reservas	(2.000)
(–) Dividendos Distribuídos	(3.000)
Saldo em 31-12-X4	4.000

Demonstração do Resultado do Exercício X4
Cia. ABC

	$
Vendas Líquidas	190.000
(–) Custo das Mercadorias Vendidas	(140.000)
= Lucro Bruto	50.000
(–) Despesa Operacional	
(–) Despesas Administrativas	(32.000)
(–) Despesas com Vendas	(13.000)
(–) Despesas com Depreciação	(1.000)
(–) Outras Despesas	(2.000)
Lucro Líquido	2.000

9.4.1 Pelo Método Direto

1º Passo para a montagem do Fluxo de Caixa – cálculo do recebimento das vendas

	$
Saldo Inicial de Clientes	18.000
(+) Vendas de X4	190.000
(–) Saldo Final de Clientes	(25.000)
Recebimento de Clientes em X4	183.000

2º Passo – cálculo do pagamento aos fornecedores

	$
Saldo Inicial de Mercadorias:	21.000
+ Compras	?
(–) Estoque Final	(16.000)
= Custo das Mercadorias Vendidas	140.000

As Compras de X4 foram de $ 135.000. Então:

	$
Saldo Inicial de Fornecedores	22.000
(+) Compras de X4	135.000
(–) Saldo Final de Fornecedores	(13.000)
= Pagamentos a Fornecedores em X4	144.000

3º Passo – cálculo do pagamento das despesas

Nesse caso, além do efeito das Despesas Antecipadas, há duas outras situações a contar: a existência das Despesas de Depreciação, que não consomem caixa no ano, e o aparecimento de "Contas a Pagar" no Passivo, mostrando que há despesas incorridas e apropriadas, mas não pagas. Assim:

	$
Despesas Totais de X4	48.000
(–) Despesas de Depreciação	(1.000)
(–) Despesas Antecipadas de 31-12-X3	(1.000)
Subtotal	46.000
(+) Despesas Antecipadas em 31-12-X4	–
Subtotal	46.000
(+) Contas a Pagar de 31-12-X3	–
(–) Contas a Pagar de 31-12-X4	(3.000)
= Pagamentos de Despesas em X3	43.000

Das despesas totais de $ 48.000 de X4, foram excluídos: a Depreciação de $ 1.000 de X4 e os $ 1.000 que foram pagos em X3 e apropriados como despesas em X4. Como só no final de X4 aparecem os $ 3.000 de Contas a Pagar, conclui-se que são despesas incorridas e não pagas e, portanto, ainda não afetaram o Caixa da empresa.

Demais passos

Pela Demonstração de Lucros Acumulados, observe que houve pagamento de Dividendos de $ 3.000. Note também que houve redução de Hipotecas a Receber de $ 3.000, aumento nos Empréstimos de Longo Prazo de $ 13.000 e aquisição de Máquinas de $ 10.000.

É possível assumir uma hipótese diferente: que a empresa na verdade tenha utilizado os $ 3.000 a receber de Hipotecas para pagar parte de suas dívidas de longo prazo, e adquirido novas dívidas de $ 9.000 em dinheiro. Mais ainda, que tivesse comprado as Máquinas por $ 10.000, e que tivesse pago apenas $ 3.000, ficando os outros $ 7.000 para pagar a longo prazo, e isso explicaria o acréscimo total das dívidas de longo prazo.

Empréstimo a Longo Prazo – Movimentação	
	$
Saldo inicial de X4	5.000
(–) Pagamento com Hipotecas a Receber	(3.000)
Novas Dívidas, em Dinheiro	9.000
Nova Dívida relativa às Máquinas	7.000
Saldo ao final de X4	18.000

Na entrega de parte de seus ativos representados por Hipotecas a Receber para pagamento da dívida, teria debitado o Passivo e creditado o Ativo pelos $ 3.000, sem trânsito pelo Caixa, ou seja, sem trânsito também por seu Ativo Circulante. No Fluxo de Caixa, como não houve esse trânsito, só apareceria o efetivo fluxo que ocorreu, que foi o recebimento em dinheiro da nova dívida.

Por isso somente a empresa, conhecendo seus detalhes, tem condição de elaborar uma Demonstração dos Fluxos de Caixa correta.

Pela compra a longo prazo das Máquinas, no Fluxo de Caixa só aparece o movimento físico de dinheiro. Então o Fluxo de Caixa seria:

Demonstração dos Fluxos de Caixa – Exercício X4 Cia. ABC		
	$	$
Atividades Operacionais:		
Recebimentos de Vendas		183.000
(–) Pagamentos das Compras		(144.000)
(–) Pagamentos de Despesas		(43.000)
Caixa Gerado pelas Operações		**(4.000)**
Atividades de Investimento:		
(–) Pagamento de Máquinas		(3.000)
Atividades de Financiamento:		
Empréstimos a Longo Prazo	9.000	
(–) Pagamento de Dividendos	(3.000)	6.000
Resultado Final de Caixa		(1.000)
+ Saldo existente em 31-12-X3		2.000
= Saldo existente em 31-12-X4		1.000

9.4.2 Pelo Método Indireto

Pela comparação das contas circulantes vinculadas ao Resultado, exceto o próprio valor das Disponibilidades, e seguindo o caminho e o raciocínio já demonstrados, chega-se à seguinte montagem dos recursos gerados pelo caixa durante X4:

	31-12-X4	31-12-X3	Efeito sobre o Caixa	
			Aumento	Diminuição
	$	$	$	$
Clientes	25.000	18.000		7.000
Mercadorias	16.000	21.000	5.000	
Despesas Antecipadas	–	1.000	1.000	
Contas a Pagar	3.000	–	3.000	
Fornecedores	13.000	22.000		9.000
Ajustes			9.000	16.000

Para os itens da coluna "Diminuição", entende-se:

- um aumento em Clientes significa uma *aplicação* de Caixa nessa conta;
- uma redução em Fornecedores significa uma *aplicação* de Caixa.

Para os itens da coluna "Aumento", entende-se:

- uma redução na conta de Mercadorias representa liberação de dinheiro, ou seja, uma *origem* de Caixa;
- uma diminuição em Despesas Antecipadas significa também liberação de recurso, como se produzisse uma *origem* de Caixa; e
- um aumento em Contas a Pagar significa uma origem de recurso, ou seja, uma *origem* de Caixa.

Agora, para completar, adicionam-se esses itens ao valor do Lucro Líquido para se ter o "Caixa Gerado pelas Operações". No entanto, há que se lembrar que é necessário também ajustar-se o lucro líquido pela figura da depreciação, já que esta despesa também não consome Caixa no ano. Tem-se, então:

Caixa Gerado pelas Operações:	$
Lucro Líquido	2.000
(+) Depreciação	1.000
(+) Aumento em Contas a Pagar	3.000
(+) Diminuição em Despesas Antecipadas	1.000
(+) Diminuição em Mercadorias	5.000
(−) Diminuição em Fornecedores	(9.000)
(−) Aumento em Clientes	(7.000)
	(4.000)

As operações da empresa, apesar de lucrativas, produziram, durante X4, redução do Caixa, devido aos fatos de se diminuir a dívida com fornecedores e de se expandir o crédito aos clientes.

Chega-se aos mesmos $ (4.000) que foram obtidos quando efetuados todos os cálculos pelo Método Direto.

- **Comparando Novamente as três Demonstrações: Resultado e Fluxos de Caixa.**

Comparam-se as três Demonstrações (com o Fluxo de Caixa em suas duas versões):

Cia. ABC – X4			
Demonstração do Resultado	Fluxo de Caixa		
		Direto	Indireto
	$	$	$
Vendas Líquidas	190.000	183.000	
(–) Custo das Mercadorias Vendidas	(140.000)	(144.000)	
= Lucro Bruto	50.000	39.000	
(–) Despesas Depreciação	(1.000)		
(–) Despesas Administrativas, Vendas e Outras	(47.000)	(43.000)	
= Lucro Líquido	2.000		2.000
Ajustes *			(6.000)
Caixa gerado p/ Operações		(4.000)	

* Ajustes: os que já foram vistos relativos a aumento em Clientes etc., incluindo a Depreciação.

O lucro foi de $ 2.000, mas o Caixa diminuiu em $ 4.000 nas atividades operacionais, porque, apesar do lucro, a empresa "perdeu" dinheiro nas operações durante esse ano (pois recebeu dos clientes menos do que vendeu, acumulou créditos em seu ativo e pagou aos fornecedores mais do que o custo das mercadorias vendidas). Na verdade, não houve perda de caixa, e sim apropriações de receitas não recebidas maiores do que de despesas não pagas.

Conclusões interessantes ainda podem ser tiradas dessa comparação. Recomenda-se ao leitor procurá-las e verificar como essas demonstrações se complementam e, em conjunto, explicam mais do que isoladamente.

9.5 COMENTÁRIOS ESPECIAIS SOBRE OS FLUXOS DE CAIXA

Alguns comentários podem e devem ser feitos com relação aos Fluxos de Caixa. É claro que este livro de Introdução, não tratará de detalhes mais complexos, mas exemplificará alguns pontos importantes que podem auxiliar o leitor a enfrentar situações difíceis encontradas na prática.

9.5.1 Ajuste por Devedores Duvidosos

Quando se calculam os valores resultantes dos recebimentos das vendas, há que se lembrar que as baixas da conta Ajuste por Devedores Duvidosos, por inadimplências, se dão contra a conta de Clientes. Assim, há baixas nessa conta que não ocorrem por recebimentos.

9.5.2 Empréstimos e Aplicações Financeiras

Para os Fluxos de Caixa, interessam todos os empréstimos, incluindo os de curto prazo. Nesse caso não se deve trabalhar apenas com a variação líquida do saldo, mas também com a soma das entradas (novos empréstimos) e a soma das saídas (pagamento das dívidas).

Todavia, no caso de empréstimos de curtíssimo prazo, não há muito significado nessa soma de todos os empréstimos e de todos os pagamentos. Por exemplo, vale a pena para um banco somar todos os depósitos recebidos e todos os saques? Ou, então, se uma indústria costuma fazer empréstimos de 30 dias, vale a pena trabalhar com a soma de todos os empréstimos recebidos durante um ano e, no lado das aplicações, com a totalidade dos pagamentos desses empréstimos? Geralmente, para essas operações de curtíssimo prazo (normalmente abaixo de 90 dias), costuma-se trabalhar apenas com a variação do saldo durante o ano, em vez de trabalhar com todas as somas de entradas e das saídas, nos Fluxos de Caixa.

Esses mesmos comentários valem para os empréstimos dados a terceiros ou para as aplicações financeiras. Se uma empresa efetua aplicações financeiras de curto prazo diariamente, será que é útil a informação sobre o total das aplicações como saída de caixa durante certo período? Ou será útil a informação sobre a totalidade dos resgates como entrada de caixa? Normalmente, trabalha-se apenas com a variação líquida (aplicação líquida ou origem líquida).

9.6 CLASSIFICAÇÃO DAS ORIGENS E APLICAÇÕES DE CAIXA

Atualmente é bem generalizada, no mundo, e no Brasil inclusive por força de lei, a divisão da DFC em três grupos: Caixa das Atividades Operacionais, Caixa das Atividades de Financiamento e Caixa das Atividades de Investimento. Por serem três fluxos, o nome é mais usado no plural: Fluxos de Caixa.

Mas houve uma certa diversidade nas classificações conforme os países. Por exemplo, os norte-americanos colocam todos os itens que afetam o resultado no fluxo de caixa das atividades operacionais. Já muitos europeus colocam as despesas financeiras nas atividades de financiamento.

Alguns colocam as receitas financeiras nas atividades operacionais, enquanto outros, nas de investimento.

Dividendos recebidos são colocados também por uns como fluxo das atividades operacionais, e por outros como atividades de investimento.

As normas internacionais permitem esses tratamentos, exigindo apenas que a empresa identifique bem qual o critério utilizado.

Todos usam o conceito de caixa como sendo "Caixa e Equivalentes de Caixa", porque incluem como disponibilidades as aplicações financeiras em títulos de curtíssimo prazo, com total liquidez até o vencimento, desde que não estejam sujeitas a oscilações significativas no mercado.

EXERCÍCIOS

Exercício 1

Com base nos Relatórios Financeiros, elabore o Fluxo de Caixa da Cia. K pelo Método Direto.

Exercício 2

Elabore o Fluxo de Caixa da Cia. K pelo Método Indireto.
A Cia. K apresentou os seguintes relatórios financeiros:

Balanço Patrimonial 31-12					
Ativo			**Passivo**		
	X8	X9		X8	X9
Circulante	$	$	*Circulante*	$	$
Caixa	10.000	13.000	Contas a Pagar	40.000	70.000
Duplicatas a Receber	144.000	93.000	Imposto de Renda		
(–) Ajuste por	(4.000)	(3.000)	a Pagar	5.000	6.000
Devedores Duvidosos			*Não Circulante*		
Não Circulante			Empréstimos	50.000	20.000
Terrenos	50.000	80.000			
	200.000	183.000	*Patrimônio Líquido*		
			Capital	70.000	70.000
			Lucros Acumulados	35.000	17.000
				200.000	183.000

Demonstração de Resultado do Exercício – X9	
	$
Receitas de Serviços	350.000
(–) Despesas Operacionais	
(–) Despesas Administrativas	(270.000)
(–) Despesas Financeiras	(30.000)
(–) Devedores Duvidosos	(3.000)
= Lucro antes dos Tributos sobre o Lucro	47.000
(–) Imposto de Renda	(6.000)
= Lucro Líquido	41.000

Exercício 3

Das alternativas a seguir, assinale as contas que movimentam o caixa:

a) Vendas de produtos à vista.
b) Depreciação de maquinário.
c) Aquisição de máquinas à vista.
d) Aquisição de móveis a prazo.
e) Compra de matéria-prima à vista.
f) Vendas de produtos a prazo.
g) Compra de materiais a prazo.
h) Aluguéis recebidos.
i) Pagamentos recebidos de clientes.

10

Princípios contábeis: Introdução

10.1 QUE SÃO PRINCÍPIOS CONTÁBEIS

Princípios contábeis são premissas básicas acerca dos fatos e eventos considerados pela Contabilidade, premissas que são o ápice da análise e observação da realidade econômica, social e institucional.

O campo de atuação principal da Contabilidade são as entidades (pessoa física ou pessoa jurídica), sejam elas de finalidade lucrativa ou não. A Contabilidade trata do Patrimônio das entidades. Procura captar e evidenciar as variações ocorridas tanto na estrutura patrimonial como na estrutura financeira, de acordo com as decisões da administração, e também trata das variáveis externas que escapam ao controle e ao poder de decisão da administração.

Note que a inflação e as variações de preços dos bens e serviços são as variáveis que mais têm preocupado os administradores.

Nessa realidade complexa, o observador analisa as características principais do sistema e chega a certas conclusões quanto a seu funcionamento. Tais conclusões, se aceitas pela classe contábil, tornam-se os princípios aos quais toda a prática contábil e principalmente os processos de auditoria devem ater-se. Por outro lado, quando se observam alterações nas condições em que a primeira série de princípios foi estabelecida, o observador tem a responsabilidade de fazer uma nova análise da situação e modificar, adaptar ou mesmo substituir os princípios originais por outros que concordem com a nova realidade.

A função de observador é hoje desempenhada pelas entidades de classe, pelos comitês especialmente designados e, finalmente, pelas comissões especiais de conferências e convenções internacionais (ou por agências governamentais).

O processo exposto, isto é, o estabelecimento dos princípios que se adaptam às novas análises da realidade, toda vez que ocorrem mudanças significativas e com a revisão dos velhos princípios, é realmente o processo ideal e lógico.

10.2 QUANDO UM PRINCÍPIO É ACEITO

São duas as condições básicas para que um princípio supere a fase de tentativa e se transforme em "amplamente aceito" e, portanto, incorporado à doutrina e prática contábeis:

1. deve ser considerado praticável e objetivo pelo consenso profissional;
2. deve ser considerado útil.

Note que a ordem de classificação não é fruto do acaso: alguns contadores, com poder de decisão a respeito desses assuntos, atribuem algumas vezes mais importância à praticabilidade de um princípio do que à sua real utilidade. E, em Contabilidade, a palavra *utilidade* deveria sempre estar associada ao termo *relevância*.

Algumas vezes, ao termo *praticabilidade* é atribuído um significado rígido, de maneira que tudo o que não for praticável será considerado *impraticável* para efeitos contábeis.

10.3 AINDA SOBRE A PRATICABILIDADE

Nas linhas anteriores, foi criticado o erro daqueles que exageram no grau de praticabilidade, tornando qualquer tentativa de melhoria inaceitável, por ser impraticável. Entretanto, quando a palavra é utilizada em seu significado normal e, quando um princípio é analisado à luz de sua possibilidade de aplicação prática (de forma menos dependente do grau de dificuldade), tem-se que reconhecer sua importância como condição geral de aceitação.

Se, por exemplo, chegar-se à conclusão de que o custo corrente é mais relevante, como base de avaliação contábil, do que o custo histórico, devem-se prever também os meios práticos[1] de se apurarem custos correntes no mercado.

Assim, para que um princípio seja geralmente aceito, deverá, em primeiro lugar, ser considerado adequado ou fiel à realidade, isto é, "relevante", para em seguida analisar-se sua praticabilidade. A simples aderência de um princípio à realidade econômica é uma condição necessária, mas não suficiente, para promovê-lo à classe de "aceito". Para isto, é necessário que seja vencido o teste da praticabilidade.[2]

10.4 ALGUNS PRINCÍPIOS E CONVENÇÕES CONTÁBEIS ACEITOS

Entre os vários princípios e convenções aceitos na atualidade, destacam-se os seguintes:

- *Princípios*
    1. Entidade.
    2. Continuidade.
    3. Realização.

---

[1] A praticabilidade deveria ser analisada mais em relação ao custo-benefício.
[2] O que foi afirmado não pretende, de nenhuma forma, diminuir o valor e a utilidade das pesquisas puramente teóricas a respeito de princípios ou outros aspectos da Contabilidade, mesmo que não sejam suas conclusões imediatamente praticáveis. Não se deve esquecer que o impraticável de hoje poderá ser o rotineiro de amanhã.

4. Custo como Base de Valor.
5. Confrontação das Despesas com as Receitas.
6. Denominador Comum Monetário.
- **Convenções** (Restrições)
1. Consistência (uniformidade).
2. Conservadorismo (prudência).
3. Materialidade (relevância).
4. Objetividade.

Vários autores e trabalhos apresentam certa diferenciação quanto ao número e à nomenclatura dos princípios e convenções.

Segue a análise do significado de tais princípios e convenções, e a verificação da sua adequação às condições econômicas atuais.[3]

10.4.1 Princípio da Entidade

A Contabilidade é executada e mantida para as entidades como pessoas completamente distintas das pessoas físicas (ou jurídicas) dos sócios. Quando uma empresa individual paga uma despesa, é o *caixa da empresa* que está desembolsando o dinheiro, *e não o dono da empresa,* embora, materialmente, as duas coisas se confundam muitas vezes. Este princípio tem validade de grande importância, pois consolida a antiga distinção jurídica entre pessoas físicas e jurídicas.

Entretanto, não é apenas nesse significado que se materializa o princípio da Entidade. Em Contabilidade, entidade é todo "núcleo" capaz de manipular recursos econômicos (e organizacionais) e que consiga adicionar valor (ou utilidade, em sentido amplo) aos recursos manipulados. Existem verdadeiras macroentidades representadas pelos conglomerados de companhias investidoras e por suas subsidiárias ou controladas. O balanço consolidado representa uma macroextensão do conceito de entidade. Por outro lado, qualquer divisão ou setor de uma empresa descentralizada capaz de contribuir para o esforço de produção de receita da entidade maior (desde que esse esforço seja mensurável em termos de receitas e despesas, mesmo que para as receitas tenha-se que recorrer, às vezes, a preços imputados de transferência entre setores) constitui uma subentidade digna de atenção para a Contabilidade. Assim, o sentido contábil de entidade vai muito além do jurídico, para atingir o econômico e o social. Cada entidade será, sob a ótica do usuário da informação, a mais importante em certas circunstâncias. Assim, para os acionistas da companhia-mãe, o balanço consolidado é mais importante do que o individual de cada entidade, ao passo que, para os acionistas das controladas, os balanços individuais podem ser mais importantes.

---

[3] Estudaremos aqui os princípios e convenções para desenvolver o raciocínio contábil (objetivo da teoria). Porém, esses conceitos recebem uma nova estrutura com as Normas Internacionais da Contabilidade.

10.4.2 Princípio da Continuidade

Robert N. Anthony, em sua obra *Management accounting: text and cases*, edição de 1960, assim se expressa a respeito desse princípio: "*Unless there is good evidence to the contrary, accounting assumes that the business will continue to operate for an indefinitely long period in the future.*"[4] Este princípio, que tem grande validade do ponto de vista prático, apresenta importantes consequências para a Contabilidade. De fato, se for aceita a hipótese de que a duração da empresa é indeterminada, a filosofia de avaliação a ser adotada deverá ser oposta àquela que seria adotada no caso de liquidação da empresa, quando interessam os valores de liquidação do Passivo e de realização do Ativo.

Trata-se de um princípio muito explorado pelos defensores dos custos históricos sob a alegação de que, se os valores de realização (valores de saída, de venda) não interessam, então deve-se focar no custo de aquisição ou fabricação (valores de entrada, de compra).

Observe que *o custo* para os referidos autores é sinônimo de *custo original*, quando sabe-se que os conceitos de custo são vários: custo original, custo de reposição, custo de oportunidade, custo original ajustado pelas variações do índice geral de preços etc.

Quando o valor de realização não interessa à Contabilidade, isto não quer dizer que o único tipo de custo relevante, para efeito de avaliação contábil, seja o custo histórico.

Mas este é o básico ainda hoje na Contabilidade.

10.4.3 Princípio da Realização

Como norma geral, a receita é reconhecida no período contábil em que é realizada. A realização ocorre quando bens ou serviços são fornecidos a terceiros em troca de dinheiro (receita à vista), de direitos a receber (receita a prazo) ou de outro elemento do ativo (permuta).

Este princípio tem sido um dos mais visados, principalmente pelos economistas, por julgarem que o processo de produção adiciona valor aos fatores que estão sendo manipulados, ao passo que, contabilmente, se verifica apenas uma "integração de fatores", e a receita e, consequentemente, o lucro (ou prejuízo) só ocorrem no ato da venda. O lucro só se realiza, contabilmente, no ato da venda.

A administração pode obter lucros não só de suas operações de venda normais, mas também de atividades de estocagem de fatores, ou seja, podem-se obter ganhos de caráter especulativo. Isso se torna verídico quando as flutuações de preços da economia são mais acentuadas. Por outro lado, quando uma empresa comercial vende determinada mercadoria por $ 150, e esta lhe custou apenas $ 100, a Contabilidade ortodoxa apura imediatamente um lucro bruto de 50 reais. Esse lucro é, para todos os efeitos, considerado como operacional, mesmo que a mercadoria vendida, para ser reposta, exija um desembolso de $ 130.

Se antes da venda fosse reconhecido um "lucro realizável" de $ 30 (que é a diferença entre o custo original da mercadoria e o de reposição), no ato da venda somente $ 20 seriam considerados lucro operacional corrente, o que daria uma informação mais completa.

---

[4] ANTHONY, Robert N. *Management accounting*: text and Cases. Homewood, Il: Irwin, 1960. p. 30.

Com este exemplo, pretende-se demonstrar que o não reconhecimento de lucros (ou perdas) devido às variações específicas de preços de elementos de ativo nos "intervalos de espera" faz com que tais variações sejam consideradas ganhos ou perdas operacionais mais tarde, no momento da "realização", o que, na realidade, pode não ser totalmente correto, pois podem ter-se verificado independentemente da vontade da administração, e em virtude de movimentos de preços ocorridos durante o tempo em que os ativos permaneceram estocados.

Na verdade, a teoria atual já admite reconhecer a receita em outros pontos do processo, inclusive antes da venda ou do fim da produção. Um exemplo típico é o caso dos produtos sujeitos ao processo natural de crescimento, como vinho, gado, reservas florestais etc. Outro caso é o de contratos de longa duração, nos quais pode-se reconhecer a receita (e o lucro) de cada período numa base proporcional aos custos incorridos.

10.4.4 Princípio do Custo como Base de Valor

Talvez seja mais apropriado denominá-lo "Princípio do Custo Histórico (Original) Como Base de Valor", pois, como já foi visto, são vários os conceitos de custo existentes. Como princípio aceito, refere-se ao custo original. Na conceituação ortodoxa, os elementos do Ativo entram nos registros contábeis pelo preço pago para adquiri-los ou fabricá-los. A não ser para aqueles elementos do Ativo sujeitos à amortização, depreciação ou exaustão que, uma vez registrados, não têm seu valor inscrito alterado, ressalvando-se ainda a regra conhecida como "custo ou mercado, o que for mais baixo" e os casos de reavaliação de ativo previstos pelas legislações de alguns países (bem como de correção monetária).

É evidente que a aplicação irrestrita deste princípio, especialmente em períodos de flutuações de preços, restringe as possibilidades informativas da Contabilidade, se não estiverem ligados à ideia da correção monetária (custo histórico corrigido).

Note que este princípio teve sua origem em tempos já remotos, quando se procuravam registrar os resultados de empreendimentos isolados, que não tinham continuidade. Em tais casos, bastava saber qual o retorno do capital investido no início do empreendimento. Terminado este, encerrava-se o ciclo contábil e o resultado era apurado. A este princípio deve ser atribuído um significado mais amplo, podendo determinar o tipo de custo mais relevante, em condições de continuidade de operações, como norma de valor. No Brasil, durante muitos anos, aceitou-se o conceito de custo histórico corrigido pela variação do poder aquisitivo da moeda.

Atualmente, os elementos do Patrimônio podem sofrer variações decorrentes de:

- ***Custo Corrente***: são os valores utilizados para adquirir ativos ou liquidar passivos na data de encerramento das demonstrações contábeis.
    - ✓ Ativos: são reconhecidos pelos valores em caixa que teriam de ser pagos se fossem adquiridos na data do balanço.
    - ✓ Passivos: são reconhecidos pelos valores em caixa, que serão necessários para liquidar a operação na data do balanço.

- **Valor Realizável**: são os valores que a entidade obteria se alienasse seus ativos ou liquidasse seus passivos.
  - ✓ Ativos: são reconhecidos pelos valores em caixa que poderiam ser obtidos pela sua venda em forma ordenada.[5]
  - ✓ Passivos: são reconhecidos pelos valores de liquidação, ou seja, pelos valores de caixa não descontados, que serão pagos para liquidar as obrigações no curso normal das operações da entidade.
- **Valor Presente:** são os fluxos de caixa futuros obtidos na alienação de ativos ou liquidação de passivos descontados a valor presente.
- **Valor Justo:** são os valores pelos quais ativos podem ser trocados ou passivos podem ser liquidados em uma transação sem favorecimentos.
- *Atualização Monetária:* são efeitos do poder aquisitivo da moeda nacional que deveriam ser reconhecidos nos registros contábeis.

10.4.5 Confrontação das Despesas com as Receitas

Este princípio demonstra que as despesas são atribuídas aos períodos de acordo com as receitas a que se referem, isto é, de acordo com a data do *fato gerador* e não quando são pagas em dinheiro.

Por meio desse princípio, a folha de pagamento dos operários relativa ao mês de dezembro será considerada despesa de dezembro mesmo que na prática o pagamento só seja efetuado nos primeiros dias de janeiro. O fato gerador da despesa é o serviço prestado pelos operários, e não o pagamento do salário, que ajudou a produzir receitas em dezembro.

Embora com o intuito de observar este princípio, é necessário elaborar algumas hipóteses arbitrárias, o que é válido, pois independe da base de valor a ser adotada.

Este princípio, junto com o da Realização das Receitas, forma o conhecido **Regime de Competência**.

10.4.6 Princípio do Denominador Comum Monetário

A Contabilidade preocupa-se em captar e registrar eventos e transações suscetíveis de avaliação monetária. É uma das características do modelo de informação e mensuração contábil. Embora na avaliação monetária possam estar ocultas algumas considerações de natureza física e de quantidades, o *denominador comum* (daí a denominação do princípio em epígrafe) é a avaliação monetária.

O princípio do Denominador Comum Monetário não impede que a Contabilidade levante balanços e demonstrações corrigidos para efeito de análise de resultados reais e para finalidades *fiscais* e *societárias* (pelas normas legais de correção).

---

[5] A forma ordenada está relacionada com as operações de venda normais que a entidade espera realizar no percurso normal de suas atividades.

Não se deve confundir *correção monetária operacional,* que altera o valor dos saldos devidos ou a que se tem direito pela inflação, com correção monetária contábil, que permite melhor avaliação dos resultados da empresa pela expressão de demonstrações ao poder aquisitivo de uma mesma data.

10.5 QUE SÃO CONVENÇÕES

Dentro da ampla margem de liberdade que os princípios permitem ao contador, no registro das operações, as convenções vêm restringir, limitar ou mesmo modificar parcialmente o conteúdo dos princípios, definindo mais precisamente seu significado.

10.5.1 Convenção da Consistência (Uniformidade)

A convenção da Consistência diz que, uma vez adotado determinado processo, entre os vários possíveis que atendem ao mesmo princípio geral, ele não deverá ser mudado com muita frequência, pois isso dificulta a comparação dos relatórios contábeis. Se, por exemplo, for adotado o método PEPS para avaliação de estoques, ao invés do UEPS (ambos atendem ao mesmo princípio geral, isto é, "Custo Como Base de Valor"), deverá ser usado sempre o mesmo método nos outros períodos. E, se houver a necessidade de se adotar outro critério, essa adoção e seus efeitos no resultado devem ser informados e declarados como nota explicativa dos relatórios para serem conhecidos pelo leitor.

Esta convenção é válida, pois sua finalidade é reduzir a área de inconsistência entre relatórios de uma mesma empresa, contribuindo, de certa forma, para um progresso mais rápido rumo a padronização e unificação contábeis dentro do mesmo setor de atividade.

10.5.2 Convenção do Conservadorismo (Prudência)

Esta convenção diz que, por motivos de precaução, sempre que o contador deparar com alternativas igualmente válidas de atribuir valores diferentes a um elemento do Ativo (ou do Passivo), deverá optar pelo mais baixo para o Ativo e pelo mais alto para o Passivo. Se, por exemplo, o valor de mercado do inventário final de mercadorias for inferior ao valor de custo, deverá ser escolhido o valor de mercado, por ser o mais baixo.

Esta é uma convenção que modifica o princípio geral do custo como base de valor (adotada também pela Lei das S.A.).

Outra implicação da convenção é notada na apuração de resultados. É frequentemente citada pelos contadores a seguinte máxima: "Considere para a despesa do exercício o maior montante possível, mas atribua à receita o menor montante possível".

A regra "Custo ou Mercado, o Mais Baixo" está intimamente ligada ao conservadorismo. Em outras palavras, o custo é a base de valor para a Contabilidade, mas, se o valor de mercado for inferior ao de custo, adota-se o valor de mercado.

Embora certa dose de conservadorismo, no bom sentido, não seja de todo desprezível, a adoção irrestrita dessa convenção, em todas as situações, pode tornar-se um meio seguro de impedir o progresso da teoria contábil, criando problemas para as empresas, pois, ao se reverterem as causas que deram origem à aplicação do conservadorismo sem abandonar a convenção, perde-se o controle de seus impactos nos resultados.

10.5.3 Convenção da Materialidade (Relevância)

Esta convenção diz que, a fim de evitar desperdício de tempo e de dinheiro, devem-se registrar na Contabilidade apenas os eventos dignos de atenção e na ocasião oportuna. Por exemplo, sempre que os empregados do escritório utilizam papéis e impressos, registra-se uma diminuição do ativo da empresa, diminuição esta que poderia, teoricamente, ser lançada nos registros contábeis à medida de sua ocorrência. Entretanto, isto não é feito, pela irrelevância da operação, e a despesa só é apurada no fim do período por diferença de estoques.

O julgamento quanto à materialidade também se relaciona com qual informação deve ser evidenciada, cuja exclusão dos relatórios publicados poderia levar o leitor a conclusões inadequadas sobre os resultados e as tendências da empresa. Normalmente, materialidade e relevância andam juntas. Entretanto, algo pode ser imaterial *per se,* mas, ainda assim, relevante. Por exemplo, se todo mês é descoberta uma diferença de cerca de $ 1 no Balancete de Verificação do Razão, o fato em si pode ser imaterial, mas, pela repetição, pode ser relevante no sentido de apontar eventuais problemas no sistema contábil. O fato de a diferença ter sido pequena pode dever-se ao acaso.

10.5.4 Convenção da Objetividade

Esta convenção pode ser explicada da melhor forma possível pelo exemplo a seguir.

Admita que o contador tenha duas fontes para a avaliação de um bem: a fatura relativa à compra do bem e o laudo do maior especialista mundial em avaliação. Ele deverá escolher, como valor de registro, o indicado na fatura. Entre um critério subjetivo de valor, mesmo ponderável, e outro objetivo, o contador deverá optar pela hipótese mais objetiva. A finalidade desta convenção é eliminar ou restringir áreas de excessivo liberalismo na escolha de critérios, principalmente de valor. Em tese, é uma convenção que contém seus méritos. Entretanto, seria necessário definir de forma mais precisa o que vem a ser objetividade. De fato, John W. Wagner[6] assim se define a respeito da objetividade na Contabilidade: "*Objectivity may be most usefully examined as a quality emerging from a social psychological process of perception*".

Em outro trecho do seu artigo, afirma:

> *If we really wish to obtain greater objectivity in accounting we will not do so either by eliminating the use of judgment or by permitting each individual to exercise his judgment freely. Instead what we must have are (a) standards of competence and ethics [...] (b) reference points [...].*

---

[6] WAGNER, John W. Defining objectivity in accounting. *The Accounting Review,* p. 599-605, July 1965.

Em resumo, nem só o que é material, palpável, tem a qualidade de ser objetivo. Mesmo porque a objetividade atribuída a tais elementos é uma imagem *criada pela mente*, que é utilizada, assim, no *julgamento*. Portanto, um julgamento pode ser objetivo, também, profissionalmente.

\	Quadro-resumo – princípios e convenções contábeis		
ELEMENTOS	**NO QUE CONSISTE**	**FASE ATUAL**	**OBSERVAÇÕES**
PRINCÍPIOS	Premissas básicas acerca dos fatos e eventos considerados pela Contabilidade		Orientam nos registros contábeis, mutáveis no tempo e sujeitos a discussão.
ENTIDADE	Contabilidade executada para as entidades como pessoas distintas dos sócios	Não é destacado de forma direta.	Proteção contra desentendimentos e confusões.
CONTINUIDADE	Presume-se, em geral, que a empresa durará indefinidamente	Pressuposto básico: Continuidade	A aceitação da descontinuidade mudaria a Contabilidade.
REALIZAÇÃO DA RECEITA	A receita ocorre quando é realizada (transferência)	Pressuposto básico: Regime de Competência	Afeta resultados.
CUSTO COMO BASE DE VALOR	O que vale são os preços originais de aquisição ou fabricação	Registro do Valor Original – Custo Histórico	Mensuração, Custo Histórico, Custo corrente, Valor Realizável.
CONFRONTAÇÃO DAS DESPESAS COM AS RECEITAS	Despesas atribuídas de acordo com a data do *fato gerador* e não com o pagamento	Pressuposto básico: Regime de Competência	É muito difícil obter exatidão total.
DENOMINADOR COMUM MONETÁRIO	A Contabilidade só registra eventos que podem ser avaliados em moeda	Realizável, Valor Presente, Valor Justo	Característica básica da Contabilidade.
CONVENÇÕES	Qualificam e delimitam princípios		Tão importante quanto os princípios.
CONSISTÊNCIA	Não mudar de critério, sem aviso	Comparabilidade	Os auditores praticam.
CONSERVADORISMO	Custo ou mercado – o mais baixo	Prudência	Com a publicação da NBC TSP em 4-10-2016, o princípio da Prudência deixa de existir.
MATERIALIDADE	Não se preocupar com miudezas	Relevância e Materialidade	Questão de bom senso.
OBJETIVIDADE	Sempre que possível, apoiar-se em documentos e evidências as mais objetivas possível	Neutralidade	Fé da Contabilidade perante juízo de terceiros.

10.5.5 Estruturas conceituais emanadas de órgãos reguladores

Os princípios e convenções analisados anteriormente representam uma das várias estruturas conceituais que pensadores contábeis apresentaram a fim de entender o panorama da doutrina contábil. A estrutura é um resumo de vários trabalhos, como os de Hendriksen e Van Breda (Atlas, 1999)[7] e Sérgio de Iudícibus (Atlas, 2016).

Verifica-se, nos itens anteriores, que a estrutura é algo antigo e que alguns conceitos, como **Custo Como Base de Valor**, já eram muito discutidos e desafiados, pelo menos na sua acepção mais conservadora.

Os princípios contábeis, enquadrados em algo que veio a se chamar Estrutura Conceitual, não são atributos apenas de teóricos. Os órgãos reguladores, como a CVM (Comissão de Valores Mobiliários), e os normatizadores, como o CPC (Comitê de Pronunciamentos Contábeis), têm interesse e até obrigação de prover pronunciamentos sobre tais assuntos.

Já houve no Brasil, no passado, dois pronunciamentos de entidades distintas e que tratavam da base conceitual. A Deliberação 29 da CVM, de 1986, e as Resoluções 750 e 774 do CFC (Conselho Federal de Contabilidade), de 1993/94.

Mais recentemente, como resultado da aderência do Brasil às Normas Internacionais de Contabilidade emanadas do IASB (International Accounting Standards Board), o CPC, órgão brasileiro equivalente ao IASB, encarregado da convergência, emitiu um importante pronunciamento, logo adotado pela CVM, através da Deliberação CVM 539, em 14 de março de 2008, e pelo CFC, por sua Resolução 1.121/2008. A primeira versão do CPC 00 de 2008 foi atualizada em 2012 e em 2016. Esse é, de fato, um documento sobre a Estrutura Conceitual e adota um formato bastante diferente com relação ao visto nos itens anteriores. Chama-se Estrutura Conceitual para a Elaboração e Apresentação das Demonstrações Contábeis.

Antes de tudo, é importante notar que as antigas estruturas conceituais (da CVM e do CFC), já citadas, foram revogadas, tácita ou explicitamente, e que, a partir de agora, a Deliberação 539 da CVM (também adotada por outros órgãos reguladores por atos próprios) passou a ser a base conceitual ampla para a emissão das normas práticas posteriores e, de certa forma, a bíblia conceitual dos praticantes da Contabilidade, a partir de 2008, o que não quer dizer que os pensadores contábeis não possam elaborar avaliações e até algumas críticas.

O documento é bastante amplo e tem uma estrutura muito diferenciada dos documentos e estudos teóricos anteriores, sendo mais completo.

Em lugar de princípios, temos apenas dois pressupostos básicos: **Regime de Competência e Continuidade**. Não trata da Entidade, por considerá-la um conceito autoexplicativo.

Dá uma grande ênfase aos Usuários e suas necessidades de informação, ao Objetivo das Demonstrações Contábeis e às Características Qualitativas das Informações às quais é dedicada boa parte do documento. Trata das Demonstrações Contábeis (define Ativo, Passivo, Receitas e Despesas etc.), bem como de Reconhecimento dos Elementos, das

---

[7] HENDRIKSEN, Eldon S.; BREDA, Michael Van. *Teoria da contabilidade*. São Paulo: Atlas, 1999.

Demonstrações Contábeis, Mensuração dos Elementos das Demonstrações Contábeis e Conceitos de Capital e de Manutenção de Capital.

Trata-se de um texto bastante diferente de todos com os quais estamos acostumados. Apresenta conteúdo denso e não fáceis entendimento e absorção.

Interessante é que, de todos os postulados, princípios e convenções aos quais estávamos habituados, só trata, como pressupostos, Regime de Competência e de Continuidade.

Noções como Relevância, Prudência, Materialidade e outras que foram apresentadas nessa estrutura conceitual são tratadas como **convenções** nesse documento e estão filiadas às Qualidades da Informação Contábil, perspectiva menos solene e codificada mas mais detalhada do documento, quando comparado aos anteriores com os quais estávamos familiarizados.

Outra característica é a amplitude dos assuntos tratados, que vão desde as necessidades dos usuários até definições de Ativo, Passivo etc. e estrutura de capital, no que vai além dos documentos anteriores.

Esses assuntos, principalmente as definições dos elementos das demonstrações contábeis, não constavam nos documentos anteriores e nos estudos teóricos.

Os conceitos utilizados mais recentemente, em geral, por IASB, CVM etc. consagram a noção de **Valor Justo** e sua aplicação a certos itens do Ativo e do Passivo.

A definição de Valor Justo é bastante complexa, mas é parecida com a de valor de realização, simplificando bastante o assunto. Ao não se encontrar, no mercado, o valor justo de um ativo igual ao que está sendo avaliado, procura-se o de um ativo equivalente. E, se nem mesmo esse existir, vai-se para cálculos de valor presente e outros métodos quantitativos mais sofisticados.

Para conhecer o documento oficial que hoje vigora no Brasil, que é o Pronunciamento Conceitual emitido pelo CPC, veja-se o *site* <http://www.cpc.org.br/CPC/Documentos-Emitidos/Pronunciamentos>.

10.6 ALGUMAS MUDANÇAS DA LEI Nº 11.638/2007 CONVERGINDO PARA OS MOLDES INTERNACIONAIS

10.6.1 Valor Justo

O Valor Justo faz parte dos *International Financial Reporting Standards* (IFRS), ou seja, das Normas Internacionais das Práticas Contábeis.

O Valor Justo é a avaliação do Ativo ou Passivo, em certas circunstâncias, pelo seu valor de mercado. Ou seja, é o valor de compra ou de venda de um Ativo ou um Passivo em uma transação corrente.

Como já foi visto, em casos de aplicações destinadas a negociação e em casos de disponíveis para venda, a Lei nº 11.638/2007, em seu artigo 183, determinava a avaliação de instrumentos financeiros e derivativos pelo valor de mercado. Mas a Lei nº 11.941/2009 substitui o "Valor de Mercado" por "Valor Justo".

Os Ativos Intangíveis, também são contabilizados a valor de mercado (justo).

O conceito de "Redução ao Valor Recuperável de Ativos" faz parte da definição do Valor Justo e será visto na próxima seção.

10.6.2 Redução ao Valor Recuperável de Ativos (*Impairment Test*)

Os ativos de uma empresa devem ser avaliados de tempo em tempo, para assim saber se seu valor de registro contábil é, de fato, um valor recuperável no futuro.

A avaliação de um ativo sofre mudanças no tempo e algumas características devem ser observadas para sua avaliação, como: o valor de mercado, as mudanças no ambiente que tenham efeito adverso na entidade, mudanças no ambiente tecnológico, econômico ou legal, as taxas de juros, se há obsolescência do ativo ou algum dano físico e outras.

A Redução ao Valor Recuperável de Ativos assegura que os ativos não estejam registrados contabilmente por um valor maior do que seu valor de venda futuro. Se o ativo estiver avaliado por um valor não recuperável no futuro, a entidade deve reconhecer sua desvalorização por meio da constituição da estimativa de perda.

Para isto, é necessário aplicar o teste de recuperabilidade e determinar o valor justo do ativo. Nesse teste são avaliados o valor de venda do ativo, menos os custos para vendê-lo e o valor de uso do ativo, utilizando-se o maior valor para a comparação com o valor contábil líquido.

Vale ressaltar que a reavaliação de ativos é proibida pela Lei nº 11.638/2007, portanto, o valor do ativo só pode ser modificado para menos se o resultado do teste mostrar que seu valor não é recuperável.

10.6.3 Ajustes a Valor Presente

Os elementos integrantes dos ativos e passivos decorrentes de operações de longo prazo devem ser ajustados a valor presente mediante descontos que considerem os juros embutidos prefixados. Os demais ativos e passivos de curto prazo somente deverão ser ajustados ao seu valor presente caso esse ajuste tenha efeito relevante nas demonstrações contábeis.

O Valor Presente é conhecido na Matemática Financeira como Valor Atual e serve para calcular o valor de um recebimento futuro em moeda atual (hoje). Para esse cálculo é necessário considerar o valor do dinheiro no tempo. Por exemplo, $ 200.000 hoje não valerão $ 200.000 daqui a 5 anos, ou seja, o que posso comprar hoje com $ 200.000, certamente, não comprarei com este mesmo valor daqui 5 anos.

No registro do Valor Presente, os rendimentos financeiros das vendas a prazo são ajustados pelo Regime de Competência.

EXERCÍCIOS

Exercício 1

A Cia. K foi submetida a um processo de auditoria interna, no qual constatou-se:

a) O diretor financeiro retirou (temporariamente) $ 50.000 do caixa da empresa e notificou ao contador que a reposição será no próximo mês.
b) Um equipamento tecnológico foi importado por $ 8.000 e foi contabilizado de acordo com o seu valor de reposição (quanto custaria se fosse adquirido no momento), isto é, $ 9.500. Este é o seu novo preço de tabela.
c) A empresa avaliou o estoque no ano anterior a valores de entrada (preço de compra) e, no ano corrente, avaliou o estoque a valores de saída (preço de venda).
d) Um imóvel da empresa avaliado no mercado em $ 2.500.000 está contabilizado pelo seu valor de aquisição, $ 1.700.000.
e) Os diretores apresentaram como despesa da empresa notas fiscais de restaurantes. A justificativa refere-se a um jantar promocional com clientes da empresa.

Pede-se: O auditor pode dizer que esses procedimentos estão de acordo com os "Princípios e Convenções Contábeis"? Comente cada item.

Exercício 2

Assinale a alternativa correta:

1. O Pressuposto da Continuidade afirma:
   a) Deve-se presumir, até prova em contrário, que a empresa continuará a operar indefinidamente no futuro.
   b) A Contabilidade deve registrar os atos contínuos da empresa.
   c) A Contabilidade deve existir de maneira contínua dentro da empresa.
   d) As operações merecedoras de registro devem ter sequência em diversos períodos.

2. A Lei das Sociedades por Ações estabelece que, na determinação do resultado do exercício, serão registrados:
   1. as receitas e os rendimentos ganhos no período, independentemente de sua realização em moeda;
   2. os custos, as despesas, os encargos e as perdas, pagos ou incorridos, correspondentes a essas receitas e rendimentos.

   O pressuposto contábil implícito em tal legislação é o:
   a) Da Entidade.
   b) Do Custo como Base de Valor.
   c) Da Competência de Exercícios.
   d) Da Objetividade (Convenção).

3. Entidade Contábil é:
   a) Para quem se mantém a Contabilidade.
   b) Toda pessoa física.
   c) Só as empresas sem fins lucrativos.
   d) Só as empresas com fins lucrativos.

4. O Denominador Comum Monetário é:
   a) Pressuposto.
   b) Princípio.
   c) Convenção.
   d) Postulado.

5. Não é convenção contábil:
   a) Objetividade.
   b) Confrontação das Despesas com as Receitas.
   c) Consistência.
   d) Materialidade.

Apêndice I

Correção de balanços pelas variações do poder aquisitivo da moeda

I.1 INTRODUÇÃO

Não é necessário ser profissional de Contabilidade, administrador ou mesmo proprietário de empresa para perceber que as demonstrações contábeis de fim de período, e outros relatórios originados no setor contábil, são estruturados em parte na pressuposição de que a moeda não sofre variações em seu poder aquisitivo intrínseco.

Existem algumas razões para que os contadores, no exercício normal de sua profissão, procedam de forma tão conservadora, pelo menos nos relatórios oficiais. Uma delas é que o valor a ser atribuído a um bem é algo subjetivo, e que pode variar de apreciação para apreciação, de contador para contador. Para evitar os riscos do subjetivismo, prefere-se levantar relatórios contábeis que representem acumulação de valores históricos, isto é, resultantes de transações, de preços de mercado objetivamente incorridos ou ocorridos em várias datas, numa mescla de moedas de poder aquisitivo variável.

O fato de se levantarem Balanços com base em preços históricos não significa que não se possam efetuar alguns ajustamentos, para apresentar à administração uma visão mais realística e atualizada da situação financeira e da rentabilidade da empresa, quando necessário. Na realidade, deve-se fazer isso.

Porém, o simples desejo, mesmo que imprescindível, de ajustar as demonstrações, libertando-as da variável inflacionária, não soluciona automaticamente esse problema; pelo contrário, coloca uma série de outras condições que devem ser resolvidas primeiro, como:

a) que tipo de valor se pretende obter;
b) qual o grau de detalhamento do ajustamento;
c) como proceder (quais índices de preços utilizar, quais as técnicas de ajustar certos itens do balanço etc.);
d) como interpretar os valores e demonstrações resultantes.

Quanto ao item *a*, pode-se, basicamente, ter em mente três alternativas:

1. desejo de obter o valor corrente de reposição dos bens constantes no Balanço;

2. desejo de obter, primeiramente, um valor de reposição dos bens, para, em seguida, verificar, pela comparação entre índices gerais de preços e preços específicos de reposição, a situação da empresa em termos relativos;
3. desejo de "restaurar" tão somente a magnitude monetária dos dados históricos, corrigindo-os pela variação do poder aquisitivo geral da moeda.

As alternativas 1 e 2, embora sejam complexas, proporcionam ajustamentos mais perfeitos, mas não serão vistas neste Apêndice, pois este é um livro introdutório em Contabilidade. Então, o foco será a alternativa 3, que, além de ser mais simples, é a que tem merecido a preferência da maioria dos contadores, bem como dos poderes públicos.

Mesmo assim, é necessário deixar bem claro que este Apêndice trata das técnicas mais adequadas à correção de balanços históricos pela variação do poder aquisitivo da moeda (inflação e deflação). Técnicas que são aconselhadas pela maioria dos estudiosos que se dedicaram a esse problema, para finalidades administrativas da empresa e para melhor informar os interessados externos quanto à real situação de rentabilidade financeira da empresa, se vierem a ser adotadas no futuro.

Em épocas de inflação muito alta, os países adotam mecanismos parecidos ou mais simples do que o que vamos ver. O IASB – cujas normas internacionais o Brasil adota – inclusive exige para as condições de inflação muito alta. O Brasil manteve durante décadas sistemas desses ajustamentos contábeis, mas parou em 1995, quando a altíssima inflação foi controlada.[1]

O problema do grau de detalhamento (item *b*) do ajustamento será tratado de maneira bem simples. O ajustamento de dados históricos será feito apenas no fim dos períodos contábeis, como complemento dos relatórios tradicionais, sem alterar registros sistemáticos da Contabilidade, utilizando um mínimo de informações adicionais ao Balanço e à Demonstração de Resultados.

A questão de como proceder (item *c*) será esclarecida à medida que o exemplo apresentado a seguir for resolvido. A interpretação das demonstrações resultantes (item *d*) é bastante fácil, como será visto no final deste Apêndice.

I.2 EXEMPLO DE AJUSTAMENTO

A empresa comercial ABC Ltda. foi fundada em 1-1-X e apresentou as seguintes demonstrações financeiras para o ano fiscal encerrado em 31-12-X4, em milhares de reais, antes de considerar os efeitos da inflação:

---

[1] No início de 2019, quando esta edição está sendo produzida, a Argentina, a Venezuela e diversos outros países estão sendo obrigados a proceder a ajustes dessa natureza.

Companhia ABC Ltda.
Balanço em 31-12-X4
Em $ mil

Ativo

	31-12-X4		31-12-X3	
Caixa e Bancos		253		75
Duplicatas a Receber	300		250	
(–) Ajuste por Devedores Duvidosos	(10)	290	(12)	238
Mercadorias		120		200
Móveis e Utensílios	250		200	
(–) Depreciação Acumulada	(25)	225	(20)	180
Total do ativo		888		693

Passivo e Patrimônio Líquido

Passivo

Contas a Pagar	50		70	
Fornecedores	100	150	150	220
Patrimônio Líquido				
Capital	320		320	
Lucros Acumulados	418	738	153	473
Total do Passivo e do Patrimônio Líquido		888		693

Companhia ABC Ltda.
Demonstração da conta de Resultados para o período 1-1-X4 a 31-12-X4

Vendas		1.480
(–) Custo das Mercadorias Vendidas		
Estoque Inicial	200	
(+) Compras	1.020	
Custo das Mercadorias Disponíveis para Venda	1.220	
(–) Estoque Final	(120)	(1.100)
Lucro Bruto		380
(–) Despesas Administrativas		(100)
(–) Ajuste por Devedores Duvidosos		(10)
(–) Depreciação		(5)
Lucro Líquido		265

Sabe-se que os $ 153 de lucros acumulados referem-se ao lucro líquido do ano anterior, que não foi distribuído durante o ano X4. O capital, por sua vez, não sofreu alterações durante o período.

Os móveis e utensílios foram comprados da seguinte forma: $ 200 no início do ano X e $ 50 em meados do ano X4.

A empresa utiliza o método PEPS de avaliação de estoques e sabe-se que as datas de sua aquisição são próximas ao Balanço.

O ajuste por devedores duvidosos do ano anterior foi totalmente utilizado no ano.

Por outro lado, as compras e as vendas distribuem-se de maneira mais ou menos uniforme durante o ano todo.

A empresa deseja obter informações sobre o "lucro efetivo" do período, bem como valores atualizados de Balanço, principalmente para saber qual o valor máximo que poderá distribuir aos sócios, sem enfraquecer o capital da sociedade, em fins de X4.

Defrontando-se com o problema do ajustamento, o contador coletou os seguintes índices gerais de preços indicadores da inflação (posições hipotéticas):

Início do ano X	100
Início do ano X4 (fim do ano X3)	180
Fim do ano X4	220
Meados do ano X4	200

I.3 ETAPAS DO AJUSTAMENTO

Balanço de 31-12-X4

I.3.1 Itens do Balanço

I.3.1.1 Caixa e Bancos

O valor para este item, a ser apresentado no *Balanço Corrigido*, é exatamente igual ao valor histórico, pois as contas Caixa e Bancos são valores correntes por definição. O valor final deste item, portanto, será igual a $ 253.

I.3.1.2 Duplicatas a Receber e Ajuste por Devedores Duvidosos

Duplicatas a Receber também é um valor expresso em moeda corrente, de forma que seu valor permanece inalterado, ocorrendo o mesmo com sua dedução: *Ajuste por Devedores Duvidosos*, que é um valor derivado. Esses itens serão apresentados no Balanço corrigido pelo valor de $ 300 e $ 10, respectivamente. (Não será abordado, neste Apêndice, o problema do ajuste a valor presente, caso no valor nominal, prefixado, este desconto não esteja já efetuado.)

I.3.1.3 Mercadorias

Este item normalmente mereceria um ajuste. Inicialmente, deve-se verificar: qual o preço unitário de compra ou os preços unitários de compra dos lotes que compõem o estoque final, as datas em que *tais lotes* foram comprados *e se tais lotes* deveriam ser corrigidos por um valor correspondente à taxa de inflação ocorrida entre as datas das compras e a data do Balanço. Como a empresa utiliza o método PEPS, e sabe-se que esse método apresenta estoques avaliados por preços próximos dos preços correntes, desde que o ritmo de entradas e saídas seja bastante regular, o contador considerou como aproximação válida o valor apresentado no Balanço, de $ 120, achando que o maior grau de precisão que poderia ser atingido, corrigindo os valores, seria desprezível em face do trabalho adicional necessário.

I.3.1.4 Móveis e Utensílios

Sabe-se que $ 200 referentes a esse item foram adquiridos no início do ano X, quando o índice geral de preços era igual a 100. Para traduzir esse valor passado em termos de preços de 31-12-X4 (data escolhida como base para a correção), é necessário multiplicá-lo por uma fração formada pelo índice no fim do ano X4 no numerador e no início do ano X, no denominador, isto é, 220/100 = 2,2. O valor atualizado dessa compra será, portanto, de $ 2,2 × 200 = $ 440. Por outro lado, os restantes $ 50 foram adquiridos em meados do ano X4, quando o índice de preços acusava 200. Para expressar esse valor em termos de fim de ano, basta multiplicá-lo por 220/200 = 1,1. O valor resultante é de $ 55.

Resumindo:	Valor em 31-12-X4
	$ mil
Compra do início do ano X	440
Compra de meados do ano X4	55
Valor corrigido dos móveis e utensílios	495

Será este o valor que aparecerá no Balanço corrigido de 31-12-X4.

I.3.1.5 Depreciação Acumulada

Pelas informações, podemos inferir que a taxa de depreciação dos $ 200 de móveis adquiridos em X é de 2,5% ao ano. De fato, $ 20 era o valor da depreciação acumulada em X3. Tal valor representava 10% do valor do Ativo. Do início de X até 31-12-X3 decorreram quatro períodos: 10/4 = 2,5. Os $ 20 de X3 corrigidos ficam iguais a $ 20 × 2,2 = $ 44. É preciso adicionar a depreciação de X4. Em valores históricos, é de $ 5, que representam exatamente 2,5% dos $ 200, o que leva a crer que a compra adicional de $ 50 não foi depreciada. Assim, os $ 5 seriam também corrigidos por 2,2, pois se referem à depreciação de um ativo adquirido em X: $ 5 × 2,2 = $ 11. Este último valor será a depreciação corrigida que aparecerá na Demonstração de Resultados, e o valor da depreciação acumulada corrigida, em X4, será de $ 44 + $ 11 = $ 55. O fato de a taxa de depreciação ser tão pequena não afeta o raciocínio do caso, nem o fato de a empresa não ter depreciado a nova compra. Se o tivesse, sua depreciação seria corrigida por 1,10, coeficiente da data da aquisição dos $ 50 adicionais.[2]

I.3.1.6 Contas a Pagar e Fornecedores

Da mesma forma que *Duplicatas a Receber*, essas contas representam valores em moeda corrente e, pelo menos para efeito de balanço, não serão ajustadas.[3]

I.3.1.7 Patrimônio Líquido

Este item será tratado como um todo no Balanço ajustado, pois é, na realidade, a diferença entre Ativo e Passivo. Assim, no *Balanço Corrigido* não serão identificados os elementos do *Patrimônio Líquido*, que será, evidentemente, a diferença entre Ativo e Passivo corrigidos monetariamente. Então, o *Balanço Corrigido*, em 31-12-X4, será:

Companhia ABC Ltda.
Balanço Geral Corrigido em 31-12-X4
Em $ mil

I. **ATIVO**		
Caixa e Bancos		253,00
Duplicatas a Receber	300,00	
(–) Ajuste por Devedores Duvidosos	(10,00)	290,00
Mercadorias		120,00
Móveis e Utensílios	495,00	
(–) Depreciação Acumulada	(55,00)	440,00
Total do Ativo		1.103,00
II. **PASSIVO**		
Contas a Pagar	50,00	
Fornecedores	100,00	150,00
I-II. **PATRIMÔNIO LÍQUIDO**		953,00
Total do Passivo e Patrimônio Líquido		1.103,00

O ***Patrimônio Líquido no Balanço Corrigido*** apresenta um valor maior do que o constante no Balanço Histórico, fato que não nos deve levar a concluir que o lucro em moeda constante seja maior do que o lucro histórico. Para apurar o lucro em moeda constante

---

[2] Note que, se a empresa não efetuou a depreciação em valores históricos, por erro ou outro motivo, o erro perpetua-se nos valores corrigidos.
[3] A rigor, tais contas, bem como as correspondentes do lado do Ativo, já deveriam estar expressas, antes da correção, em seu valor atual, por meio do processo de desconto.

Apêndice I • Correção de balanços pelas variações do poder aquisitivo da moeda

(moeda de 31-12-X4), é necessário ajustar a demonstração de resultado histórico, e, para ter certeza de que o ajuste foi feito de maneira correta, deve-se comparar o Balanço corrigido em 31-12-X4 com o Balanço levantado em 31-12-X3 *expresso em termos de moeda de 31-12-X4*. Isto será feito para verificar as tradicionais e íntimas relações entre Balanço e Demonstração de Resultados. Sabe-se que, na ausência de variações do capital ou de distribuição de lucros ou ajustando-se patrimônios líquidos para essas ocorrências, a diferença entre os valores dos patrimônios líquidos apresentados no Balanço deve ser igual ao lucro líquido apresentado na Demonstração de Resultados. Esta é uma relação fundamental da Contabilidade e deve ser verificada qualquer que seja a base de valor adotada.

De acordo com os dados expostos, podem ser apresentados os valores constantes do Balanço em 31-12-X3 em termos de moeda de 31-12-X4:

Balanço de 31-12-X3		Em $ mil
Ativo		
	Valor Histórico	Valor em moeda de 31-12-X4
Caixa e Bancos	$75,00 \times \dfrac{220}{180} =$	91,67
Duplicatas a Receber	$250,00 \times \dfrac{220}{180} =$	305,56
Ajuste por Devedores Duvidosos	$12,00 \times \dfrac{220}{180} =$	(14,67)
Móveis e Utensílios	$200,00 \times \dfrac{220}{100} =$	440,00
Depreciação Acumulada	$20,00 \times \dfrac{220}{100} =$	(44,00)
Mercadorias	$200,00 \times \dfrac{220}{180} =$	244,44
Total do Ativo		1.023,00
Passivo		
Contas a Pagar	$70,00 \times \dfrac{220}{180} =$	85,56
Fornecedores	$150 \times \dfrac{220}{180} =$	183,33
Total do Passivo		268,89
Patrimônio Líquido (Ativo–Passivo)		754,11

Antes de comparar os valores dos patrimônios líquidos corrigidos, pode-se obter o lucro histórico do período também por diferença entre patrimônios líquidos históricos (já que não houve distribuição de lucros nem aumento ou redução do capital):

Patrimônio Líquido Histórico em 31-12-X4	$ 738
(–) Patrimônio Líquido Histórico em 31-12-X3	$ 473
Lucro Líquido do Ano X4	$ 265

A mesma comparação pode ser feita em valores ajustados:

Patrimônio Líquido Ajustado em 31-12-X4	$ 953,00
(–) Patrimônio Líquido em 31-12-X3 em termos de moeda de 31-12-X4	$ (754,11)
Lucro Líquido em moeda do dia 31-12-X4	$ 198,89

I.3.2 Correção da Demonstração de Resultados

Em seguida, deve-se ajustar a demonstração de resultados para saber se foi apurado um lucro líquido corrigido igual ao apurado por diferença entre as situações líquidas.

Companhia ABC Ltda.
Demonstração de Resultados Corrigida – 1ª Versão
Período: 1-1-X4 a 31-12-X4

Em $ mil

Vendas: 1.480,00 × 220/200		1.628,00
(–) Custo das Mercadorias Vendidas		
Estoque Inicial: 200 × 220/180 =	244,44	
+ Compras: 1.020 × 220/200 =	1.122,00	
= Custo das Mercadorias Disponíveis para Venda –	1.366,44	
(–) Estoque Final	(120,00)	(1.246,44)
Lucro Bruto		381,56
(–) Despesas Administrativas: 100 × 220 ÷ 200		(110,00)
(–) Provisão para Devedores Duvidosos em 31-12-X4		(10,00)
		261,56
(–) Depreciação (55,00 – 44,00) =		(11,00)
		250,56
(–) *Perdas nos Itens Monetários*		
a) No saldo Inicial		
93,00 × 220/180 – 93,00 = 20,67		
b) Nos Acréscimos		
$310,00 \times \dfrac{220}{200} - 310,00 = 31,00$		(51,67)
Lucro Líquido Corrigido		198,89
Valor de 198,89 taxado		

I.3.3 Procedimento adotado na correção da Demonstração de Resultados

Aparentemente, a correção da Demonstração de Resultados se apresenta como algo muito complexo, e na realidade pode ser em certos casos, mas não neste exemplo simplificado. O que será visto em detalhes a seguir.

I.3.3.1 Vendas

Na falta de outras informações, conclui-se que as vendas se distribuam de maneira uniforme durante o período, ou seja, elas ocorreram no meio do período. Logo, são ajustadas multiplicando-se o valor histórico por uma fração que expresse, no numerador, o índice da data-base escolhida como padrão de comparação e, no denominador, o índice da data em que ocorreram as vendas, por simplificação, meados de X4.

I.3.3.2 Custo das Mercadorias Vendidas

Este é um elemento composto e, portanto, não pode ser corrigido pela simples multiplicação de seu valor histórico por algum coeficiente. Tem-se que recorrer à correção isolada de seus elementos componentes. Assim, o *Estoque Inicial*, cujo valor histórico é de $ 200, já foi corrigido por ocasião do Balanço, e o mesmo valor entra na composição do *Custo das Mercadorias Vendidas* ($ 244). As compras, por sua vez, na premissa de que se verificaram uniformemente durante o período, devem ser ajustadas da mesma forma em que foram ajustadas as vendas, isto é, multiplicando-as por 220/200. O *Estoque Final*, em virtude do método PEPS, foi considerado um valor corrente no dia 31-12-X4 para efeito de Balanço, e o mesmo ocorre no que se refere à demonstração de resultados corrigida. Está, portanto, composto o *Custo das Mercadorias Vendidas*, em termos corrigidos.

I.3.3.3 Despesas Administrativas

Supondo também que elas ocorreram homogeneamente durante o ano: $ 100 × 220/200 = $ 110,00.

I.3.3.4 Ajuste por Devedores Duvidosos

Este é um valor que pode ser considerado, como simplificação, formado em 31-12-X4; logo, entra na demonstração de resultados pelo mesmo valor constante nas demonstrações históricas.

I.3.3.5 Depreciação

Nesse caso, como foi visto, a depreciação a constar da demonstração corrigida de resultados pode ser calculada por simples diferença entre as depreciações acumuladas constantes dos balanços corrigidos. Assim, ($ 55 − $ 44) = $ 11.

I.3.3.6 Perdas nos Itens Monetários

Este é o item mais difícil de explicar na demonstração corrigida, pois não aparece na demonstração histórica. De maneira geral, procura-se expressar o ganho (ou perda) em termos de poder aquisitivo sofrido pela empresa por trabalhar com maior ou menor saldo de *Itens Monetários* (*Itens Monetários* são o caixa, os direitos a receber em dinheiro e as obrigações a serem pagas em dinheiro). É de conhecimento geral que, em períodos de inflação, quanto mais se retiver o dinheiro ou quanto mais tempo se demorar para receber valores expressos em valores nominais prefixados, mais se estará perdendo substância em termos de poder aquisitivo. Por exemplo, se no Balanço constar um cheque a receber no valor de $ 100 e só 20 dias depois forem recebidos os mesmos $ 100, estes $ 100 compram, em períodos de inflação, menos bens e serviços do que comprariam se tivessem sido recebidos no dia do Balanço, quando o poder aquisitivo da moeda era maior. Em sentido inverso, quanto mais se demorar para pagar os compromissos em períodos de inflação, mais se ganhará em termos de poder aquisitivo. É claro que o raciocínio se inverte em períodos de quedas generalizadas de preços.

Assim, o item *Ganhos (Perdas) nos Itens Monetários* é uma forma simplificada de retratar tais circunstâncias, no caso das empresas.

Neste exemplo, o saldo inicial dos itens monetários era composto da seguinte forma em 31-12-X3:

	$ mil
Caixa e Bancos	75
Duplicatas a Receber (líquidas)	238
	313
(–) Fornecedores e Contas a Pagar	220
Saldo dos "Itens Monetários"	93

Na falta de maiores informações, conclui-se que este saldo permaneceu sem aplicação até o fim do período (31-12-X4). Logo, houve perda de substância igual à taxa de inflação do período (22,222%). Assim, $ 93,00 × 22,222% = $ 20,67. Note que, na demonstração de resultados, o cálculo foi expresso de maneira diferente. Porém, o resultado é igual, pois $ 93 × 220/180 – $ 93 = $ 20,67

é o mesmo que:
$ 93 × 220/180 – $ 93 × 220/220 = $ 20,67.

Por outro lado, a composição do saldo final dos itens monetários era a seguinte (em 31-12-X4):

	$ mil
Caixa e Bancos	253
Duplicatas a Receber (líquidas)	300
	553

(–) Fornecedores e Contas a Pagar	150
Saldo dos "Itens Monetários"	403

Continuando, houve acréscimo durante o período de $ 403 – $ 93 = $ 310 no saldo dos *Itens Monetários*. Como interpretar esse acréscimo? Pelas informações do problema, somos levados a pressupor que se verificou uniformemente durante o período, o que quer dizer que o acréscimo ocorreu no meio do período e que permaneceu sem aplicação do meio até o fim do período. Assim, $ 310 × 0,10 (taxa de inflação do meio até o fim do período) = $ 31 de perda. Somando-se as perdas, obtêm-se os $ 51,67 constantes da demonstração de resultados.

Note que, se o passivo monetário (fornecedores e contas a pagar, no caso) superasse o ativo monetário, se teria um ganho líquido pela inflação, e não uma perda, como ocorreu.

É importante notar que esses cálculos de ganhos e perdas nos itens monetários poderiam ser feitos individualmente sobre cada uma dessas contas (Caixa e Bancos, Duplicatas a Receber, Fornecedores e Contas a Pagar). É algo mais adequado para inflações já razoáveis e será visto a seguir.

I.4 CORREÇÃO INTEGRAL DE BALANÇOS

Essa metodologia mostrada no item anterior é a recomendada pelo IASB (Comitê de Normas Contábeis Internacionais) para os países de alta inflação, e também adotado por vários países quando o índice geral de preços é grande (inclusive pelos Estados Unidos).

No Brasil, entre 1987 e 1995 vigorou a obrigatoriedade, para as companhias abertas, de uma determinação da Comissão de Valores Mobiliários (CVM) para que elas apresentassem suas demonstrações com base na Correção Integral.

Essa metodologia, a da Correção Integral, é baseada na que foi mostrada no item anterior, diferenciando-se dela em dois pontos: (1) adoção do ajuste a valor presente dos itens monetários prefixados nas datas de balanços (que não será discutido neste Apêndice); e (2) distribuição dos ganhos e perdas nos itens monetários pelos componentes do resultado a que se referem.

Neste exemplo, foi visto que os itens monetários da empresa são: *Disponibilidades, Duplicatas a Receber, Contas a Pagar e Fornecedores*. Sabe-se que as duplicatas a receber estão vinculadas às vendas; ora, se capacidade aquisitiva é perdida porque demora-se a receber o valor originado das vendas, isso significa que perde-se, efetivamente, parte do valor real dessas mesmas vendas.

Assim, pela metodologia da Correção Integral calculam-se as perdas em *Duplicatas a Receber* individualmente e depois essa perda é deduzida do valor das *Vendas*. O mesmo é feito com os ganhos em *Fornecedores*, deduzindo-os do *Custo das Mercadorias Vendidas*; e deduzindo os ganhos em *Contas a Pagar das Despesas* a que se referem. Se as *Disponibilidades* tivessem sido aplicadas no mercado financeiro, gerando receitas financeiras nominais, suas perdas seriam deduzidas dessas receitas para alcançar o valor das receitas financeiras reais, isto é, as acima da inflação. Como isso não ocorreu neste exemplo, essa perda será tratada de forma individual, solitária.

Portanto, os cálculos serão refeitos (em $ mil).

I.4.1   Caixa e Bancos

A empresa saiu de um saldo inicial de $ 75 e terminou com $ 253. Considerando-se a perda de 22,222% (220/180 – 1) sobre o saldo inicial mais a de 10% sobre o acréscimo de $ 178:

Perda sobre o saldo inicial: $ 75 × 22,222%	= $ 16,67
Perda sobre o acréscimo: $ 178 × 10%	= $ 17,80
Perda Total sobre Caixa e Bancos	= **$ 34,47**

Essa perda aparecerá na demonstração do resultado de forma individual, já que não há receita financeira produzida por esse dinheiro que ficou sofrendo os efeitos inflacionários.

I.4.2   Duplicatas a Receber

Perda sobre o saldo inicial: $ 238 × 22,222%	= $ 52,89
Saldo final:	$ 300
Perda sobre o acréscimo: $ 62 × 10%	= $ 6,20
Perda Total sobre Duplicatas a Receber	= **$ 59,09**

(Observe que é utilizado o saldo inicial já líquido da Provisão para Devedores Duvidosos e que no resultado não há saldo nenhum dessa provisão revertido.)

E essa perda será deduzida das Vendas. Assim:

I.4.3   Vendas

Valor original, corrigido para moeda de fins de 31-12-X4,

conforme já visto no item anterior:	$ 1.628,00
Menos perdas em Duplicatas a Receber:	$ (59,09)
Valor novo a aparecer de Vendas, conforme Correção Integral: **Vendas corrigidas e ajustadas:**	$ 1.568,91

I.4.4   Fornecedores

Sobre as contas prefixadas de Passivo, a inflação resulta em "ganhos", já que o valor real do que se paga é menor do que o registrado no início da transação. Tem-se, portanto:

Ganho sobre o saldo inicial: $ 150 × 22,222%	= $ 33,33
Saldo final:	$ 100
"Perda" sobre o decréscimo: $ 50 × 10%	= $ (5,00)
Ganho Total	= **$ 28,33**

Nesse caso, a conta diminuiu de saldo durante o período, o que significa que ela não sofreu o ganho todo calculado na hipótese da manutenção do saldo inicial exposto à inflação de 22,222%, ou seja, não produziu de fato todo o ganho inicialmente calculado em $ 33,33. Por isso, é deduzido o efeito da inflação sobre a redução do saldo para calcular o efeito líquido correto durante o período, considerando uma redução constante ao longo do tempo. Na verdade, não se trata de uma "perda" sobre a redução do saldo de *Fornecedores*, mas de uma correção do ganho exageradamente calculado na linha anterior, já que o saldo inicial decresceu durante o período e não ficou tão exposto aos efeitos da inflação.

Esse ganho de $ 28,33 vai reduzir o valor do *Custo das Mercadorias Vendidas*, já que a inflação fez com que, em termos reais, elas custassem menos do que havia sido já calculado em item anterior (I.3.3.2). Voltando ao que já foi calculado e efetuando o devido ajuste agora, tem-se:

I.4.5 Custo das Mercadorias Vendidas

Estoque Inicial: $ 200 × 220/180	= $	244,44
Compras $ 1.020 × 220/200	= $	1.122,00
(–) **Ganho em Fornecedores**	= $	**28,33**
	$	**1.093,67**
Estoque Final: $ 120 × 220/200	= ($	120,00)
Custo das Mercadorias Vendidas, corrigidas e ajustadas pelos ganhos em fornecedores:	$	1.218,11

I.4.6 Contas a Pagar

Essa conta também teve redução em seu saldo durante o período; os efeitos da inflação sobre ela são:

Ganho sobre o saldo inicial: $ 70 × 22,222%	= $	15,56
"Perda" sobre a redução: $ 20 × 10%	= ($	2,00)
Ganho líquido sobre Contas a Pagar	= $	**13,56**

Esse ganho diminuirá o valor das *Despesas Administrativas*, já que as *Contas a Pagar* são referentes às despesas ainda não pagas:

Despesas Administrativas já vistas: $ 100 × 220/200	= $	110,00
Menos ganhos em Contas a Pagar	= ($	13,56)
Despesas Administrativas corrigidas e ajustadas	= $	96,44

I.4.7 Demonstração do Resultado em Correção Integral

Após esses cálculos, pode-se remontar a Demonstração do Resultado, de forma bem mais completa e inteligível, considerando os efeitos da inflação sobre os diversos componentes patrimoniais mais evidentes (ativos e passivos monetários) e alocando-os às linhas do resultado a que de fato pertencem:

Companhia ABC Ltda. Demonstração do Resultado – 2ª Versão Pela Correção Integral – Ano de X4 Em moeda de 31-12-X4	Em $ mil
Vendas	$ 1.568,91
(–) Custo das Mercadorias Vendidas	($ 1.218,11)
Lucro Bruto	$ 350,80
(–) Despesas Administrativas	($ 96,44)
(–) Ajuste por Devedores Duvidosos	($ 10,00)
(–) Depreciação	($ 11,00)
(–) Perda em Caixa e Bancos	($ 34,47)
Lucro Líquido Corrigido	$ 198,89

Observe que a Correção Integral exige ainda o ajuste a valor presente das contas a receber e a pagar prefixadas, que não foi colocado aqui por questão de facilidade.

I.5 UMA FORMA SIMPLIFICADA DE CORREÇÃO MONETÁRIA ("LEGISLAÇÃO SOCIETÁRIA")

O Brasil utilizou, de 1978 a 1995, outra forma simplificada de correção monetária das demonstrações contábeis, conhecida por "correção pela legislação societária", já que foi introduzida pela Lei das S.A. de 1976.

Trata-se de uma forma extremamente simples, válida para taxas de inflação baixas, mas totalmente inadequada para análise do resultado quando a inflação é alta (acima de dois dígitos, o indicado é a metodologia da Correção Integral).

Segundo essa forma de corrigir, que também era válida para fins de cálculo do lucro tributável, os procedimentos básicos são os seguintes:

- corrigem-se todas as contas do *Ativo Imobilizado*, em contrapartida a uma conta especial da demonstração do resultado, normalmente denominada simplesmente Correção Monetária;
- corrigem-se todas as contas do *Patrimônio Líquido*, exceto as do resultado do próprio período, em contrapartida àquela mesma conta;
- computa-se o saldo dessa conta de Correção Monetária na *Demonstração do Resultado*, credora ou devedora, sem se atualizarem quaisquer outras contas e sem qualquer cálculo de ganhos ou perdas sobre os itens monetários.

Genericamente, tem-se:

Débito:	**Contas Devedoras do Ativo Imobilizado**
Crédito:	**Correção Monetária**
Débito:	**Correção Monetária**
Crédito:	**Contas Credoras do Ativo Imobilizado** (retificadoras, como Depreciação Acumulada e outras)
Débito:	**Correção Monetária**
Crédito:	**Contas Credoras do Patrimônio Líquido**
Débito:	**Contas Devedoras do Patrimônio Líquido** (Prejuízos Acumulados, Ações em Tesouraria, por exemplo)
Crédito:	**Correção Monetária**

I.5.1 Aplicando neste exemplo – restaurando valores do Balanço Inicial

A primeira providência seria restabelecer quais seriam os saldos do *Ativo Imobilizado* e do *Patrimônio Líquido* do exemplo em questão no Balanço Inicial, ou seja, em 31-12-X3. Nessa data, as contas do Ativo Imobilizado *Móveis e Utensílios* e sua *Depreciação Acumulada* já apareceriam no Balanço pelos valores corrigidos até então. E as contas do Patrimônio Líquido também.

Foi visto no item I.3.1.4 que os $ 200 desse Ativo Imobilizado foram comprados quando o índice geral de preços era 100 e que na data desse Balanço o índice é de 180.

Com isso, pode-se calcular:

Móveis e Utensílios em 31-12-X3:

$$\$ 200 \times 180/100 = \$ 360$$

Depreciação Acumulada em 31-12-X3:

Como a depreciação à época, nominal em $ 20, se refere a esse ativo, tal valor precisa ser atualizado pelo mesmo índice:

$$\$ 20 \times 180/100 = \$ 36$$

Com isso, o *Imobilizado Líquido* que estava por $ 180 ($ 200 diminuído da *Depreciação Acumulada* de $ 20), passa, em 31-12-X3, a $ 324 ($ 360 menos depreciação de $ 36). Esse acréscimo líquido de $ 180 para $ 324 (no valor de $ 144) será considerado, no Balanço de 31-12-X3, acréscimo a *Lucros Acumulados*, já que se refere a ajustes desses anos anteriores.

Precisa-se agora ver quais teriam sido os valores das contas do Patrimônio Líquido em 31-12-X3.

Capital

Supondo, por simplificação, que o *Capital* tenha sido formado também quando o índice de preços era 100, tem-se assim o valor corrigido para 31-12-X3:

$$\$\ 320 \times 180/100 = \$\ 576$$

Esse ajuste de $ 256 será considerado contra *Lucros Acumulados*, já que se trata de anos anteriores a X4.

Lucros Acumulados

Essa conta tinha, em 31-12-X3, o valor nominal de $ 153. Não interessa a correção, no passado, de seus saldos, já que seria débito e crédito na mesma conta, porque trata-se de ajustes anteriores a X4.

Assim, para saber seu valor atualizado em 31-12-X3, precisam-se considerar apenas os efeitos já vistos logo atrás: o aumento pela correção líquida do ativo imobilizado e o efeito do ajuste do capital social:

Valor nominal em 31-12-X3	$ 153
Correção do Ativo Imobilizado	$ 144
Correção do Capital	($ 256)
Saldo Corrigido em 31-12-X3	$ 41

Com isso, o Patrimônio Líquido em 31-12-X3, antes de $ 473 (capital mais lucros acumulados), é agora corrigido para essa data, de $ 617 ($ 576 de capital e $ 41 de lucros acumulados).

Veja que o Balanço de 31-12-X3, completo, ficaria assim com essa metodologia:

Companhia ABC Ltda.
Balanço em 31-12-X3
Pela "Legislação Societária"

Em moeda de 31-12-X3		Em $ mil
Ativo		
Caixa e Bancos		75
Duplicatas a Receber	250	
(–) Provisão para Devedores Duvidosos	(12)	238
Mercadorias		200
Móveis e Utensílios	360	
(–) Depreciação Acumulada	(36)	324
Total do Ativo		837

Passivo e Patrimônio Líquido		
Passivo		
Contas a Pagar	79	
Fornecedores	150	220
Patrimônio Líquido		
Capital	576	
Lucros Acumulados	41	617
Total do Passivo e Patrimônio Líquido		837

I.5.2 Aplicando neste exemplo – o resultado de X4

Esse modelo simplificado de contagem dos efeitos da inflação é aplicado, para cálculo do resultado de X4, bem como para atualização do Balanço de 31-12-X4, da seguinte forma:

I.5.2.1 Atualização das contas do Ativo Imobilizado

Móveis e Utensílios – corrigindo seu saldo inicial até 31-12-X4, contra a conta de Correção Monetária comentada:

Valor da correção do saldo inicial: $ 360 × 220/180 – $ 360 = $ 80,00

Mas há o acréscimo de $ 50 pela nova aquisição, ocorrido quando o índice geral de preços era 200; assim, é preciso complementar:

Valor da correção do acréscimo: $ 50 × 220/200 – $ 50 = $ 5

Lançamento contábil:

Móveis e Utensílios
a **Correção Monetária**   **$ 85,00**

Depreciação do Exercício:

Como a conta foi corrigida para $ 440,00, a *Depreciação do Exercício* será calculada com base nesse valor, e não como havia sido na demonstração a valores puramente históricos; assim, a depreciação do período será de (lembrando que o ativo novo não sofreu depreciação no período, conforme visto no item I):

$$2,5\% \times \$ 440,00 = \$ 11,00$$

e não $ 5,00 como no resultado a valor histórico, mas igual, por outro lado, ao valor da Correção Integral.[4]

---

[4] Na prática, a legislação fiscal exigia a depreciação calculada não sobre o valor final do período, mas pelo valor médio do ano. A diferença, porém, era computada na conta de Correção Monetária, o que dá exatamente no mesmo em termos de resultado líquido final.

Depreciação Acumulada:

O saldo inicial era de $ 36,00, que precisa ser atualizado:

Valor da correção: $ 36,00 × 220/180 − $ 36,00 = $ 8,00

Lançamento contábil:

Correção Monetária
a **Depreciação Acumulada** $ 8,00

Com isso, essa conta, que era de $ 36,00, sofre os acréscimos de $ 8,00 por correção monetária e de $ 11,00 pela nova depreciação, chegando ao saldo final atualizado de **$ 55,00**.

I.5.2.2   Atualização das contas do Patrimônio Líquido

Capital

Valor da correção: $ 576 × 220/180 − $ 576 = $ 128,00

Lucros Acumulados

Valor da correção: $ 41 × 220/180 − $ 41 = $ 9,11

Lançamento contábil:

Correção Monetária
a **Diversos**
a **Capital** $ 128,00
a **Lucros Acumulados** $ 9,11 $ 137,11

I.5.2.3   Conta de Correção Monetária

Com esses lançamentos, a conta de *Correção Monetária* terá ficado com o seguinte saldo:

Correção Monetária		
Depreciação Acumulada	8,00	85,00 Móveis e Utensílios
Capital	128,00	
Lucros Acumulados	9,11	
Saldo	60,11	

Esse saldo irá para a Demonstração do Resultado, como o saldo líquido de ajustes para fazer com que o resultado líquido fique acertado, mesmo sem que se acertem as demais contas dessa demonstração.[5]

---

[5] Veja que só foi alterada a conta de Depreciação que, na forma da legislação então vigente, não ficava pelo valor atualizado como estará agora, mas pelo valor atualizado até a moeda média do ano, conforme já comentado; desconsideraremos isto por ser particularidade que não nos interessa no momento.

I.5.2.4 Demonstração do Resultado pelo Método Simplificado da "Legislação Societária"

A Demonstração do Resultado, dentro desse formato que não está mais em vigor no Brasil, mas extremamente simples de ser operacionalizado, ficaria então:

Demonstração do Resultado – 2ª Versão Pela "Legislação Societária" – Ano de X4	
	Em $ mil
Vendas	$ 1.480,00
(–) Custo das Mercadorias Vendidas	($ 1.100,00)
Lucro Bruto	$ 380,00
(–) Despesas Administrativas	($ 100,00)
(–) Provisão para Devedores Duvidosos	($ 10,00)
(–) Depreciação	($ 11,00)
(–) Correção Monetária	($ 60,11)
Lucro Líquido Corrigido	**$ 198,89**

Exatamente o mesmo resultado que o obtido pela Correção Integral.[6]

I.5.2.5 Comparações com a correção integral

Veja que todas as contas são praticamente diferentes dos saldos obtidos pela Correção Integral, exceto, neste exemplo, a *Provisão para Devedores Duvidosos* e a *Depreciação*.

Realmente incrível este método simplificado: mudando apenas a *Depreciação* e introduzindo a conta de *Correção Monetária*, tem-se o mesmo saldo líquido que a Correção Integral.

O Balanço Final também é exatamente o mesmo que o produzido pela Correção Integral.

Na prática, existiam diversas diferenças que faziam com que muitas vezes os dois Balanços não fossem coincidentes e o Lucro Líquido também não; isso ocorria por causa da correção monetária dos estoques na Correção Integral, mas não na legislação societária; ou então pelos ajustes a valor presente naquela e não nesta; pela atualização monetária de outras contas na Correção Integral, como Adiantamentos a Fornecedores, Adiantamentos de Clientes, Despesas Antecipadas e outras que não sofriam atualização monetária pela legislação societária.

Essas diferenças, porém, eram sempre temporais já que, a longo prazo e desde que se utilizasse o mesmo indicador, os dois métodos convergiam completamente.

---

[6] Para melhor entendimento do porquê da lógica desse modelo de correção simplificada, veja o artigo do Prof. Eliseu Martins "Um pouco do modelo brasileiro de correção monetária das demonstrações financeiras", publicado no Caderno Temática Contábil, *Revista IOB*, nº 45, nov. 2004.

O importante é notar que a metodologia mais correta e avançada é a da Correção Integral, mas que a simplificada "pela legislação societária" não deixa de ser alternativa razoável para baixas taxas de inflação.

O pior de tudo é ter inflação, por mais baixa que seja, e nada ser considerado nas apurações do resultado e nos balanços das empresas. A Contabilidade, com isso, presta um desserviço pela informação não adequada que produz. Por isso, mesmo que a correção não exista por imposição legal, todo profissional de qualidade precisa gerencialmente evidenciar os efeitos da inflação.

I.6 CONCLUSÕES

- Os processos de correção expostos são relativamente fáceis e de grande utilidade no que se refere a tomada de decisões importantes por parte do empresariado. A correção mostra, entre duas coisas, que o máximo que se pode distribuir aos sócios, sem enfraquecer o Patrimônio Líquido, é $ 198,89 e não $ 265, como foi exposto pelos relatórios históricos. Por outro lado, oferece visão analítica, na Correção Integral por meio da demonstração corrigida de resultados, de como se formou o lucro corrigido.
- A correção é consolidada por relatórios suplementares, sem alterar os registros históricos.
- Evidentemente, não se chega a um lucro totalmente "real" por meio desse processo de correção (outros métodos mais complexos se aproximam bastante deste ideal). Porém, aos que, com base nesta premissa, procuram invalidar todos os esforços de qualquer tipo de correção menciona-se uma frase de R. S. Gynter contida em seu livro *Accounting for price-level changes*, Pergamon Press, 1966, p. 2, que afirma: "É preferível estarmos aproximadamente certos do que exatamente errados".[7]

---

[7] Cabe lembrar que neste exemplo foi escolhida a data final como base de correção (31-12-X4), da mesma forma como poderia ter sido escolhida qualquer outra base, no caso de ser mais adequada. Por outro lado, o método funciona qualquer que seja a hipótese de distribuição de vendas, compras, custos e receitas, no decorrer do ano. Basta escolher (e ter possibilidade prática de escolher) os índices adequados nas datas desejadas. Interessa é que o numerador da fração de correção seja sempre o índice da data escolhida como base e o denominador, o índice da data em que se materializou, no tempo, o elemento contábil que queremos corrigir.

Apêndice II

Análise de Demonstrações Contábeis: Introdução

Uma das principais finalidades da Contabilidade é demonstrar periodicamente a situação patrimonial, financeira e de rentabilidade das empresas.

Essa demonstração é consolidada basicamente no *Balanço Patrimonial* e na *Demonstração de Resultados*.

Neste Apêndice, veremos como se analisam os aspectos fundamentais das referidas demonstrações. Fugiria aos objetivos deste livro um aprofundamento maior neste assunto, portanto serão dadas ao leitor algumas ideias básicas da análise das demonstrações contábeis.[1]

II.1 ADVERTÊNCIAS INICIAIS

1ª – Muito embora a análise das demonstrações contábeis de uma empresa forneça, normalmente, uma boa ideia de sua situação geral, é preciso esclarecer que podem existir vários aspectos da empresa não evidenciados por esta análise. Se, por exemplo, uma empresa, trabalhando com capacidade ociosa crônica de seus equipamentos, ainda consegue razoável rentabilidade, aquele fato poderá ficar encoberto numa simples análise de suas demonstrações; desde que tal fato seja descoberto, por meio de um estudo mais completo da empresa, a ociosidade poderá ser eliminada, com o consequente aumento da rentabilidade. Em virtude de fatos como este, um perfeito diagnóstico econômico e financeiro de uma empresa deverá incluir outras análises, além da de suas demonstrações contábeis.

2ª – A constatação pura e simples de diversos índices relativos a uma única demonstração de resultados e um único Balanço poderá oferecer conclusões de alguma valia para o observador. Entretanto, são conclusões bastante limitadas em relação ao que se poderia obter comparando esses números com os dos exercícios anteriores e com os de outras empresas do mesmo ramo ou do mesmo porte.

Veja, por exemplo, o caso de uma empresa que apresentou em X8 um lucro líquido de 10% sobre o valor das vendas do período. Esse resultado pode ser considerado bom se analisado isoladamente. Todavia, se for verificado que os resultados da mesma empresa nos anos anteriores foram os seguintes:

X5	20%
X6	16%
X7	13%

Conclui-se que o resultado de X8 não foi tão bom como a princípio parecia ser. Em tais circunstâncias, outras observações devem ser feitas para se verificar a causa do decréscimo contínuo do lucro líquido da empresa.

A comparação com índices-padrão estabelecidos pela média dos índices das empresas do mesmo ramo ou do mesmo porte também é conveniente e esclarecedora a respeito da situação de determinada empresa. Neste aspecto, o grande problema é o da obtenção de tais índices-padrão. No Brasil, há o excelente trabalho da Serasa sobre índices-padrão, bem como outros trabalhos excelentes, como o das *Melhores e Maiores* da revista *Exame*.

II.2 EXEMPLO DE UMA SÉRIE DE DEMONSTRAÇÕES

Para facilitar a explicação, será utilizada uma série de demonstrações de uma empresa fictícia, Empresa Comercial Appolo Ltda., a saber:

Empresa Comercial Appolo Ltda.
Balanços Comparados em 31-12-X5, X6 e X7

Em $ milhões

Ativo

	31-12-X5	31-12-X6	31-12-X7
Ativo Circulante			
Caixa	100	110	105
Bancos – C/Movimento	408	510	2.800
Estoques de Mercadorias	2.000	2.510	1.280
Clientes	4.020	4.400	1.640
	6.528	7.530	5.825
Ativo Não Circulante			
Imóveis	1.000	1.200	2.200
Veículos	1.800	1.900	2.500
Intangível	200	250	260
Total do Ativo	9.528	10.880	10.785

Passivo e Patrimônio Líquido			
Passivo Circulante			
Fornecedores	1.800	1.950	2.105
Títulos a Pagar	–	–	1.000
– C/Correntes – Diversos	308	250	400
	2.108	2.200	3.505
Patrimônio Líquido			
Capital	3.000	6.000	6.000
Lucros Acumulados	4.420	2.680	1.280
	7.420	8.680	7.280
Total do Passivo e Patrimônio Líquido	9.528	10.880	10.785

Empresa Comercial Appolo Ltda.
Demonstrações de Resultados Comparadas dos Exercícios

	X5	X6	X7
Vendas	13.530	14.640	16.150
Estoque Inicial	1.550	2.000	2.510
Compras	8.020	8.040	7.440
	9.570	10.040	9.950
(–) Estoque Final	2.000	2.510	1.280
Custo das Mercadorias Vendidas	7.570	7.530	8.670
Lucro Bruto	5.960	7.110	7.480
Despesas:			
Ordenados e Honorários	2.260	2.590	2.720
Impostos	1.010	1.240	1.370
Publicidade	500	450	690
Financeiras	250	350	1.220
Diversos	180	380	490
	4.200	5.010	6.490
Lucro Líquido	1.760	2.100	990

II.3 OBSERVAÇÕES SOBRE AS DEMONSTRAÇÕES

Nas Demonstrações, pode-se observar que:

- as importâncias estão arredondadas, em milhões de reais, para facilitar a leitura e os cálculos;
- os saldos das contas *Clientes* e *Veículos* já se apresentam deduzidos das provisões para devedores duvidosos e para depreciação, respectivamente;
- admitem-se valores em moeda constante ou uma inflação desprezível.

II.4 ANÁLISE PATRIMONIAL-FINANCEIRA

Os principais índices, para efeito da análise patrimonial-financeira, são:

	Quocientes de Liquidez		
	31-12-X5	31-12-X6	31-12-X7
Liquidez Corrente			
$\dfrac{Ativo\ Circulante}{Passivo\ Circulante}$	$\dfrac{6.528}{2.108} = 3,1$	$\dfrac{7.530}{2.200} = 3,4$	$\dfrac{5.825}{3.505} = 1,7$
Liquidez Seca			
$\dfrac{Ativo\ Circulante\ (-)\ Estoques}{Passivo\ Circulante}$	$\dfrac{4.528}{2.108} = 2,1$	$\dfrac{5.020}{2.200} = 2,3$	$\dfrac{4.545}{3.505} = 1,3$
Liquidez Imediata			
$\dfrac{Disponível}{Passivo\ Circulante}$	$\dfrac{508}{2.108} = 0,2$	$\dfrac{620}{2.200} = 0,3$	$\dfrac{2.905}{3.505} = 0,8$

Os quocientes de liquidez referem-se às possibilidades da empresa de pagar seus compromissos de prazo curto, ou seja, os compromissos até 360 dias mais ou menos.

A "liquidez corrente" é a que resulta da comparação entre o Ativo corrente[1] (representado pelos valores disponíveis, mais os realizáveis em dinheiro a curto prazo) e o Passivo corrente (representado pelo exigível a curto prazo). Dizer que em 31-12-X5 o quociente de liquidez corrente era de 3,1 significa que para cada real de dívida a curto prazo a empresa possuía $ 3,1 de elementos disponíveis ou realizáveis também a curto prazo. Trata-se, portanto, de uma situação que pode ser considerada boa ou privilegiada, porque não prevê dificuldades para a empresa em pagar suas dívidas em prazo curto. Deve-se observar, entretanto, que a empresa apresenta em 31-12-X7 um quociente bem menor, ou seja, de 1,7, o que demonstra uma situação menos privilegiada, embora não alarmante. Em geral, considera-se bom o quociente de 1,5 para cima. Mas isso depende fortemente dos prazos médios de recebimento das vendas, de pagamento das compras e de retenção de estoques, o que varia de empresa para empresa.

A diferença entre a liquidez corrente e a liquidez seca reside apenas em não se considerarem nesta última os estoques de mercadorias e despesas antecipadas no Ativo corrente. Neste exemplo, os quocientes são de 2,1, 2,3 e 1,3, respectivamente, para os anos de X5, X6 e X7. Podem-se considerar tais índices bons, de vez que em certas circunstâncias mesmo a liquidez seca menor do que 1 pode ser considerada normal.

Com referência à liquidez imediata da empresa, que é medida pela relação entre o disponível e o Passivo corrente, pode-se também dizer que é regular, pois se trata de um

---

[1] Corrente = circulante.

quociente que idealmente deve estar em torno de 0,1 ou 0,2, dependendo do prazo médio de vencimento das obrigações.[2]

Todavia, não se pode esquecer que ao se efetuarem lançamentos contábeis somam-se ou subtraem-se valores nas contas afetadas; não se fazem operações de multiplicar e ou dividir. Como os quocientes de liquidez, que foram vistos, são obtidos pela divisão de valores extraídos dos saldos das contas do Ativo e do Passivo Circulantes, esses quocientes podem ser afetados de forma não proporcional, provocando sérias distorções para efeito de análise.

A título de exemplo, admita que a Empresa Comercial Appolo tenha pago, no último dia do exercício, $ 2.605 milhões aproveitando recursos em Caixa e em Bancos.

Com as mudanças verificadas, tendo em vista o hipotético pagamento em 31-12-X7, serão reapresentados os três balanços, sendo que o de 31-12-X7 já está devidamente modificado.

Empresa Comercial Appolo Ltda.
Balanços Comparados em 31-12-X5, X6 e X7 (modificado)

Em $ milhões

Ativo	31-12-X5	31-12-X6	31-12-X7
Ativo Circulante			
Caixa	100	110	80
Bancos – C/Movimento	408	510	220
Estoques de Mercadorias	2.000	2.510	1.280
Clientes	4.020	4.400	1.640
	6.528	7.530	3.220
Ativo Não Circulante			
Imóveis	1.000	1.200	2.200
Veículos	1.800	1.900	2.500
Intangível	200	250	260
Total do Ativo	9.528	10.880	8.180

---

[2] A respeito de prazos médios, pode-se, também, calcular mais duas relações importantes: o "prazo médio de cobranças" e o "prazo médio de pagamentos". O prazo médio de cobranças, por exemplo, poderia ser calculado da seguinte forma:

$$\frac{\text{Valores a receber Médio}}{\text{Vendas a Prazo}} \cdot 360$$

e expressa o número de dias necessários, em média, para receber o valor de uma venda a prazo; cálculo semelhante seria feito para pagamentos.

Passivo e Patrimônio Líquido			
Passivo Circulante			
Fornecedores	1.800	1.950	300
Títulos a Pagar	–	–	500
– C/Correntes – Diversos	308	250	100
	2.108	2.220	900
Patrimônio Líquido			
Capital	3.000	6.000	6.000
Lucros Acumulados	4.420	2.680	1.280
	7.420	8.680	7.280
Total do Passivo e Patrimônio Líquido	9.528	10.880	8.180

Os quocientes de liquidez consequentemente foram afetados, passando a ser:

Quocientes de Liquidez Alterados			
	31-12-X5	31-12-X6	31-12-X7
Liquidez Corrente			
$\dfrac{\text{Ativo Circulante}}{\text{Passivo Circulante}}$	$\dfrac{8.528}{2.108}=3,1$	$\dfrac{7.530}{2.200}=3,4$	$\dfrac{3.220}{900}=3,6$
Liquidez Seca			
$\dfrac{\text{Ativo Circulante (–) Estoques}}{\text{Passivo Circulante}}$	$\dfrac{4.528}{2.108}=2,1$	$\dfrac{5.020}{2.200}=2,3$	$\dfrac{1.940}{900}=2,2$
Liquidez Imediata			
$\dfrac{\text{Disponível}}{\text{Passivo Circulante}}$	$\dfrac{508}{2.108}=0,2$	$\dfrac{620}{2.200}=0,3$	$\dfrac{300}{900}=0,3$

Deve-se observar que, aparentemente, a situação da empresa melhorou muito com o pagamento da dívida, elevando seu índice de 1,7 para 3,6, o que não é verdade. A situação da empresa continua a mesma, ou pode até piorar. Veja como a análise do Capital Circulante Líquido complementa esta análise: o CCL era de $ 4.420 em X5, subiu para $ 5.330 em X6, mas caiu para $ 2.320 em X7!

II.4.1 Quociente de imobilização de capital

	31-12-X5	31-12-X6	31-12-X7
$\dfrac{\text{Ativo Permanente}}{\text{Patrimônio Líquido}}$	$\dfrac{3.000}{7.420}=0,4$	$\dfrac{3.350}{8.680}=0,4$	$\dfrac{4.960}{7.280}=0,7$

O quociente mencionado indica a proporção do capital imobilizado em ativo fixo e intangível. Para se analisar este quociente, deve-se ter em conta o tipo de empresa. No caso de uma empresa de transportes, deve ser um índice bastante alto (de 0,7 ou 0,8). Se, porém, tratar-se de uma empresa puramente comercial, o quociente deverá ser menor (0,3 ou 0,4), pois o capital próprio em giro é de grande necessidade para essa atividade. Em nosso caso, o quociente passou de 0,4 em X5 para 0,7 em X7. Este último é muito alto para a empresa, pois significa que ela está retirando dinheiro do giro dos negócios para imobilizar.

II.4.2 Quociente de cobertura total

	31-12-X5	31-12-X6	31-12-X7
$\dfrac{\text{Ativo Permanente + Ativo Circulante}}{\text{Passivo Total}}$	$\dfrac{9.318}{2.108} = 4,4$	$\dfrac{10.630}{2.200} = 4,8$	$\dfrac{10.525}{3.505} = 3,0$

Por meio desse quociente, analisam-se as possibilidades de a empresa poder pagar seus compromissos, ou seja, suas dívidas.

No exemplo anterior, tem-se que, para cada real de dívida, existem 4,4, 4,8 e 3,0 reais de ativo, respectivamente, nos anos de X5, X6 e X7. Muito embora tenha ocorrido perda no último ano, a situação de solvência ainda permaneceu muito boa. A análise deste índice é de grande importância para a concessão de empréstimos pelos bancos comerciais ou de investimento e também no caso de se analisar a situação da empresa na iminência de liquidação.

II.4.3 Quocientes de rentabilidade (alguns quocientes)

	X5	31-12-X6	X7
$\dfrac{\text{Lucro Bruto}}{\text{Vendas}}$	$\dfrac{5.960}{13.530} = 0,44 = 44\%$	$\dfrac{7.110}{14.640} = 0,49 = 49\%$	$\dfrac{7.480}{16.150} = 0,46 = 46\%$
$\dfrac{\text{Lucro Líquido}}{\text{Vendas}}$	$\dfrac{2.760}{15.530} = 13\%$	$\dfrac{2.100}{14.640} = 14\%$	$\dfrac{990}{16.150} = 6\%$
$\dfrac{\text{Lucro Líquido}}{\text{Patrimônio Líquido (médio)}}$	$\dfrac{1.760}{7.420} = 24\%$	$\dfrac{2.100}{8.050} = 26\%$	$\dfrac{990}{7.980} = 12\%$

Conforme se observa, os quocientes de rentabilidade são o resultado do relacionamento entre o lucro periódico e outros elementos das demonstrações contábeis. Diferenciam-se fundamentalmente dos demais quocientes já vistos pelo fato de referirem-se a períodos, quando os outros se referem a dados relativos a determinada data. Por esse motivo, são quocientes que oferecem maior segurança para o analista.

O quociente de lucro bruto sobre as vendas traduz a margem de lucro bruto da empresa. No exemplo exposto, esta margem elevou-se de 44%, em X5, para 49%, em X6, e depois caiu para 46%, em X7. Embora tenha caído de X6 para X7, não foi essa a causa principal da substancial diminuição do lucro líquido em X7.

O quociente de lucro líquido sobre as vendas é considerado significativo na análise contábil. No exemplo citado, nota-se que em X5 e X6 o lucro da empresa foi razoável, ou seja, de 13% e 14%, havendo queda brusca para 6% em X7. A causa dessa queda, conforme se pode observar facilmente na demonstração de resultado, foi em virtude do aumento das despesas em X7, principalmente das despesas financeiras.

O quociente do lucro líquido sobre o Patrimônio Líquido é o mais significativo, pois exprime a rentabilidade em relação à participação dos proprietários dos negócios da empresa. Evidencia o retorno sobre o investimento dos sócios. No caso da empresa que está sendo analisada, verifica-se que houve acentuada queda desse quociente em X7. Porém, essa queda poderia ter sido maior, caso a empresa não tivesse distribuído lucros acumulados em X7 (note que o Patrimônio Líquido médio passou de $ 8.050 para $ 7.980 entre X6 e X7).

Este índice deveria ser sempre calculado sobre o Patrimônio Líquido inicial, caso ele só variasse no período pelo próprio lucro. Como é comum existirem modificações por conta de distribuições de lucro e aumentos de capital, usa-se, na prática, esse conceito menos correto de Patrimônio Líquido médio.

II.4.4 Índice de Rotação de Estoques

	X5	X6	X7
$\dfrac{\text{Custo das Mercadorias Vendidas}}{\text{Estoque Médio}}$	$\dfrac{7.570}{2.000} = 3,8$	$\dfrac{7.530}{2.255} = 3,3$	$\dfrac{8.670}{1.895} = 4,6$

O *Índice de Rotação de Estoques* demonstra quantas vezes o estoque foi renovado durante o exercício. Pode ser aplicado para todo o estoque de uma empresa ou separadamente para classes ou tipos de mercadoria. Neste último caso, seu emprego é de grande interesse para descobrir itens de pequeno movimento, bem como para comparar *performances* passadas e presentes e, ainda, para detectar eventuais imperfeições na fixação de preços de venda.

Ao se analisar o índice de rotação de estoques, deve-se ter em mente o tipo de atividade da empresa. Por exemplo: o índice deve ser normalmente mais alto para uma empresa varejista de gêneros alimentícios do que para uma loja de joias de alta qualidade.

Gabarito dos testes

Capítulo 2
    1. **d**; 2. **b**; 3. **a**; 4. **c**; 5. **d**

Capítulo 3
    1. **b**; 2. **a**; 3. **a**; 4. **a**; 5. **a**

Capítulo 4
    1. **c**; 2. **c**; 3. **c**; 4. **b**; 5. **d**

Capítulo 5
    1. **b**; 2. **d**; 3. **d**; 4. **d**

Capítulo 6
    1. **c**; 2. **a**; 3. **a**; 4. **b**; 5. **d**

Capítulo 7
    1. **b**; 2. **d**; 3. **a**; 4. **d**; 5. **c**

Capítulo 8
    1. **c**; 2. **a**; 3. **d**; 4. **b**; 5. **d**

Capítulo 9
    a, **c**, **e**, **f**, **h**, **i**

Capítulo 10
    1. **a**; 2. **c**; 3. **a**; 4. **b**; 5. **b**